广东海洋大学人文社会科学研究「建党100周年献礼红色著作专项」成果

「中共南路革命史料整理暨研究」系列丛书

九秩忆往
——庞自回忆录

庞自 著

中山大学出版社
·广州·

版权所有　翻印必究

图书在版编目（CIP）数据

九秩忆往：庞自回忆录/庞自著．—广州：中山大学出版社，2021.6
（"中共南路革命史料整理暨研究"系列丛书）
ISBN 978-7-306-07244-3

Ⅰ.①九… Ⅱ.①庞… Ⅲ.①庞自—回忆录 Ⅳ.①K827=7

中国版本图书馆 CIP 数据核字（2021）第 122643 号

JIUZHI YIWANG：PANG ZI HUIYILU

出 版 人：	王天琪
策划编辑：	曾育林
责任编辑：	叶　枫
封面设计：	林绵华
责任校对：	吴政希
责任技编：	何雅涛
出版发行：	中山大学出版社
电　　话：	编辑部 020-84113349，84110776，84110283，84111997，84110779 发行部 020-84111998，84111981，84111160
地　　址：	广州市新港西路 135 号
邮　　编：	510275　　传　真：020-84036565
网　　址：	http://www.zsup.com.cn　　E-mail：zdcbs@mail.sysu.edu.cn
印 刷 者：	佛山市浩文彩色印刷有限公司
规　　格：	787mm×1092mm　1/16　24.875 印张　215 千字
版次印次：	2021 年 6 月第 1 版　2021 年 6 月第 1 次印刷
定　　价：	88.00 元

如发现本书因印装质量影响阅读，请与出版社发行部联系调换

广东海洋大学人文社会科学研究"建党100周年献礼红色著作专项"重点项目"广东南路红色文化教育资源开发研究（C20111）"成果

编委会

编委会主任：曹俊明

编委会副主任：刘东超　谭北平　庞　松

委　　　员：鲁义善　欧卫军　尹　喜　陈汉能
　　　　　　郑一鸣　袁仁广　陈关怡　高良坚
　　　　　　谭月清

南路革命后人代表：周　聪　唐舒明　庞　松
　　　　　　　　　陈　东　陈　钢

总　序

习近平总书记在党史学习教育动员大会上的讲话中指出："中国革命历史是最好的营养剂，重温这部伟大历史能够受到党的初心使命、性质宗旨、理想信念的生动教育，必须铭记光辉历史、传承红色基因。"欣逢中国共产党百年华诞之际，广东海洋大学人文社会科学研究"建党100周年献礼红色著作专项"重点项目、高良坚课题组的"广东南路红色文化教育资源开发研究（C20111）"系列成果，作为中山大学出版社策划、出版的"中共南路革命史料整理暨研究"系列丛书即将问世，这是贯彻落实习近平总书记重要指示的具体行动，是传承红色文化的重要体现，也是拓展广东南路地区革命史料征集与研究的新成果，具有历史意义和现实价值，值得庆贺！

广东南路地区位于中国大陆南端、广东省西南部，与海南岛隔海相望。在新民主主义革命时期主要包括茂名、电白、信宜、化县、吴川、廉江、海康、遂溪、徐闻、阳江、阳春、钦县、防城、合浦、灵山15县（钦县、防城、合浦、灵山今属广西）和广州湾（原法租界，今湛江市区）。这是一个英雄辈出、人杰地灵的地方。

南路地区是一块洒满革命英烈鲜血的红色热土。南路人民是具有光荣革命斗争传统的英雄人民。南路革命斗争是广东人民革命和中国革命斗争的重要组成部分。早在中共创建时期，南路的青年学生和各界群众受五四运动的影响，投身反帝反封建的爱国运动。随后建立革命组织，开展革命活动。大革命时期，建立了中共南路组织和共青团组织。中共南路组织广泛发动群众，协助南征军收复了南路地区，开展工农群众运动，掀起了轰轰烈烈的革命高潮。土地革命时期，面对国民党反动派的白色恐怖，中共南路组织领导各县举行了一系列农民武装起义，以革命的义举反击国民党反动派的屠杀政策。特别是中共遂溪县委书记陈光礼率领农民自卫军退守斜阳岛（今属广西北海），实行武装割据，坚持长达5年之久，树起了南路人民不畏强暴、英勇抗争的一面鲜红旗帜。抗日战争时期，日本帝国主义发动全面侵华战争后，南路各界群众迅即掀起抗日救亡运动。雷州半岛和广州湾沦陷后，中共南路特委深入发动群众，组织抗日武装，开展敌后抗战，并以南路人民抗日游击队为基础，建立了广东南路人民抗日解放军。与此同时，中共南路特委推动国民党爱国将领举行抗日武装起义,建立了高雷民众抗日军。解放战争时期,中共南路特委遵照中共中央和中共广东区委的指示精神,领导各地党组织和革命群众开展了争取和平民主的斗争。内战爆发后,在大力发展党的组织和开展武装斗争的基础上,经中共中央批准,成立了中共粤桂边区委员会和中国人民解放军粤桂边纵队。随着解放战争的胜利发展,南路军民配合南下解放军解放了粤桂边地区。南路人民终于迎来了人民革命的伟大胜利,获得了彻底解放。

光辉历史,青山作证。中国共产党领导南路人民的革命斗争,为广东乃至中国革命的胜利立下了不可磨灭的功勋,具有重要的历史地位,具体体现在六个方面。

其一,南路的工农群众革命运动,在大革命时期与广东各地的工农革命群众运动汇成了一股强大的革命洪流,构成了广东大革命高潮的总体态势,成为大革命高潮不可或缺的组成部分。南路也成为国民革命的重要活动舞台、统一广东的战略要地和广东革命根据地的重要区域,肩负着重要的历史使命。

其二,中共南路组织率领革命群众为土地革命战争做出了重要贡献。中国大革命在广东遭到局部失败后,为了挽救革命,南路党组织和革命群众迅即奋起,于东江、西江、北江、琼崖等地,率先在全国举行工农武装起义，实行武装割据，与国民党反动政权公开对垒，为探索革命发展道路做了不懈努力。

其三，中共南路组织和人民群众为挽救中华民族的危亡，坚持独立自主的敌后抗战，顽强抗击日本侵略者，开辟了南路（粤桂边）抗日根据地，建立抗日民主政权，成为全国三大敌后战场之一的华南敌后战场的重要组成部分，为国家的独立和民族的解放做出了巨大牺牲，立下了不朽功勋。

其四，中共南路组织高举抗日民族统一战线的旗帜，对国民党爱国将领进行统战工作，团结一切可以团结的力量，推动原广东省第七区行政督察专员兼国民党广东省第十一区游击司令部司令率部举行抗日武装起义，壮大了南路抗日力量。这是中共南路组织正确贯彻执行党的抗日民族统一战线方针政策的成功实践。

其五，国民党发动全国内战后，中共南路组织根据中共中央的战略方针，率先领导开展武装斗争，使革命力量不断发展壮大，形成了广东七块解放战略基地之一。南路和粤桂边党政军民不仅配合南下解放军解放了全地区，而且为解放滇、川、康、黔等省给予了大力支持，建立了后方基地。

其六，南路地区解放后，担负起解放海南岛的后方基地和出发地的重要任务。南路人民以人力、物力积极支持解放大军，大批船工参加了渡海作战，为解放海南岛做出了巨大贡献。

在长期的革命斗争中，南路和粤桂边军民有几万人为革命献出了宝贵的生命。他们用鲜血染红了党的旗帜，用生命书写了对党的赤心，用信念证明了对革命的忠诚！他们在革命斗争中积淀的坚定信仰、为党立心、英勇顽强、艰苦奋斗、无私奉献、为民效命的精神，永耀人间！

重温革命历史，赓续红色血脉，弘扬红色文化，传承红色基因，这是新时代赋予我们的历史使命。"中共南路革命史料整理暨研究"系列丛书的出版，正是从一个侧面体现了我们应有的历史担当。但愿更多的红色文化成果为新时代的百花园增添异彩！

（广东省社会科学院教授、广东中华民族凝聚力研究会副会长、广东中共党史学会原副会长）

祝贺"中共南路革命史料整理暨研究"系列丛书出版发行

　　南路革命斗争有着悠久的历史，经历诸多困难和曲折，涌现出许多英雄、模范人物和许多感人的事迹。宣扬革命前辈艰苦奋斗的历史，用革命先烈的光辉事迹教育后人，激励后人，铭记革命历史，传承红色基因，是每个共产党人应尽的职责。"中共南路革命史料整理暨研究"系列丛书，就是依据此精神编写的。对于此丛书的出版发行，我表示热烈祝贺！

陈超

二〇二〇年七月于北京

内容简介

本书作者为广东南路革命史上具有代表性的人物之一，他以90岁高龄回顾了自己一生的经历。作者于抗日战争时期在广东南路各县从事抗日斗争和革命活动。抗战胜利后，又受中共南路特委的派遣赴越南与越共中央取得联系，促成南路人民抗日解放军一支主力部队进入越南整训，并发起组建华侨自卫武装（后改建为越南国家军队独立中团），参加越南人民抗击法国新殖民主义的斗争，同时支援祖国的解放战争。这是一段鲜为人知的历史，也是南路革命史的延伸和组成部分。作者还回顾了回国参加解放战争后期作战及在云南工作时期、北京工作时期、改革开放后从事劳动工资制度和劳动管理制度改革的经历。全书时间跨度大，内容丰富翔实。书后的附录收录了作者在中国劳动学会主持劳动工资制度和劳动管理制度改革调研活动的讲话和文章等，具有难得的史料价值。

自　序

在迎来 90 岁生辰，将要度过人生旅途的最后一段岁月时，我觉得应该对自己以往所走过的道路有个回顾。这既是对人生的概括和总结，也可与曾经和我一起战斗、工作和学习、生活过的老同学、老战友、老同事及亲人们共同分享，这将是一件十分有意义的事。

我自学生时代就参加了抗日救亡运动，18 岁便加入中国共产党。从此，我把党的事业作为我一生的追求。在战争年代，我主要从事党的地下工作，经历了抗日战争和解放战争，在越南期间参加了抗法战争；中华人民共和国成立后，我主要从事国家劳动和社会保障方面的工作，经历了共和国凯歌高奏时期、曲折发展时期和改革开放新时期的沧桑巨变。值得欣慰的是，在不同的历史时期，在革命和建设的征途上，我始终忠于党、忠于人民，为党和人民尽了自己的绵薄之力。

时代在前进，社会在进步，年轻一代应该继往开来，肩负起历史赋予的使命，沿着老一辈革命家开创的中国特色社会主义道路，为实现中华民族的伟大复兴做出自己的贡献。这也算是我对后生晚辈的一点寄望吧！作为一名老共产党员，我坚信，在中国共产党的领导下，中国的未来将更加繁荣昌盛、灿烂辉煌。

2009年11月，儿女们为我庆贺90岁生日，并送了一副祝寿贺联："九秩澹泊宁静，百龄和合圆融。"取自古人纪年尝"以十为一秩"，"九秩"即为"九十"之意。这也是我这部回忆录书名的由来。

庞　自

2011年3月

于中国共产党成立九十周年前夕

目 录

第一章　出身和起点 …………………………… 1

一、家乡北海 ………………………………… 3

二、走上革命道路 …………………………… 8

第二章　广东南路工作时期 …………………… 25

一、在北海工作 ……………………………… 27

二、在钦县工作 ……………………………… 44

三、在防城县工作 …………………………… 53

四、在电白县工作 …………………………… 59

五、广州湾—游击区—广州湾 ……………… 72

第三章　越南工作时期 ………………………… 79

一、赴越南的前期准备 ……………………… 82

二、战前在首都河内 ………………………… 88

三、胡志明批示组建华侨自卫团 …………… 95

四、在越南国家军队独立中团 …………………… 100

　　五、独立中团结束与归国 ……………………………… 114

第四章　云南工作时期 …………………………………… 119

　　一、解放前夕在滇东南地委 ……………………………… 121

　　二、解放后在文山地委 …………………………………… 124

　　三、在省委党校参加整党学习 …………………………… 126

第五章　北京工作时期 …………………………………… 129

　　一、从云南到北京 ………………………………………… 131

　　二、在劳动部劳动政策研究室 …………………………… 137

　　三、在劳动部办公厅 ……………………………………… 149

　　四、在劳动经济科学研究所 ……………………………… 174

第六章　重返工作岗位 …………………………………… 181

　　一、被"解放"以后 ……………………………………… 183

　　二、在国家计委劳动局 …………………………………… 187

第七章　为国家劳动事业恪尽己力 …………… 207

一、在国家劳动总局政策研究室 …………… 209

二、在总局领导岗位 …………… 226

三、在劳动人事部劳动科学研究所 …………… 233

第八章　在中国劳动学会发挥余热 …………… 249

一、编书和审稿 …………… 251

二、参与中国劳动学会的领导工作 …………… 267

三、参加革命历史回顾活动 …………… 277

四、参加老干部集体活动 …………… 284

五、省亲会友 …………… 288

附　录 …………… 303

中国劳动学会召开首钢劳动工资制度改革研讨会 …………… 305

在首钢劳动工资制度改革研讨会上的总结发言 …………… 307

关于首钢改革试点及建立新工资制度的调查报告 …………… 324

关于首钢劳动管理制度改革的调查 ………… 342

别开生面的金婚家庆会 ………………… 356

皓首丹心 ………………………………… 360

两代人共话家庭美德 …………………… 362

卷舒风云色　吐纳珠玉声 ……………… 369

追思老伴罗英 …………………………… 372

后　记 …………………………………………… 377

第一章 出身和起点

一、家乡北海

1919年11月22日，我出生在原属广东省、现属广西壮族自治区的北海市中山西路中华二巷的一所老宅里。

我的父亲庞智凤，原是合浦县西场镇烟墩岭村农民的儿子。1892年，6岁的父亲被过继给在北海做船工、膝下无儿的叔祖父，这才到了北海。等到我父亲稍长大，十二三岁的样子，叔祖父让他跟一个鲜鱼摊贩学卖鱼。后叔祖父亡故，叔祖母无力供养，父亲便到亲戚家帮忙卖鱼挣饭吃。

我母亲是西场独树根村的农家女。我父亲20岁时回西场同我母亲结婚，婚后仍来北海，先是继续在亲戚处帮工卖鱼；直到1904年，父亲28岁那年，才离开亲戚家，开始独立做鲜鱼摊贩。

我的家在海边的一个小巷子里。在我念小学的时候，我家所在的那个小巷是个菜市场，我的父母亲就在家门口摆摊卖鱼。到我上中学时，菜市场设在别的地方，我父母就每天到新的菜市场摆摊卖鱼。鱼是渔民直接挑到我家，我父母亲以批发价买进来，然后以零售价几斤几两地卖出去。此外，我们家还代渔民把鱼批发给别的鲜鱼摊贩零卖。他们卖完了鱼，鱼款由我家转交给渔民。这些渔民一般还在我家休息、吃午饭，待把鱼款收了才回家，他们大都住在离北海市区一二十里的渔村。我家的贩鱼生意都是我父母亲干，从未雇工。家里的人如嫂嫂（还有尚未出嫁的姐姐们），则帮助招呼渔民，做饭给渔民吃。经营所得主要是零卖所得的批零差价，而平时代渔民批发鱼给鱼贩，则收取一些手续费。收取的劳务费、饭费等，大约占渔民销售收入的3%。

1937年抗日战争全面爆发，日本兵舰经常在我家乡的海面骚扰，渔民大多不敢出海捕鱼，鱼的来源便成了问题。加上父母已是60岁左右的人了，卖鲜鱼的生计须起早贪黑，比较辛苦，只好不卖鲜鱼，改行卖米。卖米所需的本钱也不多，米是从批发店里成包买来，然后三五斤、十斤八斤地零卖，赚的也是一点批零差价；卖米也没有雇工，劳动全靠我父母亲。

由于卖鱼赚了些钱，我家还买了一些田地。我是在1940年未满21岁的时候离开家的。我在家时，知道我家在乡下有一些田地，自己不种，而是租给农民耕种。农民每年用牛车给我家送来稻谷，也就是交租。这些地租究竟有多少，那时我也不清楚。新中国成立后，我问过家里的人，据说每年收地租稻谷55箩（每箩35市斤，合1925市斤，折大米1300市斤），这部分地租约占全部收入的10%多一点，生活来源的90%还是经商收入。

我家有三处房子。其中两栋房在北海中华二巷：靠北的一栋平房狭小，那是我出生的地方；靠南的一栋较大，是两层楼房，我四五岁时全家才搬进来住。中山西路临马路的一栋是三层楼房，那是在我上中学时盖的。1938年落成时，我们全家搬进新居，中华二巷的两栋房则无偿借给亲戚居住。

以上是我离开家以前我家的经济情况。我家经商而没有雇工剥削，劳动全靠自己；虽然有地租，但所得只占全部收入的很小一部分。根据这个经济情况，按照新中国成立后公布的划分阶级的标准，我家被划为小商人兼小土地出租者，属于劳动人民范围。

我父亲读过几年私塾，粗通文字。他为人勤劳、节俭，总想多干一点，多积攒一点。从他省吃俭用供我两个哥哥上学看，他还算是个明白人。对我参加革命工作，他虽不鼓励，但并不反对。新中国成立以后，我父母亲都是年过70的人了，米是不卖了，但还卖点纸张文具和油盐酱醋，土地则归为集体财产了。在后来历次政治运动中，家里没有发生其他问题。1961年我父亲因脑出血亡故，享年84岁。

我母亲不识字，17岁与我父亲结婚，40岁时才生下我。她一生除了生儿育女、操持家务外，还与我父亲共同经营生意。她心地善良，乐于帮助较穷的亲戚邻舍，深为街邻称道。母亲1954年因脑出血亡故,享年75岁。

我有2个哥哥、3个姐姐,我是我父母的小儿子。

大哥庞文溥,毕业于广州中山大学化学系。新中国成立前,一直在家乡当中学教员、校长,新中国成立后到1958年他仍然被留用,在北海中学当教员。但他由于在新中国成立前担任过学校的国民党区分部书记和三青团区队长,1958年"大鸣大放"时又说过一些被认为是"右派"言论的话,被划为"右派",被定为"反革命分子",送去湛江劳改了几年,"文化大革命"前不久被释放回家。1968年,他由于经受不住"红卫兵"的恐吓,在北海家中三楼上跳楼自杀身亡,时年60岁。其实,他根本不是什么"反革命"。苏觉民、黄铸夫同我说过,他为革命做过一些好事。党的十一届三中全会以后,强加给他的"右派分子""反革命分子"等"帽子"已被摘掉,政府还给他的家属发了一笔抚恤金。

大嫂姓林,是北海郊区独树根村农家女,不识字,纯粹是家庭妇女。她于1960年丈夫蒙冤劳改期间患肺癌亡故。

二哥庞文棠,毕业于广州军医大学。新中国成立前在家乡开私人诊所,行医卖药,是在北海享有盛誉的医生。新中国成立后,他在北海市人民医院担任主治医生、科室副主任。由于他在新中国成立前参加过特务外围组织"诚社","文革"中他被批斗并监督劳动。1972年患鼻咽癌，因得不到应有的治疗而亡故。党的十一届三中全会以后，鉴于他并未做过什么坏事，因而政府对他做出了公正的结论，恢复了他的名誉。

二嫂罗家惠，初中学历。她母亲曾在香港蒋光鼐公馆当过仆人。二嫂和二哥能够结婚，是二哥拒绝了一桩父母为他包办的婚姻，这在当时的北海还不多见。结婚后，二嫂生儿育女，操持家务，也是一名普通的家庭妇女。1964年，她因患子宫癌，在二哥陪同下，来北京治疗了一段时间，回家后不久即去世。

我的三个姐姐中，大姐、二姐没读过书，不识字，三姐也只读了两三年书。三个姐姐婚后都随丈夫生活。

大姐夫是小手工业者兼小商人（缝衣兼卖布）。新中国成立后参加缝纫生产合作社。大姐和大姐夫于60年代中期先后病故。

二姐夫无固定职业。他做过生意，当过兵，收过捐税，新中国成立后与他女婿开了个杂货店。50年代亡故。二姐也于1988年亡故。

我大姐、二姐都没有名字，三姐叫庞文华。但像她们这一代的女性，有没有名字都一样，我就从未听到有人叫她的名字。三姐夫是高中毕业生，擅长绘画，毕业后在北海开店画广告。1937年抗日战争全面爆发后，他孤身一人去越南谋生,那时他们已经有5个女儿了。到越南后,他与别人再婚,实际上和北海的家断绝了关系。从那时起,三姐靠做小本生意,含辛茹苦地抚养5个女儿长大成人。三姐比我大5岁,她身体健康,精神矍铄,耳聪目明,改革开放以后,还帮助女儿照看日杂店生意,晚年生活过得还是很美满的。

我是1940年离家外出的,那时,我已有几个侄儿、外甥了。时隔几十年,到现在包括第三代,家族已有七八十人。

我有一位表兄黄铸夫,我母亲是他的姑母。他早期在北海参加革命活动,后辗转到了延安。新中国成立后,他先后在中央华侨事务委员会、中央美术学院工作,是一位既有丰富革命经历,又很有艺术造诣的著名画家。因为同在北京工作,我们两家有较多往来。

二、走上革命道路

我于1938年2月加入中国共产党,当时我未满18周岁,是高中二年级的学生。我入党以前是学生,有参加学生运动的经历。

（一）启蒙

我是1926年秋7岁时上学的。先是在北海中山中路的百家祠国民小学读书，不到一年，这个小学改办女子学校，我们便都到沙脊街最西头的香坪小学上学。五六年级时，又改到车站附近的第二小学上学。第二小学校址在俾路楼，此处原来是一个名叫俾路的法国人的公馆。大革命时期，俾路被赶走，他的公馆被没收，从那以后直到现在，此处都属第二小学的范围。在北海，像俾路楼这样的外国人公馆还有一些，我们都叫它"鬼楼"，即"番鬼佬"楼。

帝国主义对中国的侵略，可以从北部湾沿线的北海很明显地看出来。

北海是个小小的海港，那里有很多船只进进出出。当时货物进出都要到海关报税，这些税款是由英国税务司掌握和控制的，相当一部分作为战争赔款被英帝国主义纳入囊中。新中国成立前，北海是个只有两三万人口的小市镇，但是几个帝国主义国家——英国、美国、法国、日本在北海都设有领事馆；这里还有英国人、法国人设立的教堂及医院。这些外国教堂、医院、领事馆占了北海大片土地，成为这些帝国主义国家侵略我国的历史见证。在北海的洋鬼子（我们叫"番鬼佬"）都住得很阔气，吃穿不用说也是很阔气的，甚至连他们的仆人，也都仰仗他们主子的威风而盛气凌人。这些是我小时候的印象。

在我离开家乡以前，国民党在北海的黑暗统治也给我留下深刻印象：一是人民毫无民主自由，后面将要讲到北海人民在共产党的领导下进行了许多英勇斗争；二是苛捐杂税多，像修马路、建公园、办学校，或者欢迎某个官僚到北海视察，地方政府都要向老百姓摊派捐款。至于税种则是"无所不税"。我记得我父亲曾因交不出名目繁多的捐税，被国民党政府拘留过两次，其中一次还被解送到县城，直至东拼西凑把钱交了才作罢。

日本帝国主义带来的灾难也是巨大的。那时，日本军舰经常在我家乡海面劫掠渔船，导致渔民无法出海捕鱼，北海海上交通几乎瘫痪。这样，我家既无鱼卖，一切生活用品又因为交通阻塞等原因而价格上涨，家里的生活水平大为下降。过去，一天两顿饭还是有干有稀，后来，就只是两顿稀饭，或者有一顿半稀半干。与此同时，日本侵略军的飞机经常在北海市上空轰炸和扫射，而驻在北海的国民党军队，既无空军与他们对抗，地面防空部队又无能为力。因此，日机来时，老百姓只好跑到郊外躲避，有时一天跑几次，生命受到极大的威胁。这些是我亲身经历的。

我初入学时，正是第一次国共合作的大革命时期，北伐战争由南向北所向披靡，我看到过轰轰烈烈的革命群众运动，看到扛着铁锹、扁担的农民队伍押着贪官污吏、土豪劣绅游街。我和邻居小朋友们跟着高呼"打倒土豪劣绅!""打倒贪官污吏!",还学会唱"打倒列强,打倒列强,除军阀"的歌曲。晚上,群众举行庆祝胜利的提灯游行,中山公园放焰火、踩高跷,这种种情景,都给我童年时期留下了深刻的印象。

但是好景不长,1927年蒋介石背叛革命,大肆屠杀共产党人。比如杀害钟辉廉、潘铁汉等几个革命志士时,国民党因害怕群众营救(劫法场),耍了个小花招,扬言刑场在西炮台,却悄悄地把他们押到审判厅前面的沙滩杀害。我和几个小学同学本来是站在学校门口要看共产党员的,由于这个原因,终究没有见到。

1929年,女共产党员钟竹筠临刑前的情景,我是亲眼看见了:在北海中山中路,我看到一个坐在人力车上的20来岁的女青年,若无其事地同一个扶着人力车行走的男青年话别,她就是在死神面前毫不畏惧的钟竹筠。又过了两三年,大概是1932年,我又见到反动派杀害薛经辉等40多位被诬为"土匪"的斜阳岛农军战士,其中有的战士还背着号哭着的婴儿。这些血淋淋的事实,距今已70多年,但我仍然记忆犹新。由于当时年幼,不理解发生的事情,这些事与我童年的生活相去太远了。

北海是滨海小镇,离我家不到100米就是海港。市区是沿着海岸线建设的,东西长而南北不宽。我少年时期在这样的环境中度过，生活还是丰富多彩的。那时，除上学外就是玩耍。退潮时到海边拾蚌、捉鱼、捉虾，涨潮时游泳、划船。我也常到郊区野外捉蟋蟀、采野果，用自己做的弹弓打小鸟。最有意思的是"窑白薯"，就是在秋收之后，我和小朋友们去拣农民收获后遗漏在地里的白薯（红薯），把它放在用泥土垒起并烧得火红的土窑中，然后把窑推倒，过不了一刻钟，白薯也就烫熟了。这样"窑"出来的白薯，比蒸煮的好吃多了。

我小时候贪玩，对功课也不太感兴趣，却爱看旧小说。最喜欢的是神怪、侠客一类小说，如《封神榜》《西游记》《水浒》《七剑十三侠》等，《三国演义》《东周列国志》也看，但不大懂。我最不喜欢看的是才子佳人的书，像《红楼梦》《西厢记》就看不下去。

1932年我小学毕业，成绩还算不错，名列全班第七。但这一年没考上中学，原因是算术不及格。由于考试落榜，我伤心极了，两个哥哥也都为我惋惜。二哥还监督我温习功课，帮助我补习算术课，我也确实花了点时间钻研了一下。这样过了一两个月，学校的书本看不下去了，便看课外书。

我两个哥哥在大革命时期买了不少进步书刊，特别是文艺方面的。我在看厌了旧的章回小说以后，便有机会看到《创造》《洪水》《文学周报》《小说月报》等刊物，还有当时很有名气的鲁迅、郭沫若、郁达夫等人的著作。这些书刊讲的许多道理，当时的我并不大懂，却使我对社会、对人生开始产生了一点朦朦胧胧的认识。我也就是从那个时候起，开始意识到我们国家被外国人称为"东亚病夫"，饱受着帝国主义的宰割和封建主义的压迫；开始意识到社会不公、穷人不幸。

休学那一年的后半年，即1933年上半年，我一个人长期在家感到心烦，于是便常到同学何国达、何国盛兄弟家玩。何家在我的母校第二小学附近，离市中心稍远，算是个僻静的地方。他家房子宽敞，房前房后都有小院，可种些瓜菜。何家兄弟的父亲早已去世，除寡居的母亲外，还有因丈夫亡故而回娘家居住的姐姐何醒予。

何的母亲很疼爱自己的子女，尤其是何国达，因此，对去他家里玩的同学很亲切、和蔼。比我们大得多的何醒予，同样和蔼可亲，像对待弟妹一样对待我们，有时还做些好吃的给大家吃。因此，同学们都喜欢到何家玩。最初到这里的，除我以外，有吴世光、王廷钦、刘禹燔、蔡厚文、杨启文。其中吴世光、杨启文和我，晚上还常住在那里。我们在一起时，经常打球、唱歌、聊天、读书，兴之所至还玩麻将牌。到1933年秋我考入中学（现在的北海中学）以后，来这里的同学就更多了，如林施均、陈广才、罗英、苏少芝、黄翠玉、岑嘉毅、卢传义等。

这时，我们学校的进步同学赵世尧、苏觉民等人主持的学生自治会很活跃，他们发动各班组织班会，校学生会出校刊，班级出墙报，以这种形式开展对时事问题的讨论，这对同学们养成关心国家大事的习惯起了推动作用。

在这种风气影响下，经常到何家玩的同学，因为热衷于读课外书，就模仿古代文人的做法，把常去的何家命名为"静励斋"。我们既读鲁迅的《呐喊》《彷徨》，高尔基的《母亲》《我的大学》，巴金的《灭亡》《死去的太阳》《家》等文艺作品，也读哲学、政治经济学及有关中国革命、苏联革命的书。1985年我和老伴罗英回北海探亲，还发现罗英收藏在她亲戚家的一本《政治经济学》（苏联拉比杜斯与奥斯特罗维采诺夫合著，陶达译）。为了交流读书心得，抒发感想，发表意见，"静励斋"还出了一个自写自刻自印的油印小报《群光》。1935年"一二·九"运动后，"静励斋"成为进步同学的一个活动基地，而常来这里的同学，之后绝大多数都成了共产党员。

（二）觉醒

如果说在"静励斋"读进步书籍使我受到了一些启蒙教育，为我走上革命道路奠定了思想基础的话，那么，1935年底，作为"一二·九"学生爱国运动的追随者，我已觉悟到民族危机已经严重到必须全民奋起以挽救国家危亡的程度了。

尽管北海与北平相隔几千公里,但北平"一二·九"学生爱国运动的消息很快就传到北海。以赵世尧为首的学生自治会成员,到各班传播消息,号召同学们支援北平同学的爱国救亡行动。随即组织了以合浦一中即现在的北海中学为主的包括部分小学师生的数百人队伍,举行了声援"一二·九"运动的示威游行。队伍从学校出发,途经文明路、中山路、珠海路等主要街道,沿路散发传单,高呼口号:"打倒日本帝国主义!""收复东北失地!""誓死保卫华北!""支援北平爱国学生救亡行动!"游行结束时,宣读《快邮代电》声援北平学生的爱国行动,谴责国民党军警镇压学生的罪行。

这次游行示威以后,我们学校的学生救亡活动空前活跃起来,读书会、歌咏队、时事研究会、拉丁化新文字研究班等,如雨后春笋般出现,其中有的是班级内的,有的是全校性的,有的还是校内校外联合组织的。那时读的书,多是生活书店出版发行的,如《大众哲学》(艾思奇)、《政治经济学讲话》(狄超白)、《青年修养十二讲》(共青团中央宣传部)等;刊物有《读书生活》《大众生活》《妇女生活》《救亡日报》等。也读一些新文艺书,如《八月的乡村》《生死场》,一些马列主义经典著作,如《列宁主义概论》《共产主义运动中的左派幼稚病》。歌咏队则大唱革命歌曲、抗日歌曲,如《义勇军进行曲》《大路歌》《开路先锋》《流亡曲》《大刀进行曲》。

那时,我每得一本新书就如饥似渴地读,得一首新歌就没日没夜地学唱,一直到学会为止。拉丁化新文字研究会和世界语研究会是校内外共同组织的,主持人是冯廉先。这两个组织有几次是在中山路天主堂潘伟德处举行活动,我也参加了这几次活动。在这些活动中,我算得上是个积极分子,一个热情的鼓吹者、参与者。为此,我付出了极大的精力和时间,以致功课荒废了不少,但也从中受到了锻炼,思想政治觉悟也因此得到了提高。

1936年夏,正是我初中毕业这个学期的暑假,发生了"两广事变"。这年的8月间,新编第十九路军(它的前身是因1932年"一·二八"淞沪抗战英勇抗日而闻名于世的十九路军)翁照垣师开到北海。这个师的北海籍进步青年钟俊生,通过赵世尧、冯廉先的关系,发动我们学生和社会青年组织抗日救国会,曾在北海中山公园开过群众大会誓师抗日。在北海人民的支援下,这个师的武装便衣人员处决了从事间谍活动的日本侨民、丸一药房老板中野顺三。这一事件与当年发生的"成都事件""汕头事件"合称为震惊中日关系的三大事件。其后,日方向国民党政府交涉,要来北海调查,国民党政府外交部派官员到了北海查处此事。对此,在各界群众的支持下,新编十九路军和北海当局坚决顶住压力,并向前来查处的官员递交抗议书,强烈要求清除日本间谍，要求中央政府北上抗日，反对内战。

在这场抗日反蒋的活动中，我也是以满腔热情来参加的。那时，我正患疟疾，周期性地"打摆子"，犯病时一阵热一阵冷，很不好受。就是在这种情况下，我还是为完成一定的任务而到处奔走，搞宣传，串联，参加示威游行。正因为我在这些活动中是个积极分子，所以我也参加了在中山西路黄人善叔叔家开的秘密会议。

"两广事变"反映了两广地方势力李宗仁、陈济棠与蒋介石南京中央政府之间的矛盾，但在一定程度上也代表了人民要求抗日和反对蒋介石政府妥协卖国的愿望，有进步意义和积极作用。可惜这个运动没过多久，即被蒋介石用分化瓦解的办法镇压下去了。新十九路军翁照垣师在北海仅驻防一个月左右，即撤至南宁，北海防务也由被蒋介石收买、代替陈济棠统治广东的余汉谋派第一五九师接替。在新十九路军翁师撤去南宁时，冯廉先、王文昆等二三十个同学和社会青年也跟着去南宁，我也是他们中的一分子。但从北海到廉州后，我大哥赶到廉州劝我回家继续升学。我由于参加过拥护新十九路军、反对蒋介石的宣传，对回家有些顾虑，加上过去曾想去广州深入下层，像高尔基那样当个无产阶级文学家，经大哥同意，我与同学刘禹燔经广州湾（现在的湛江）去广州。一路上我还在继续"打摆子"。

我在广州时住在大南路我二嫂的堂兄弟罗家炜处。罗那时是国民大学学生，他租了一层楼房住，我在那里住是不成问题的。罗思想开明，有时还讲些革命话，对我也不错。但当我请求他帮我找个活干的时候，他却讥笑我，并以大学生尚且"毕业就是失业"来教训我说：你一个十六七岁的孩子在广州找工作简直是做梦。于是，我每天就只有逛街，跑旧书摊看书。过了不到一个月，大哥在北海写信催我回家升学，此时他已经是北海中学的教员了。当时在广州军医大学上学的二哥也劝我回家，我自己也感到在广州过得无聊，便顺水推舟回北海了。

（三）被捕

从广州回到家已是1936年9月底10月初。由于"两广事变"影响，这一年的高中入学考试推迟了，我回到北海正赶上投考，并且得到了录取通知书。按我过去一年多没有好好上学的情况，我被录取可能是因为大哥替我打通了关节。

继续上学后，我和同学们仍一如既往地读进步书，唱抗日歌，出版的墙报也多有抨击国民党政府妥协投降、丧权辱国的文章。1936年12月12日发生了震惊中外的"西安事变"，张学良、杨虎城兵谏蒋介石的消息传到北海后，我们这些进步同学欢欣鼓舞，还把外国通讯社的有关报道用大字报的形式书写张贴在文明路等热闹街道的路口，并向围观的群众做解释，表示我们支持张、杨这一大义凛然的爱国行动。

没有想到，就在"西安事变"发生不到一个月，即1937年1月7日，我和十多个同学却被接替新十九路军驻守北海的国民党军第一五九师逮捕，这时我是高中一年级学生。

这一天下午，我们正在听英文老师温志达讲课。突然，教室里来了两个国民党军官。他们同温老师讲了几句话之后，温老师以稍带惊惶的眼光和声调点名叫我和耿宪修、岑嘉毅站起来，并告诉我们说一五九师九五〇团团部要我们去一趟。这时，我看到教室周围站着几个持枪的士兵，就知道是自己被捕了。等到走出教室，还知道其他班级也有一些同学被捕，计有高中三年级的陈广才、黄冠球，高中二年级的吴世光、王廷钦，初中三年级的黄裕起、傅善熙、张家保、伍朝汉、吕敬芬，初中二年级的利培源，连我们高中一年级三人共13个人。

一五九师九五〇团团部就在我们学校隔壁。我们被捕后，13个人一起被关在团部用竹木搭起来的讲台上。地板、门、窗和墙壁都是竹编的，顶棚铺上稻草。讲台前面是广场，看来是用作操场或会场的。我们被关押期间，没有上脚镣手铐，也没被打骂搜身，可以自由交谈，吃得也不坏，就是不得离开这个讲台，连大小便都有士兵看守。其间，一个姓廖的政训员和一个姓韦的团副，常到我们这里"教训"我们，说什么"抗日须有准备，要像越王勾践复国那样，十年生聚，十年教训"。还说："你们不要受共产党利用，十九路军是受共产党利用的，张学良也是。"对于这一套说教，我们反驳说：不抵抗日本侵略，日本人会得寸进尺；国家兴亡，匹夫有责，我们要求抗日不需要什么人来煽动。在我们这些人中，年纪最小的利培源同学表现最勇敢，他几乎对每一个反动论点都针锋相对加以批驳，常使那两个家伙说不出话来。

我们被捕后关押了10天左右即获得释放。释放前两天的晚上，我和吴世光、王廷钦、傅善熙4个人，被押到九五〇团团长林伟涛的办公室受审。他先是向我们做类似前面讲的那一套反动宣传，然后问我们的姓名、年龄、籍贯、在哪个班级念书等。我们如实回答了。问是不是共产党员，我们答"不是"。问参加什么组织和搞过什么活动，我们答参加了读书会、歌咏队等组织，读抗日书，唱抗日歌。林还问新十九路军来北海时有搞过什么活动，我们答做过抗日宣传，参加抗日游行。问有无跟随新十九路军去南宁，我和傅善熙答没有去过；吴世光、王廷钦照实说去过。至此，问话就转到吴、王两人，较为详细地盘问他们在新十九路军的生活和见闻。审问完毕，又"教训"了一通，然后让我和傅善熙仍回到那个讲台，吴世光、王廷钦则到了另一处房间，并且比我们晚几天释放。审问我们的这个林伟涛，后于1949年天津解放时被我军俘虏，当时他是国民党军队的一个师长。

提审我们后的第二天，那个姓廖的家伙拿来若干份印好的提纲，发给我们每人一份，要我们填写。提纲内容与提审时所问相似，也是姓名、年龄、籍贯、家庭情况、班级、参加过什么组织和活动、是否为共产党员（当时北海还未重建党组织，根本没有共产党员），还有对抗日的认识，等等。我都是如实填写，像在学校做课堂作业一样，写完以后就交。姓廖的不加挑剔就都拿走了。次日，关在讲台上的11位同学陆续由家长领回家，我是由我大哥领回家的。

这次与我们同时被捕的，还有北海市二小教师冯廉先、廉州中学学生张文纲（后来他成为中央乐团著名的作曲家）。他俩也是被关在团部，但不是与我们在一起，并且比我们晚一些时候才获释。这些都是我们回家以后才知道的。

国民党逮捕我们，是对抗日救亡运动的镇压。对此，学校内外虽然多有同情的人，有些同学还爬上墙头看望我们以表关怀，北海商会会长表示愿写"保书"保我们出来，但无论校内校外都没有对国民党逮捕学生的行为提出抗议，我们自己也只限于与国民党官员展开是非争辩。这说明当时北海的抗日爱国运动力量还很薄弱，也是北海抗日斗争还没有党的领导的结果。

（四）加入中国共产党

获释后我仍回学校上学，但从那时起到1937年抗日战争全面爆发的半年间，学校的抗日救亡运动沉寂了。我自己也觉得，少搞过去那些读书会的事，多读点书对自己也有好处。其间，我与同学罗英从互有好感到结成知心朋友，经常同她交换书刊阅读，交流读书心得，从中增进了对彼此的了解，为以后我俩结成终身伴侣奠定了基础。

1937年"七七"卢沟桥事变发生后，消息很快传到北海。北海进步社会青年王文昆、周志刚、刘禹燔等看到北海没有本地出版的报纸，北海人民又关心时局的发展，便从各种渠道收集战局发展信息，用钢板刻写成报纸印发，我也积极参与，做一些辅助刻印散发的事。

"八一三"淞沪会战后，抗日战争全面展开。这以后不久，新学期便开始了，同学们陆续返校。这时，我与一些进步同学要求学校组织抗日宣传队。学校同意并指定教音乐、美术的进步老师郑樵秀负责此事。宣传队先在市内和郊区进行口头讲演，在墙头刷大标语、画漫画，演街头剧，教唱抗日歌曲。通过这些方式，向人民宣讲日本帝国主义侵华罪行，全民抗战必胜、日寇必败，等等。除了在北海宣传，还组队到合浦县和灵山县各乡镇宣传。为扩大宣传效果，我们还成立了"怒吼剧团"，每到一处，摆开行头，就地取材搭台演剧，很受群众欢迎。其间，小学低年级同学组织"儿童剧团"，由教童子军的进步教员庞达负责，以儿童剧形式宣传抗日救国，也收到很好的效果。

抗战全面爆发后，北海海面常有日本军舰骚扰，它们有时还炮轰海岸；敌机也不止一次轰炸市区。此时，我们宣传队即组织群众疏散，必要时还参加救护伤员。除此之外，我和吴世光、王廷钦、刘禹燔、潘伟德等几个人，于1937年底办了一个名为《战声》三日刊的小报，大概出版了两三期，后因经费没有着落而停刊了。

我是1938年2月入党的，入党介绍人是赵世尧。赵于1936年"两广事变"失败后到了广州，并在那里参加了中国共产党。1937年底，党组织派他回家乡北海工作。由于他在北海青年中有很高的威信，北海成立官办的群众团体"合浦第五区抗敌后援会"时，他被任命为总干事（北海属合浦县第五区，是该区区政府所在地）。他以这个名义与学生和社会青年联系，指导我们开展抗日救亡工作。

有一次我向他反映：我们一些进步同学感到在北海搞老一套工作没有意思，很想去延安（那时延安抗日军政大学正在招生），在那里有共产党领导，工作有出息。赵听后劝我说，北海需要人工作，特别是进步同学不能离开。

自此以后,赵世尧启发我向党组织靠拢,问我:"你猜北海有没有共产党?"我答不知道。又问:"你敢不敢参加共产党?"我说:"你介绍我参加吧!"他没有直接答复,而是绕了个弯子说:"我有个朋友认识共产党员,我可以替你问一下。"他还问我谁还愿意参加,我讲了几个人,其中也提到谢王岗。就这样,他借给我《论政党》《解放周刊》《西行漫记》等书刊阅读;同时向我进行入党前的教育,告诉我共产党的性质、现阶段任务、抗日民族解放战争必须有共产党的领导、抗日民族统一战线政策、党的纪律等等。经过这样的启发和教育后,便让我按他手写的提纲填写入党申请书。

当时的提纲所列项目同现在的入党申请书差不多:符号(为避免用真姓名,叫"符号",我用的符号是"彭平")、年龄、籍贯、出身、经历、思想转变过程、对党的认识、为什么参加共产党等。我填好后交给他没过几天,赵便告诉我,组织上已批准我入党了,同时通知我到他家举行入党仪式。与我同一天在赵家参加入党仪式的,还有郭芳、谢王岗、利培源。我们4个人是北海自大革命失败以后重建党组织以来,在学生中发展的第一批党员。时间是1938年2月,春节后不几天。

第二章 广东南路工作时期

我于 1938 年入党以后，直到抗日战争结束后的 1946 年，整整八年时间，都在广东南路地区工作。广东自明清以来曾有上六府、下四府的设置：上六府是广州府、肇庆府、南雄府、韶州府、惠州府、潮州府；下四府是高州府、雷州府、廉州府、琼州府。南路即在下四府辖内，包括高州六属（茂名、电白、信宜、廉江、化县、吴川）、雷州三属（遂溪、海康、徐闻）、钦廉四属（合浦、灵山、钦县、防城）及两阳（阳江、阳春），共 15 县，以及梅菉市。南路这片地域北靠广西，南与海南岛隔海相望，西南与越南边界相连，其经济、政治和军事地位均十分重要。其间，我工作过的地区有北海（合浦）、钦州、防城、电白及广州湾（湛江）附近的抗日游击区（主要在遂溪、廉江两县）。

一、在北海工作

（1938 年 2 月—1940 年 5 月）

现在的北海市，是抗日战争时期合浦县属下的一个镇，为合浦县第五区署（区政府）所在地。抗日战争爆发后，面对北部湾的北海已处在前线，经常受到日本飞机和军舰的轰炸、炮击威胁。1938 年 10 月，日寇占领广州后，即相继入侵海南岛和广东沿海各地，北海所属的涠洲岛也陷于敌手。1939 年 11 月，日寇在钦州登陆，并将侵略的魔爪一直伸到南宁，占领了整个邕钦线，北海市区随时都有陷落的危险。对此，国民党当局无所作为，人民的生命财产毫无保障。一些地主、富商已远走高飞，留下的普通百姓则人心惶惶。

在这种情况下，北海市刚刚建立的中共党组织认为目前压倒一切的任务，就是唤起群众抗日保家，尽一切可能减少人民生命财产的损失。全面抗战爆发后的一段时间里，国共合作下的抗日形势还不错。随着抗日战争相持阶段的到来，国民党的亲日派头子汪精卫于1938年冬公开投敌，成立了汉奸政权；以蒋介石为首的国民党顽固派，又制订了一整套"溶共、防共、限共"等反共措施。这样，抗战工作必须采取与国民党既联合又斗争的方针，从而增加了工作的难度。

自我入党以后至1940年6月离开北海时止，我经历过且现在还能记忆的，有如下的一些事。

（一）参加"北海青年战时集结队"

1938年4、5月间，北海形势紧张，许多商店停止营业，市场萧条，学校停课。为了能在日军登陆之后，我党有抗日骨干力量可资调遣，在赵世尧的倡议下，北海青年成立了战时集结队。这个队的性质，相当于现在的基干民兵，但只有少量武器。成员是北海一中进步同学和进步社会青年，有三四十人，我和罗英都在其中。集结队同志每天早起即到一中校园跑步，锻炼身体；白天学习，有时到郊外开展野营演习；遇到敌机骚扰或轰炸，则组织群众疏散，救护伤员。这段颇有战时色彩的生活时间不长，却很有意义，我入党候补期（现在叫预备期）到期后转正的仪式，也是在集结队队部（当时的北海联合小学）举行的。

（二）反对反动分子叶天一当校长

叶天一曾在合浦县第五中学当过校长，是个经常散布反共言论、限制学生救亡活动的反动家伙。1938年暑假，国民党合浦县政府委任他担任合浦一中校长。为反对这个任命，我们合浦一中党支部（我是支部宣传委员）在合浦县特别支部领导人张进煊、赵世尧的领导下，组织同学写标语、发声明，提出"实行抗战教育，反对奴化教育"，旗帜鲜明地反对叶天一当一中校长。当叶天一不予理睬进入学校时，同学们把他包围起来，高呼"打倒叶天一""叶天一滚出一中"，叶只好灰溜溜地走了。但过了几天，他又以一中校长名义出招生布告。我们针锋相对地把布告撕掉，并在入学考试那天，到考场劝说考生罢考，叶天一招生由此失败。叶仍不死心，把入学考试改在合浦县城廉州举行。我们又组织同学赶到廉州，一面继续破坏入学考试，一面要求合浦县政府收回任命，另行委派能实施抗战教育的人当合浦一中校长。

为争取地方实力派的支持,我还和其他一些同学去见邓世增(此人在此后不久任广东省第八区专员公署专员)。然后又到县政府见县长邱桂兴,邱以命令发出不能更改为理由,拒不接受我们的要求。由于双方僵持不下,我们准备退出,同在县府门前等候的其他同学(除合浦一中同学外,还有廉州中学夏令营的同学)共商下一步的行动。没有料到,我们刚到门口却被警卫阻拦,不让出门。这就激起同学们的愤怒,大家高呼"不准扣留代表",并且要冲进县政府,直接同县长见面。这时,邱桂兴不得不出面撤去门卫,并向大家道歉。

第二天,进步报纸《合浦日报》(共产党员李英敏在该报社工作)报道了这场斗争情况,指责县政府无理扣留代表。慑于社会舆论,县政府不得不收回对叶天一的任命,改任本县人士周胜皋为校长。周又聘任共产党员陈任生(后任合浦中心县委常委)、韩瑶初及进步教师宁德棠为教师,赵世尧为图书馆管理员。这次斗争以完全胜利而结束。

(三)去广州中共广东省党训班学习

1938年9月,反叶天一斗争结束后不久,合浦县特支派我去广州到中共广东省党训班学习。我从北海乘海轮到香港,然后从香港乘火车去广州。那时从北海去广州一般都走这条线。我到香港时，探望了在香港定居的罗英父母。因为在此前不久，我和罗英经过双方父母同意，按习俗由何国达母亲做媒订了婚。罗英父母见了我很高兴，她父亲还请我上茶楼饮茶。到了广州，我找到了地下党的联络点（是个旅店），接待我的是后来到南路特委工作的杨克毅，他派人带我到设在西关的党训班。

这是一所老式的大房子，上下两层，有几个卧室和客厅，厨房厕所齐备。党训班十分强调保密工作，所有学员进来后即不得随意出去；几十个人吃饭、睡觉、上厕所都在这所房子里；无论是讲课、开讨论会，还是星期六晚上开文娱晚会时讲笑话、唱歌，都得小声小气。到了这里才真正感受到什么是地下活动。党训班的教学内容有列宁主义问题、抗日民族统一战线、游击战争的战略战术、青年运动等。学习方式以讲授为主，辅之以小组座谈讨论。我在党训班学习了半个多月，即被通知回学校参加国民党举办的高中二三年级学生的军事集训。

离开广州前，在中共广东省委工作的温焯华找我谈话，他指出广东的战争形势严峻，让我回去告诉赵世尧，抓紧开展武装斗争的准备工作。

（四）在恩平参加军事集训

1938年10月，广东省政府举办全省高中二三年级学生的军事集训,女生在广州,男生在恩平。中共广东省委为了使青年学生能学到一些军事知识和技能,并为了把青年学生团结在党的周围,因此决定所有应届学生党员都去参加集训。我从广州回到北海时,要参加集训的同学都已经在积极准备。去恩平集训的北海一中和廉州中学的党员,共同组织了一个支部,我是这个支部的委员。到恩平不到半个月,周边局势发生了急剧的变化,一是距恩平不远的广州已被日寇占领,恩平也随时有可能陷落,而集训当局并无应战措施;二是集训期间,集训当局向学生灌输国民党的一套所谓理论,其中有不少反共的内容。为了同学们的安全,也为了抵制国民党灌输反动思想对青年造成的毒害,两校集训党支部决定,动员同学们有组织地或个别地回到自己的学校。于是,大家便都冲出集训团营地,全部撤回北海。

我们在恩平集训期间,1938年11月,中共广东省委派周楠来合浦传达省委的指示,要求必须迅速准备开辟钦廉抗日游击根据地,并决定立即成立中共合浦县工委。经选举,工委的分工是:张进煊任书记,陈任生任组织部部长,李英敏任宣传部部长,赵世尧分管统战群众工作,韩瑶初管青年学生工作。合浦县工委的成立,标志着合浦党组织进入一个新的发展阶段。会后,赵世尧在北海地区党组织内传达了会议的决定并将其贯彻落实。

（五）罗英入党及赴广州集训

在我去恩平参加集训之前，罗英因在抗日救亡宣传活动中表现突出，工作积极，经党组织严格考察，由谢王岗介绍，已于1938年10月6日加入中国共产党。当天上午，入党宣誓仪式在我家里举行。会上先由谢王岗介绍罗英的家庭出身、在抗日运动中的表现以及她对党的认识等，认为罗英已基本符合共产党员的条件；然后，由我代表合浦一中特别支部接收罗英入党。宣誓仪式结束后，谢王岗先走一步，我和罗英在一起亲切地谈到，我俩原来不仅情投意合，而且结成了真正的革命伴侣，今后在抗日斗争和革命事业中更可以相互扶携，并肩战斗了。

罗英在入党后第四天即10月10日，便怀着学好军事知识、打败日本鬼子的激情，跟合浦一中十来个女同学奔赴广州，参加国民党举办的广东省高中二三年级学生军事集训团。然而，刚到广州安顿下来，尚未正式开始集训，日军就已在大亚湾登陆，增城、虎门等地相继失陷。日军飞机大肆轰炸广州市区，集训团只好宣布就地解散。罗英作为刚入党没几天的党员，约了几个愿意留在广州参加抗日救亡工作的女同学，在广州找到曾在合浦一中教过音乐的郑樵秀老师，由郑老师介绍她们去广东省抗日先锋队参加工作。几日后，日军逼近广州，罗英等人随省抗先队撤出广州市区,在西江罗定县做了一段抗日宣传工作。广州沦陷后,广东省政府又宣布解散省抗日先锋队,罗英因组织关系在北海,便辗转返回北海。

(六)在北海驻军一七五师政工队

我从恩平回到北海,已是1938年的11月底或12月初了。由于广州陷落,北海形势更紧张,此时,合浦一中已决定把学校迁到合浦县北部的山区小江镇(现在的浦北县县城)和合浦县城附近的大石屯,绝大部分同学都分别到这两处上学了。由于工作的需要,组织决定让我留在北海,随后又决定派我打入国民党驻军一七五师政工队工作。一七五师系桂系军队,该师政治部主任林增华是国民党中的积极抗日派。为发动群众抗日,师政治部于1938年9、10月间成立了政工队,并在北海和合浦各地公开招收了一批青年为队员,同年年底又扩大招收队员。中共合浦县工委认为,利用这个合法组织既可进行抗日宣传,又能争取群众、发展中共力量,于是便决定派部分党员参加政工队。在北海,则派我和陈文山等另外两名党员,并由我们动员几个合浦一中同学去参加,然后去合浦县城接受了短期训练,即回到北海活动。

在北海的政工队是个有十多个人的小队,小队长是北海驻军一七五师的团政训员谭景猷,他是一个抗日派的青年军官。小队里有共产党员，包括从外地来北海的共五六个人，队内成立党小组，我是小组长。我们先是在北海驻军所属各连队和连队驻地的居民中进行抗日宣传教育（通过讲课、讲政治形势、教唱抗日歌曲、写标语、画漫画、出墙报等形式），历时约一个月。随后政工队便分作两部分：一部分由谭景猷负责，到连队做政治宣传教育工作，并常驻连队；另一部分由我负责，在市区做群众工作。

市区群众工作的重点，是筹备建立码头工人和手车工人抗敌同志会。为此，我们曾到过一些工人家进行访问，还在东一巷租了间民房，设立工人同志会筹备处，经常请一些工人来这里开座谈会。我们还到过珠海西路高州会馆，召开码头工人座谈会。

1939年2、3月间，由于党组织在学校进行反对汪精卫投降派的斗争，出于加强学生工作阵地的需要，组织通知我回大石屯分校复学。这是我高中即将毕业的学期，为参加毕业考试，我也需要回校上学，于是我和陈文山等便撤出北海驻军一七五师政治部政工队，返校复学。

（七）反汪派斗争及合浦中心县委被破坏

我返校复学以后，在合浦一中大石屯分校开展了反对训育主任杨超兰的斗争。当时，杨压制学生从事救亡活动，他拉拢一些落后（反动）同学，查抄进步书刊，盯梢进步同学。为此，我曾与一些同学到国民党县党部找一中校长兼国民党县党部书记长周胜皋提出抗议。其间，学校党支部（我是支部委员）利用纪念五四运动20周年的机会举办演讲比赛，宣传我党提出的"坚持抗战、反对投降，坚持团结、反对分裂，坚持进步、反对倒退"的三大政治口号，坚决反对汪派汉奸，同时也针对杨超兰压制学生抗日活动的倒行逆施。罗英参加了演讲比赛，大家公认她讲得最慷慨激昂，痛快淋漓，结果被评为演讲比赛的第一名。她获得的那张奖状，我于1954年回北海时还在家中看到。

这时，合浦县党组织领导机构改组为中共合浦中心县委。大约是1939年6月下旬，发生了合浦中心县委被破坏事件，县委书记李士洋、县委常委陈任生以及工作人员利培源、张九匡、叶惠清等5人被捕。事件发生原因是县委领导思想麻痹，忽视秘密工作规则，让一位刚从外地（韶关）来的、穿着打扮不群众化的女同志叶惠清住进县委机关，从而引起驻军军官的怀疑和跟踪（事后了解到，当时国民党方面主要怀疑叶系日本间谍）。经搜查，从县委查出马列著作及党内报刊、文件、笔记等，才认定是共产党工作机关。被捕的几个同志，除承认自己是共产党员外，并未暴露其他秘密。其后，由于日寇登陆钦州湾，关押被捕同志的灵山县监狱情势紧张，这几个同志才得以乘乱逃出。合浦中心县委被破坏后，停止过一段时间的组织活动。

8月间,温焯华代表广东省委来合浦,总结合浦中心县委被破坏的教训,传达形势和任务,提出整顿和发展党员的要求,决定把合浦党组织的工作重点转移到山区农村,选举产生新的县委,成员有:书记张进煊,组织部部长谢王岗,宣传部部长李英敏。此时,赵世尧已被国民党当局注意,上级党组织决定把他调离北海;同时决定由郭芳任书记,卢传义为组织委员,由我任宣传委员,组成中共北海中心支部,统一领导北海地区的党组织工作。

(八)同罗英去老鸦笼村度假

罗英自结束广州集训经罗定返回北海后,她父母亲已先后离开北海回了香港,她妹妹永莹又去了一中小江分校读书(有段时间在合浦县城搞抗日宣传工作),因此她一直在我家居住。从那时起,我和罗英实际上已同居。1939年暑假,我俩都已通过考试并取得了高中毕业文凭,又值合浦中心县委遭到破坏而暂停组织活动,借这个闲暇之机,我同罗英到她老家合浦县营盘乡老鸦笼村度假。

老鸦笼村是个以渔业为主的乡村,紧邻大海。有一片银白色的平坦沙滩,不管涨潮退潮,这里都是很好的游泳场所。每天傍晚退潮时,便有许多小孩、大人来挖沙虫。沙虫是生长在沙子缝隙里的海鲜,炖汤很美味,也可以把它洗净晒干煎着吃,香脆可口,令人回味无穷。

罗英老家有个阿奶，是罗英父亲的原配妻子，当时50多岁，多年来都是一个人在老家生活。罗英虽然不是她亲生，但她仍待罗英如亲生女儿般，对我俩来度假感到非常高兴。罗英的一些堂叔、堂伯也很喜欢我们。在这里，我们每天或到海边散步、挖沙虫、拾贝壳，或在树荫下看书，有时到一些亲邻家串门，也算是体验农村生活吧，兼做一点抗日宣传工作。尽管这里以渔业为主，但吃得较差，每天两顿，基本上是白薯稀粥就沙蟹汁、腌芋蓬（芋头的杆）。吃得好的时候也有，就是罗英堂叔、堂伯请吃过的几次鱼虾蟹，此时我们就可以大饱口福了。不管吃好吃坏，我们过得都很愉快。

尽管局势严峻，但年轻人仍然少不了谈情说爱。那时我俩都刚刚20岁，在这海天交汇、远离烽火硝烟的幽静环境里，的确有着说不尽的情趣。如早晨起来，我们一起到屋后的龙眼树下做操、看书、唱歌；有时将网床挂在大树杈上，躺在里面摇摇晃晃地休闲，或者用粗麻绳系在树上荡秋千……这是我们一生中度过的最美好的一个假期，也是我俩年轻时代所经历的一段充满浪漫的日子。在以后的岁月里，我和罗英总喜欢把我俩在渔村度过的这些天当作一次愉快的蜜月。大概过了20多天，我们便告别阿奶和亲人们，离开老鸦笼村回到北海。

（九）在合浦县西场镇小学当教员

从老鸦笼村度假归来，罗英接到父亲的来信，让她去香港团聚。经组织同意后，她便乘船去香港，告诉父母高中毕业后准备找个教书的职业，并说适当时候我俩就要成亲。二老听了很高兴，都赞成这门亲事。这时，组织上已为我和罗英找到了教书的工作，我写信催她返回北海。1939年9月，罗英到合浦县多蕉乡小学当教员，我到我祖籍西场镇小学当教员兼训育主任。这样，我们都有了一份职业和作掩护的公开身份，便于更好地从事革命活动。

西场镇小学的校长是共产党员，教员中除我以外还有一两个也是共产党员，学校实际上是由我党掌握。我们在教学中注意宣传共产党的主张，也深得学生的拥护。对此，国民党当局极为仇视。我到校任教才一个多月，便被国民党县党部以"思想不纯"为名解除了职务。当时，重建的合浦中心县委为加强党的领导，决定成立几个区委，我被任命为廉（州）北（海）区委宣传委员，于是便离开西场返北海。

（十）组建北海学生队

1939年11月，日军从钦州湾登陆，国民党军队不战而退，钦州至南宁一线陷于敌手。钦州与北海近在咫尺，再加上日本军舰常在海面出现,北海形势变得很紧张,不少居民已疏散到农村,商店关门,学校停课。根据这一情况,刚刚建立的廉北区委决定发动群众,安定社会秩序,一旦日军登陆,便在敌后开展武装抗日斗争。为此,在合浦县城成立战地服务团,在北海成立学生队。学生队的组建由我负责,通过任副镇长的党员李梓明的关系,取得区长刘瑞图的同意后,便成立了"合浦县第五区抗日自卫团学生队",实际上一切行动都由我们做主。

学生队成立时有40多人,之后发展到五六十人,部分人配备武器(步枪和手枪),主要成员是留在北海的北海一中同学和进步社会青年。队长是李梓明,指导员和党支部书记都是我。学生队分驻三处:总队部在俾路楼(今北海第二小学),负责宣传联络、市区内的防盗防特(特务)、指导群众疏散等,遇有敌机空袭则参加救护伤员,此外还负责本队的思想政治工作;第一分队在外沙鲁班庙,负责监视敌舰动向,以及沿海一线的巡逻警戒、防盗防特;第二分队在奶奶沟,这是北海的后方,第五区署在这里有个仓库,存放有一批枪支弹药和被服,我们准备把它作为日后开展武装斗争的基地。因此,这个队的工作重点是做好群众工作,搞好群众关系。这里办有识字班、少年儿童歌咏队,学生队队员经常深入农户交友谈心,进行宣传教育。这几处学生队队员都过集体生活,有严格的组织纪律。生活很艰苦，一天两顿都是稀粥咸菜（有点咸鱼下饭就是很好的了），吃的稀粥有的还是由泰国华侨捐赠的"锅巴"捣碎洗净后煮成的。

学生队大约于1939年12月间成立，1940年2、3月解散，主要原因是学生队积极参加了反对奸商勾结国民党官吏偷运物资资敌（日寇）的斗争，而引起国民党当局的忌恨。

（十一）反对奸商运米资敌的斗争

自从日军占领了涠洲岛，特别是占领了钦州和南宁以后，一些奸商勾结国民党官吏，高价收购大米、铜圆、桐油等物资，投机运到敌占区资敌，以致米价暴涨，群众叫苦不迭。1940年1、2月间，在合浦中心县委领导下，廉北区委与西场区委联合发动群众，开展了轰轰烈烈的反资敌斗争。先是西场区委下属的沙岗党支部发动群众，反对该乡自卫团大队长王国光与奸商勾结运米资敌。除在当地游行示威外，还派代表向合浦县政府请愿，要求政府严办王国光。对此，县政府拒不答复。请愿代表回到沙岗以后，王国光又将代表扣押，这更激起了群众的愤怒。廉北区委与西场区委这次联合斗争，既与维护群众利益相结合，又与反汪派反逆流斗争相结合。斗争以西场的青抗会、廉州的战地服务队和北海的学生队为骨干，有西场、沙岗、廉州、北海等地数千名群众参加。北海学生队由队长和我带领，从北海步行到廉州，当晚宿骊珠戏院。第二天与各地来廉州的群众集中去东山寺，向合浦县政府请愿，在县政府门前高呼"禁止运米资敌""平抑米价，严办奸商""反对贪官勾结奸商发国难财"等口号。学生队队长李梓明还在县政府门前慷慨陈词，控诉奸商运米资敌的罪行。

请愿的第一天，县长李本清拒不接见请愿代表。第二天，群众仍然到县府门前呼口号、演讲。李本清仍不露面，而是派他的秘书向群众说了一通不着边际的官样文章。群众对此很不满意，要他滚回去，叫李本清本人出来回答问题。第三天，请愿群众越聚越多，口号声一浪比一浪高。在群众的强大压力下，李本清不得不出面回应群众，表示接受群众的意见，查办奸商贪官。尽管他的答复并未兑现，但此次斗争暴露了国民党政府的丑恶嘴脸，增强了群众的斗争信心，因此还是有收获的。学生队在这次斗争中起着骨干作用。我是领导这次斗争的核心组织临时党团的成员，我写的一篇简短传单在当时起到了很好的宣传鼓动作用，有的同志至今还没有忘记。

由于学生队积极参加了这场斗争，引起了国民党当局的注意，加上日军登陆钦州湾造成的紧张局势这时有所缓和，国民党便想方设法逼迫学生队解散。他们先是将支持学生队的区长调离北海，再是停止学生队的供给，收缴学生队的武器，学生队就是在这种情况下不得不宣告解散的。

（十二）反对反共逆流的斗争

1939年冬，国民党反动派发动第一次反共高潮，山西旧军攻打我党领导的新军（抗日决死队），国民党中央军包围陕甘宁边区并且进攻八路军；在国民党统治区，国民党当局变本加厉地限制抗日进步活动，逮捕杀害共产党员和进步人士。为抗击反共逆流，1940年3、4月间，广东南路特委在南路各县发动了一次反对反共逆流的宣传，主要方式是：同一时间在各地同时秘密散发和张贴八路军通电《反对反共投降，坚持团结抗日宣言》《告全国人民书》以及毛泽东为延安民众讨汪大会起草的《向国民党的十点要求》等，揭露国民党制造摩擦、破坏抗战、反共反人民的罪行。

散发传单后，我们即组织群众阅读，并宣传解释党的主张。罗英当时大病还未完全康复，也在我们家附近做宣传解释工作。有的同志如赵世尧爱人邓家贞，还公开在街头讲演。

在北海张贴传单时，党员陈秉洁被警察发现而遭逮捕，警察随后又逮捕了副镇长李梓明。为了进行反击，我们组织了街头演讲，抗议当局无理逮捕陈秉洁和李梓明，我还为此写了一份传单《告北海父老兄弟姐妹书》。但就在我去印刷厂准备付印时,恰遇上新上任的区长潘承銮也到印刷厂。他发现字版已经排好,要把字版拆去,我不让拆,双方动手抢夺字版,直至字版散乱为止,结果印刷厂自然不敢承印。经过这一番斗争,我虽然不至于因此而遭到迫害(这可能与我大哥是这个新区长的同学有关),但由此也可看出国共两党间的矛盾越来越尖锐,同时,国民党对各地抗日进步活动进一步加紧镇压。在这种情况下,我和其他已经暴露了的同志只好撤离生活了20个春秋的北海。

二、在钦县工作

(1940年5月—1941年2月)

(一) 到抗日前线去

日寇占领邕钦线后,中共广东省委和广东南路特委决定加强开辟粤桂南根据地的工作。这时,合浦中心县委决定集合撤退干部,派一批同志到钦县工作。恰好,在钦县刚刚成立不久的广东南路第九抗日游击队(简称"南九"游击队)司令部需要人帮忙做抗日宣传、组织工作,中心县委经派人联系,并取得这个游击队司令陆竹朋的同意之后,便安排我和另外10个同志到钦县抗日前线去。这些同志是王文昆、岑月英、罗永莹、王资桐、利培源、伍朝汉、郭洛、黄翠琼、俞永贞、刘舜英，加上我共11个人。中心县委负责人黄其江、谢王岗向我们交代的任务是，首先做好"南九"游击队的争取团结教育工作，特别是教育士兵的工作，条件具备者可以发展为党员，为日后建立我们领导的抗日武装打下基础。关于组织的领导人，当时交代去"南九"游击队的同志组织钦县特别支部时，特支委人选未指定，只交代我先带几个人去，随后还将再派人去。我到钦县后，比我晚到的岑月英传达中心县委有关特支委人选的决定：庞自任特支书记，岑月英任组织委员，罗永莹（罗英的妹妹）任宣传委员。

离开北海之前，我向新任廉北区委书记的"阿洪"（后来才知道这位同志的名字是何达云）交代了有关情况。原廉北区委书记庞达、组织委员郭芳也与我同时调走，赵世尧则早于1939年秋便调走了。为了不引起国民党当局注意，我们去钦县是三三两两走的，约好在灵山联络站黄文法家集中，然后再从灵山去"南九"游击队司令部所在地钦县小董区那香乡陆家村。这是1940年5月间的事。

在我走后不久，罗英也同另外几个同志撤退到灵山县，并担任灵山县特别支部书记。

（二）在"南九"游击队

日寇进攻邕钦线时，国民党守军不敌，各机关仓皇撤走。东侧灵山、西侧防城的人民处于水深火热之中。这时，受共产党影响的进步青年和爱国抗日人士，为抗日保家纷纷组织起各种形式的抗日救国队伍。以著名抗日将领蔡廷锴为司令的国民党第二十六集团军为壮大抗日力量，组建了5个广东南路抗日游击队司令部，"广东南路第九抗日游击队司令部"（简称"南九"）就是其中的一个，成立于1940年春。司令陆竹朋，钦州人，据说曾当过国民党军队的旅长。他主张抗日，属于爱国民主人士。"南九"的骨干，部分是国民党退役军官，部分是地方士绅——司令部参谋、军需以及大队长、中队长等人员，总的来看，他们也是主张抗日的。士兵则是从四乡募集或自愿来的农民。自愿来的人既为打日本，也为生活找出路。"南九"游击队约有四五百人。司令部驻在陆家村，几个大队分别驻在离敌人据点小董、那兰不远的板城、长滩等处。

我们到了"南九"后，以政工队人员的身份活动。政工队队长郑重，钦州人，原为小学教员，与陆竹朋可能有点亲戚关系。此人也是主张抗日的，但对国共两党的是非曲直无明显的倾向，大体上属中间派。他对政工队的事不管也不懂，任由我们安排。我们于1940年5、6月间到"南九"，同年11月，"南九"随着日寇撤出邕钦线而解散，历时半年左右，这段日子我们过的是相当艰苦的战地生活。

这里是钦县和灵山县交界的最为贫瘠的地方，农民生活很苦，而"南九"又是临时凑起来的，是供给匮乏的地方部队，因此，我们的待遇也是极差的。除了每天供给一顿干饭一顿稀粥外，每月只发一两元钱的零用。记得在农历八月十五那一天，不记得是谁买了几块片糖，在吃饭时每人分一小块，大家就高兴得不得了。部队不发被服，我们来时有什么就穿什么盖什么。日常用品除肥皂添过一点外，其余也都是自己带来的。住的地方，有几个男同志与大队一起住在祠堂或老百姓家，其余几个男同志和全体女同志与司令部人员住在用竹子和茅草搭起来的茅棚，床也是用竹子编的，用木头做支架。由于此处无大江大河，洗脸洗脚特别是洗澡很不方便，因此，很多同志身上都长了虱子，跳蚤则到处都是。罗英曾到"南九"与女同志住过一夜，第二天就发现身上有了虱子。1945年我在湛江见到罗永莹，她当时已脱党，谈起在钦州"南九"的这一段经历时还有些后怕。话虽如此，但我们当时确实并不觉得苦，这大概是因为有崇高理想的鼓舞吧！有了这个精神支柱，也就以苦为乐而不觉得苦了。

作为钦县特别支部的骨干，我们的根本任务应该是开辟全钦县的抗日工作，但当时钦县并无党员（后来才知道钦县师范学校有党组织，在日寇进犯钦县前已迁去广东北部的连县），也无任何进步关系（至少中心县委并未向我们介绍)。因此，我们到了钦县就一头扎到"南九"，做部队的思想政治工作和部队驻地的群众工作。

这方面的工作，大体上与过去在国民党军第一七五师政工队所做的差不多。在部队，大体上是上政治课，教唱抗日歌曲，有的中队还教识字。不同的是，常驻中队、大队的同志会同士兵们生活在一起，同吃同住同战斗。在战事紧张的时候，我们还以司令部的名义，组织群众到前线慰问，其间还会演出一些文娱节目。此外，我们经常接触在司令部工作的人员，包括司令、参谋、军需等人，以及大队、中队的负责人，向他们宣传共产党的主张，促使他们增强抗日意志和信心。这些人对我们颇有好感，"南九"解散后，仍同我们保持着良好关系。地方群众工作，除张贴墙头标语、漫画外，主要做家庭访问。当时没有说要访贫问苦，但我们还是尽量到最贫苦的农民家中，启发他们的民族仇恨和阶级意识。与此同时，几个女同志也经常到大队长、中队长家，做他们家属的工作，还办有妇女识字班，进行文化教育和政治教育。

为了密切与群众的关系，我们与群众一起劳动。到"南九"不久就遇上夏种，我们跟着农民下水田插秧。这里的水田蚂蟥很多，脚一下水，蚂蟥就在脚脖子上死死吮吸，发现后使劲把它拉开，放在石头上一砸就是一摊血，看了真有点恶心。但第二天便慢慢习惯，也就不大在乎了。然而，我们还是极端憎恶蚂蟥的。我们也憎恶虱子，但我们却给虱子起了个美名叫"革命虫"，意指只有干革命的人身上才有它；对蚂蟥，我们叫它是"吸血鬼"。当然，不管是砸烂一个"吸血鬼"还是消灭一个"革命虫"，我们同样感到开心。秋收时，我们帮助家中缺劳力的农民收割稻子。割稻比插秧好受些。但那种一直弯腰曲背的干活方式，做上一天就累得够呛。然而大家都能自觉接受考验，没有听到谁叫苦的。我们这种不怕苦不怕累的精神，深受群众的赞赏，他们都说：难为这帮学生哥、学生妹啰！因为与群众建立起了密切关系，过年过节我们还收到群众送来的年糕、粽子、果品，还有人请女同志到自己家里做客。

（三）日本人走了，国民党来镇压了

1940年11月，占领钦县的日本人撤走了，"南九"随之解散了。这时，国民党军第一七五师以及党政机关也都回来了。形势的变化迫使我们不得不改变斗争的方式方法。我们首先考虑的是如何坚持下来，为此，我们利用前一段活动建立起来的群众关系和群众对我们的信任，将工作重心从部队迅速转到地方，以地方士绅邀请办学或应邀到原有学校教书的名义，坚持在原来活动的地方办学、当教员。我和王资桐在那香中心小学当教员，其他同志分别在陆家、屯睦、马朝等处当教员。这时，广东省委为加强钦县武装工作而从东江纵队调来的黄木芬、王次华也到了钦县。由于"南九"已经解散，他们也只好留下来教书，黄在陆家小学，王在大寺小学。

正当我们根据新的形势，计划进一步站稳脚跟开展工作的时候，一件意外的事情发生了：在马朝、屯睦教书的岑月英、黄裕起、刘舜英、郭洛4人被国民党逮捕了。至于他们被捕的原因，听群众传言是国民党抽查户口，因被捕同志是外地人，需带走查问清楚，没事就放回来。后来，通过王资桐在一七五师的熟人打听，才知道逮捕我们同志的罪魁是邓世增（时任广东省第八区督察专员）。邓在日军撤走后到钦县视察，途经小董时，发现我们的同志在马朝、屯睦活动，他知道我们是从合浦来的，便指使一七五师实行逮捕。

怎么办？我找同志们商量。考虑到我们是合浦中心县委派来开辟钦县工作的，未取得中心县委同意不能撤回合浦；同时，尽管我们大都被国民党注意，但他们并不知道我们是共产党员，我们在"南九"也没有什么把柄给他们抓住。于是，我们便做了如下决定：①清理党刊党报和内部笔记，务必不留痕迹；②通过原"南九"司令陆竹朋及大队长、中队长的关系保释被捕同志；③由我回合浦汇报请示，途经钦县时，请陆竹朋出面营救被捕同志；④留下来的同志照常坚持工作，不要匆忙撤走，否则对营救工作不利。

（四）再度撤退

我怀着沉重而又焦急的心情，踏上经钦州往合浦的路。一路上回顾了到钦县几个月里做过的事，盘算着到钦州后该如何请陆竹朋营救被捕同志，以及回合浦汇报该如何安排我们这些人。从那乡出发，大约走几里便到南宁通往钦州的公路，即被日军占领后最近又被他们放弃的邕钦线。我从早上走到下午，沿路几乎见不到行人，偶尔看到一两个，也是放牧打柴的当地农民。下午四五点钟发生了意外，我被两个匪徒劫持了。

当时我走在名为"三十六曲"的盘山道上，突然从路边的小山坡上跳下两个农民模样的汉子，其中一个把手枪顶住我腰间，另一个用胳膊挟着我走上另一边的小山坡，然后喝令我把所有东西都给他们。当时我只携带着一个装着一两件换身衣裤和手巾、牙刷的小布包，便把它交给他们。接着他们搜我身上，取走了衣袋里的几元钱和一支钢笔。经我要求，他们把钢笔还给我，便径自离开了。这时太阳已经下山，我估量从此处到钦县县城还有二三十里地，往前走不知是否还会遇到强人，因此就趁天还没黑透找到一处人家要求歇一夜。这家人听我说是在去县城找陆竹朋的路上遇劫的，便热情地招呼我吃了一顿饱饭，还盛了热水让我洗脚。这一夜我睡了个好觉,这是我在钦县工作的一个小插曲。

第二天到县城见了陆竹朋。我把几个同志被捕的经过告诉陆,并同他说我们都是青年学生,纯粹出于抗日救国热情来"南九"工作,与钦县人民共赴国难。"南九"解散后,群众要求我们教书,我们便留下来了,我们没有做过任何违法的事。请他向一七五师说明情况,把被捕同志救出来。陆满口答应帮助解决。

从钦州回合浦,先到龙门联络站,负责人李焯兴与我是同学,他热情招待了我。我在这里过了一夜,第二天到小江联络站,负责人是何醒予、何国达姐弟俩,更是老熟人,对我也是一番热情招待。更巧的是,罗英也于同日从灵山到达联络站,有此欢聚机会,我们大家都感到快慰。

翌晨,我又随交通员赶到公馆镇的一处地方。在那里我见到南路特委特派员杨甫,他当时负责钦廉四属(钦县、合浦、灵山、防城)的工作,我向他汇报钦县的情况,他向我传达了当前的形势和任务后,即决定调我到防城县工作。他告诉我,防城要建立县特别支部,不久前已派李健甫去防城了;特支成立后李任书记,我任组委,原东兴支部书记宁德棠任宣委。嘱我先到东兴找到李传达这个决定。至于钦县的事,他说由他负责处理。事后了解,在我离开钦县不久,原"南九"政工队的同志全部撤离钦县,被捕同志也都被保释出来了（由陆竹朋和原"南九"大队长出面保释）。

三、在防城县工作

（1941年2月—1942年2月）

（一）关于防城县特别支部

见到杨甫后，我返回钦县，把我找到杨甫和杨甫的指示等情况告诉仍在那里坚持工作的同志；然后和伍朝汉前往防城县的东兴镇找到宁德棠，并通过宁找到了李健甫。第一次特支会议就在宁家开的。会上，我传达了杨甫同我讲的特支委的人选、"皖南事变"后国民党加紧反共的形势和我们的任务，以及广东省委对合浦白石水武装斗争的决定（主要是讲把军事斗争转为政治斗争）等重要事项。杨要求我们在新形势下要特别提高警惕，防止敌人突然袭击。

在这次特支会上还谈到原东兴支部错误地介绍过几个党员和进步青年参加国民党军统办的茅坡情报训练班的问题，认定原支部决定停止与这些党员和进步青年的组织联系，只保持一般的群众工作关系是正确的。

这段历史至今令我记忆犹新。同我一起到东兴的伍朝汉也记得清楚，他同我说过，在我们开特支委会议的时候，他还在楼下警戒,以防不测。没有想到事隔40多年后,这段历史被搞混了。1985年我同罗英回两广休养。到了湛江的时候,恰逢防城县举行那良起义40周年纪念活动,我应邀参加盛会。其间发现县党史材料竟把防城县特支建立的时间和地点说成是1942年在防城中学,特支委员也没有提到宁德棠。

为此,我向主编县党史的张贤一再说明这段史料不实,张因当时的领导人杨甫、谢王岗、李健甫提供的情况同我的不一致而感到为难。会议期间我同谢王岗对质过,回到北京也同杨甫谈过,他们都说记不起宁德棠当选特支委员这件事。宁德棠的记忆虽然同我一致,但因此事涉及他本人,所以也不好多说话。至于特支建立的时间和地点,实际上谢、杨根本不在场,也不清楚。这件事虽然不大,但可见史书要反映真实历史,往往也是不容易的。

(二) 在中越边境东兴小镇

到防城的头两个月,我基本上是在东兴镇度过的。东兴是我国西南的边陲小镇,这里与越南的海宁省省会芒街仅一桥之隔。两国界河北仑河,枯水时有些地段甚至可以徒涉。当时越南还是法国殖民地,东兴和芒街两边老百姓往来频繁,因此这里颇多异国风情。

我在东兴的两个月,主要是了解党员情况,以及向由我联系的同志传达上级和特支委有关形势、任务方面的意见。当时党员分布在东兴、防城、那梭、芒街等处，除芒街外，其余几处均由我联系。

"皖南事变"后，组织活动大都采取单线联系的办法。那时公路都已遭到破坏，无论多远的地方都要靠两条腿走，同一个人接头往往得花一两天时间。在东兴找人谈话固然省事，但遇有日军飞机侵扰，也得临时撤到较为安全的城郊。那时，日机在钦（县）防（城）一带的活动又特别频繁，特支会议有时干脆到宁德棠的市郊小屋开，也到过已迁出郊外的明江中学附近的树林中开会。

在东兴，我住在宁德棠家。宁有两处住房，一处在镇内，一处在郊外，两处我都住过，住在市区时，晚上还到街上走走。这里的越南人不少，有的是侨民，有的是已入中国籍的越南族（京族）人，他们大都还是越南人的穿着，短衫宽裙，嘴里嚼着槟榔，露出的牙齿一般又黑又亮。槟榔是同石灰、熟烟合在一起，用一种叫作唠叶的叶子裹着嚼的，由于又苦又涩，嚼到一定程度便要吐出来。这样，东兴街头不时看到一摊摊混着槟榔渣的唾沫。东兴同北海一样有很多小吃店，但与北海不同的是，这里的咖啡馆多，出品除点心外，有各种各样的面包，如圆面包、两头尖的法式棍面包、枕头包等。偶尔我也到咖啡馆享受一下，也算是开"洋荤"吧。

（三）大直区署的雇员

在东兴的两个月，我没有公开职业，这既不利于开展工作，也不利于掩蔽。4月底5月初，据黄翠玉、黄翠英姐妹俩反映，大直镇中心小学缺教员，且她俩与大直的防城县第一区署区长申洪书相熟，可以介绍我去教书。支委经研究认为，大直是山区，将来打起仗来活动余地大，这里曾受过抗日宣传工作的影响，也便于开展工作，于是决定派我去大直。

我带了黄氏姐妹的介绍信到大直见了申洪书，申告诉我，因本学期开学已久，教员已满额，但区政府有个雇员要辞职，如果我同意，可以留下来顶替此人。由于这是新情况，对于这个变动不知支委会意见如何，因此我答复申说，让我考虑一下再定。过了几天，在得到李健甫、宁德棠同意后，我便以区署雇员的身份在大直工作。同年9月，大直小学聘请罗英当教员，我也在这所小学兼课。

在大直的这个区署，有区长、指导员（秘书性质）、雇员，还有个警长带着五六个警察（区丁）。区长是个大学生，表面上也懂得讲抗日、民主、进步这一套，实质上却是个一心要捞钱又爱玩弄妇女的官僚。指导员没多少文化，不会讲"好听"的，也是贪钱好色之徒。我到区署只管收发公文和抄写公文。两个月后，区长把草拟公文的事也交给我办，他只在拟好的文稿上写个"行"字，即所谓"画行"。其实，所谓公文草拟，基本上是照抄照转上级关于派兵、派粮以及破坏公路、架设电线之类的事，也有大量有关"防共、限共、溶共"的"训令"，这类文书或者是不转，或者由县政府直接发给各乡镇，用不着区政府转。

在这里当雇员，好处是便于隐蔽，还能了解到国民党政府的一些反共反人民的罪恶活动；不利的是行动上受到较大束缚。我到区署的头一两个月，往往借口有事回家（冒称家在东兴），与各地同志联系，把我掌握的情况告诉有关同志。此后，由于要办文，加上区长、指导员两人承包大直镇的屠宰税，让区丁把收到的税款交我记账和保管，我的事情多了，就不方便到处走动了。1941年6、7月间，南路特委特派员杨甫来防城检查工作，我费了不少口舌才被批准去东兴见了杨甫。

1941年9月，大直小学聘请罗英当教员。8月初，她从芒街提前来大直。自从1940年5、6月间我们先后离开北海，分别了将近一年半之后，现在又住在一起了，不同的是，我在此之前已宣布我们是夫妻，我们现在决定正式过夫妻生活。因此，我们就在圩街的一头租了间房，同住的是个卖粽子的老太太和她的儿子。老太太住楼下，我们和她儿子住楼上，两房只一板之隔。离住处不远有个小山坡，山坡下边有条小河，晚饭后我们常到这里散步。我们住房的家具很简陋，只有一床一桌和两张独头凳。床是两张长板凳加一块比单人床略宽的木板，桌子是小学生坐的那种无抽屉的课桌。饭是自己做，因为每天吃两顿，加上有时同住的老太太还帮我们把饭烧好，因此并不费时。

为了扩大活动范围，在罗英到小学教书之后，我也应聘到小学做兼课教员。这所小学是大直唯一的完全小学，教学质量不错，但老师的政治素质不佳。校长卜高贤是好好先生，充其量是个中间分子。教务主任姓胡，属于国民党顽固派一类人物，他常宣传国民党的那一套反共言论，什么"一个主义，一个政党，一个领袖"，什么"共产党游而不击，破坏抗战"，等等；他又是国民党区分部委员，有时批驳他的反动言论，还要担心被他搞政治陷害。教员中还没发现有进步倾向的，倒是通过给高级班几个学生补课，给他们做过一些启发教育工作，但还未见显著成效我们便撤走了。

1942年2月，春节刚过，时任防城县委特派员的谢王岗到大直通知我和罗英撤走。据他说，近日有几个从合浦撤到防城县其他地方的同志被乡公所拘捕；在此以前，特支书记李健甫在他学生家同我们的同志碰头时也遭警察拘捕（传讯）。鉴于此，组织决定让我俩和在防城日报社工作的黄裕起一起撤到湛江，由南路特委另行分配工作。接到通知的第二天，我们即收拾行装，找了个借口向区长、校长辞职，第三天便离开大直去湛江。

四、在电白县工作

（1942年3月—1945年1月）

（一）从防城到广州湾

我和罗英接到撤退的通知后，很快就离开防城去南路特委机关所在地广州湾（系法国租借地）。同行的有黄裕起，他是黄铸夫的弟弟，也是我的表兄。1937年1月，我与他曾一同被国民党逮捕，没有想到5年后又一同"逃难"。

从防城县大直到广州湾，大约有二三百公里。我们从大直乘帆船先到钦州镇。当天晚上，住在刚从大直嫁到钦州的一个女同学家。此人是大直区区长申洪书的堂妹，同罗英关系很好，她出嫁时，罗英还按习俗陪了她几个晚上"哭嫁"。对我们这些不速之客，她虽觉突然，却热诚接待。

第二天一早，我们便又背上包袱上路，大约走了30多公里到了那丽圩，当晚住那丽客店。第三天，原想赶到上洋圩，因走了两天路，脚已磨破，罗英那时又已怀孕，走到下午四五点钟，她实在走不动了；同时，考虑到上洋已是合浦地界，生怕在此遇见熟人，住客店又要应付乡保公所人员的盘查,因此便找到离公路边不远的一处人家,请求主人让我们在此歇息。主人很痛快地应允了,并且给我们做饭吃。第四天到了白沙,这里有帆船去廉江县的安铺。我们便乘船到了安铺,然后乘公共汽车到了广州湾,找到了南路特委的联络站。到这时,我们才松了口气。

在我们重新分配工作之前,特委对我们进行了一次有关当前形势、党的方针政策和工作方式方法的教育。给我们讲课的是张进煊,他是原合浦县工委(后升格为合浦中心县委)书记,调南路特委工作后为特派员。形势教育主要是指出太平洋战争爆发后,全世界法西斯阵线和反法西斯阵线更加分明;关于党的方针政策,主要指出在国民党统治区实行"隐蔽精干,长期埋伏,积蓄力量,等待时机"的方针;关于斗争的方式方法,主要指出要多做个别工作,多交朋友,以发展进步力量、争取中间力量、孤立顽固势力为主。张是我们的老领导,大家都尊称他"张老师",他谈问题深入浅出,循循善诱,使人信服。

经过两天学习,南路特委组织部部长温焯华分配我到电白县工作。他向我详细介绍了电白县的情况,主要是说抗日战争初期,即张炎任广东省七区专员的那个时候,电白县抗日救亡运动曾经搞得轰轰烈烈,我党抗日救国主张和马列主义思想得到比较广泛的传播,在人民群众中有一定影响,还发展了一批党员。反共逆流到来以后,外来党员干部先后被撤走，当地发展的党员，大多是"好的"和"比较好"的，小部分消沉了，或者因动摇害怕而自动脱离组织了。为此，温让我到电白后，首先对党员逐个考察，务必保持党的纯洁性、严密性。由于党员不多，电白县只设特别支部，指定我为特支书记，原党组织负责人严子刚协助我的工作。最后，他半开玩笑说："你去要注意隐蔽，不要暴露了，再暴露就不要你啦！"这显然是要我吸取从合浦到钦县再到防城因暴露而被迫撤退的教训（其实有些因素与我本人无关），认真改变作风，重视隐蔽埋伏。

温焯华指示完毕，我向他提出，罗英能否跟我一起到电白县，温问我为什么，我说，罗英已怀孕，在一起方便照顾。温带着批评的口气严肃地说："你不是医生，怎能照顾她？"听了他的话，我自知要求不当（当然不是因为在一起不能照顾，而主要是对开展工作不利，特别是对隐蔽不利），便没有再说什么。从那时起，我便和罗英分居。

（二）在电白特别支部

按照特委的嘱咐，我到电白县潭阪乡南强中学找到了严子刚，一个高中二年级学生。他把我安排到潭阪街上一家中药店的阁楼上。据他说，这药店老板是李灏的亲戚，李是进步青年，与严关系很好，他姐姐李嘉是党员，我们的人到这药店，说是李灏的同学，店老板都乐意招呼食宿。

当我见到店老板时，严也说我是李灏同学，现在赤坎经商，这次来是商谈卖书的事。我在药店吃住，起初主人还热情，三四天后逐渐冷淡，我觉得这样下去不好，于是同严子刚商量转移到李灏家住。

李家离潭阪街只二三里地。李灏父母已亡故，家有祖母和回娘家孀居的大姐，以及一个十一二岁的外甥，此外还有个雇工。李灏家经济状况我不大过问，看样子像个破落的地主家庭，当时大概依靠出租土地或放本给别人做生意以维持生计。李灏那时在高州上学，很少回家；他姐姐李嘉在高州工作，更是不容易回家一次。我住李家也借口是李的同学，李的祖母和大姐都待我挺不错。我初到电白还未找到公开职业的时候，多数时间就是住在李灏家。这里讲的在高州读高中的学生李灏，就是改革开放后由国务院副秘书长调任深圳市委书记、市长的李灏，1992年邓小平视察深圳时就是他负责接待的。

到了电白，我了解到严子刚已经同十多个同志联系上了，我向他逐一了解已经联系上和还未联系上的同志的情况。为了能对这些同志有进一步的了解，我与已经联系上的同志直接见面交谈，并且都是到这些同志的住处或工作地点观察、了解。通过考察，我进一步了解了这些同志，他们多数是出身比较贫苦的知识青年，历史简单，思想纯洁，都是可以信赖的。我与这些同志见面时，也把我刚从特委那里听到的当前形势和党在国统区活动的方针政策等向他们传达，并同大家共同研究分析所在地区的形势、我们的任务和活动的方式方法等。

直接到我们同志的住处或工作单位接头还有一个好处，就是可以尽可能减少我在李灏家居住的时间。虽然主人对我不错，但他们家也并不富裕，我到谁家吃饭又都不付钱，也付不起，因此，几家轮流匀着吃较为好些。其间，我在邱鸿迪教书的谭儒小学和马踏乡杨瑞芬家都住过几天到十来天，在林头乡何逢林家和王学明教书的青山村陈氏宗祠小学也住过。

（三）在青山村陈氏宗祠小学

在前一段时间的活动中，我深感需要有个公开职业以便开展工作。我了解到王学明教书的那所设在青山村陈氏宗祠的初级小学（正式名为禄段乡第十保国民学校），只有王学明一个教员，还可以多容纳一个人，于是便与王商量，由王向挂名校长陈作兴推荐我。陈应允后，我便于当年4月底到这所学校当教员。从这时起到第二年秋，陈作兴介绍我到电白县简易师范学校当教员为止，我都是这所学校的教员。

这所学校只有四五十个学生，从一年级到四年级都有，多数是一、二年级学生，能坚持读到四年级的学生不多。学校在青山村边东北角。一进宗祠大门，右边是教室和教员的卧室（工作室），左边是仓库和看祠堂老人的卧室，正厅是陈氏祖宗牌位。大门外有一堵一人高的围墙，墙边到大门相距三四米，学生下课时在这里玩耍，上体育课也在这里。陈氏宗祠所在地青山村的村民基本姓廖，共产党员廖鸿才是这个村里的人。陈姓宗族住在青山村对面不远的凤凰村，学校校长陈作兴和他的堂兄、国民党电白县党部书记长陈作新都是凤凰村人。陈、廖两姓相处比较融洽，学校学生以陈姓的居多，但廖姓孩子也可以在此上学。

我在这里当教员，最大的好处是便于活动。因为教学的事有王学明，我可管可不管。校长陈作兴在霞洞电白县中学任教，很少回家，更少过问学校的事；我与陈作新也仅见过一次面，所以对于他我们没有什么可顾虑的。

虽然如此，为了利于隐蔽，我到校后，把王学明在校门口写的延安抗日军政大学校训"团结、紧张、严肃、活泼"，换成国民党宣扬的"忠孝、仁爱、信义、和平"。把学校内外粉刷一新，并且在围墙门首端端正正地写上学校正式校名"电白县禄段乡第十保国民学校"。在教学上，王学明一个人时，四个年级都在一间教室上课；我去了以后，在正厅的一边设了一间教室，这样教学效果也好一些。

在这里教书，待遇菲薄，每学期只有300公斤稻谷，折合大米200公斤左右，除吃饭外，只有很少几个零用钱。初到学校时，我与王学明都在看祠堂的五叔家搭伙吃，每天一顿干饭一顿稀粥，菜是青菜和咸菜，偶尔有点咸鱼。我到校后，我们在校门口墙边种了一小块青菜地，等到青菜可以吃的时候，我和王学明便自己开伙，吃得虽然也很简单，常常是咸萝卜焖饭加青菜汤，却别有风味。

电白县特支党员不多，且很分散。组织生活基本上由我和严子刚分别单线联系。同一地方的同志，则视具体情况，或组成小组或单线联系。前者如羊角乡的三个党员组成一个党小组，后者如潭阪南强中学的三个党员（其中两人是教员），为避免暴露，分别由我和严子刚单线联系，不成立小组。

1943年上半年，我到高州（原茂名县城）参加温焯华主持的整风文件的学习，参加的还有茂名县委负责人陈华、邓麟章。学习完毕，我把整风文件密抄回电白，然后分别传阅或口头传达给各个同志，并且在我教书的这所小学集中学习过一次，在严子刚家乡爵山海边网寮集中学习过一次。继整风学习之后，根据党中央有关加强调查研究的决定精神和南路特委的指示，我们布置党员进行社会调查，对党员所在单位、地区的敌、友、我三方和进步、中间、顽固的不同态度做了分析研究，对电白县党政军头目和有影响的地方绅士，还逐个写成材料报特委。

除组织建设外，我们还注意做学生运动和小学教师的工作。学生工作主要是发动学生阅读进步书刊，以及反对学校当局的奴化教育,这方面都是通过党员进行的。小学教师工作,除通过党员同志进行外,我也直接做一些。我曾与青山村附近学校、学塾的一些教员接触、交谈,还常到离青山村二三十里地的正源小学串联、交朋友,通过对小学教员的工作,间接影响到农民。

1943年春节前后,正是学校放寒假的时候,温焯华通知我去看当时在化县经正中学(现中垌中学)任教的罗英。这时,我的第一个孩子庞森已出生半年。罗英既要养育孩子,又要教学,还要做党的工作,很是辛苦。虽然当时她的小妹妹罗永瑶在学校上学,可以帮她的忙,但毕竟还很吃力。为此,我们决定把孩子送到广州湾罗英父母处抚养。罗英父母是在太平洋战争爆发、香港被日军占领后,从香港逃难至广州湾的。我们从中垌到广州湾,途中经过化县柑村,见到在此地小学教书的赵世尧夫妇和合浦同乡朱兰清。与赵等多年不见,一旦相会,彼此都很高兴。赵当时已失去组织关系,但一如既往热情洋溢地谈他如何开展青年工作和学习整风文件的体会。到了广州湾,罗英的父母和两位妹妹欣然同意为我们抚养森儿。我和罗英在广州湾住了几天,谢过家人后,便各自回到工作岗位。

(四)在电白县简易师范学校

1943年秋,经陈作兴的介绍,我到电白县简易师范学校（简称"电师"）当教员，先是教音乐课，半年以后又兼任该校一年级班主任，教这个班的数学课。电师位于电白县政府战时驻地霞洞大村。抗日战争初期，有中共党员在这所学校任教，并发展了组织，现在电师附小任教的廖鸿才、何逢林，就是电师毕业生。反共逆流到来以后，原在电师任教的外来党员被迫撤走，但这里的教员的政治倾向总的来看是比较好的。教导主任邓维舟、训育主任蔡英华一直被看作统战对象，教务员杨乃贤还被吸收为抗日游击小组成员。从各方面情况看，在这里教书有利条件较多。但是，这里毕竟不像青山村陈氏宗祠小学那样，要去什么地方说走就走，特别是兼任了班主任后，行动受到约束，每次到高州向特委温焯华汇报情况和接受指示时，都得尽可能在星期六下午去，星期日赶着回来。从霞洞到高州约50华里，每次往返，差不多都是天黑了才到达目的地。遇有紧急通知，便只好托词请假。

在电师的第一个学年，党组织联系、学生工作、教师工作等，在做法上大体如前一阶段，虽都有所进展，但进展不大。这段时间有件值得一提的事就是，我担任了高州《民国日报》副刊（由我党同志任主编）的通讯员，曾写过几篇揭露日寇暴行和国民党政府不管群众死活的文章，一篇是《广州湾去来》，这是我和罗英送孩子去广州湾托她父母抚养时的见闻，文章揭露了在日寇占领下的广州湾人民的生命财产毫无保障；一篇是《三埠地》，揭露三埠（指广东省侨乡恩平、开平、台山三县）人民遭到天灾（当年大旱）和人祸（太平洋战争爆发后，三埠侨眷得不到侨汇接济），以致卖儿卖女和卖自身（青山村就有几个人买了三埠的妇女做老婆），而国民党政府对此熟视无睹，毫无救济措施。我还写过一首打油诗《某公吟》，记得有几句是"签签到，讲讲口（即'侃大山'），有事画个'行'，无事拍拍手，管他天灾与人祸，回家看宝宝"。

1944年秋，南路特委指示准备武装斗争。当时的情况是，侵华日军为援救其在太平洋战场的孤军，发动了打通平汉线和湘桂线的进攻，国民党军队不战而退。这一年8月，从河南郑州到湖南衡阳一带，完全被日军占领（11月日军还占领了广西的桂林、柳州和南宁），特委为此号召南路全体同志紧急动员起来，为开展武装抗日做好准备。

接到特委指示以后，我与严子刚分头向各地同志做了传达和部署。准备工作首先是秘密组织游击小组，成员大多是接受过我们教育的积极分子。参加游击小组的人除了要坚决拥护我党抗日救国的主张外，还必须绝对保守秘密，并举行宣誓仪式。其次是组织游击小组成员学习游击战争的基本知识。学习材料选自《新华日报》刊登的各地开展抗日游击战争经验的文章。最后是设法掌握武器。准备工作搞了三四个月，所有我党工作的地方，如霞洞、羊角、马踏、沙琅、录段、木院、林头、观珠等处，都有游击小组，成员有一二百人，但都缺乏武器。因此，我们一方面计划在有条件的羊角、马踏两处做乡公所、乡丁的工作，动员他们必要时拿枪出来进行武装斗争；另一方面动员一些家境比较富裕的同志，设法筹钱买枪，如黄东、李卓儒就变卖了家里的稻谷，筹了钱准备买枪，但枪还未买到，武装斗争就开始了，而武装斗争一开始，枪也自然就有了。

（五）华楼—白花岭起义

1945年1月，日寇已占领了湘桂线，这使得雷州半岛沦陷区扩大，此时，受我党抗日宣传感召的国民党抗日将军张炎联络十九路军旧部在吴川县起义，攻入吴川县城。我党领导的抗日武装，也由雷州半岛向吴川、廉江、化县发展，南路特委成立了南路人民抗日游击队，号召全南路党员立即参加起义。1月下旬，新委任为茂（名）电（白）信（宜）特派员的陈华，传达特委关于茂电信三县同时发动武装起义以配合吴廉化等县武装斗争的指示，并明确指示电白县于两天之内在华楼村发动起义，不得有误。

华楼村是在高州上学并已参加游击小组的陈广杰的家乡，这里的群众对我党的政治主张有一定的认识。吴（川）廉（江）化（县）各县武装起义以后，电白县国民党政府害怕人民武装起来会威胁他们的统治，便决定收缴民间枪支。

此时，陈广杰接受高州方面的指示，回家发动群众，反对国民党收缴民枪；同时，把几十支枪弄到可靠群众的手中掌握。对此情况，我们在接到特派员指示的前几天就已经知道。根据特派员的指示，我和严子刚分头进行部署，由我通知在霞洞地区组织的部分游击小组成员去华楼堡集中；严去羊角、木院、马踏等处，把能拉出来的人和枪都拉出来，到华楼、白花岭会合。布置妥当以后，我即与罗英（原在化县工作，因身份已暴露，在化县起义前将她调来电白）离开霞洞到了华楼村，时间是1945年1月27日下午2时左右。

当时，已在华楼堡集中的，除当地农民群众外，还有陈广杰和从霞洞来的游击小组成员陈东等六七个人，他们正在向群众进行战前宣传鼓动工作，群众情绪高昂。这时严子刚也到了。于是，我和严子刚、陈广杰、陈东、罗英等一起商量起义计划：当天晚上袭击国民党乡公所，夺取乡公所武装后向白花岭转移；严子刚则继续到原先准备起义的木院、马踏把队伍拉出来，向白花岭靠拢。

正当我们根据计划进行具体部署的时候，没有想到我们的集中地华楼堡的大门被人在外边反锁起来，由此发觉华楼村保长已向国民党告密去了。由于有了这个变故，大门虽然已经打开，但原先准备袭击乡公所的计划是不能实现了。在这种情况下，我们仍然决定把队伍拉去白花岭。受到这一变化影响的群众，经过动员，多数还愿意跟我们上山，这时大概还有 30 多人。当天晚上，队伍在白花岭的一个小村住宿，第二天上山驻扎。这时，除派人继续同外边联系外，主要是做队员的思想政治工作，以坚定斗志、稳定队伍。

在白花岭的第二天午夜，派出去同外边联系的人还未回来，国民党反动当局纠集了地方武装袭击了我们的驻地，我方哨兵发现后立即开枪射击，敌人也向我们还击。经过一阵战斗后，我们的同志大部分安全地撤到了白花岭的后山，但集合起来的只有十多个人了。失散的同志中，后来知道有一人在战斗中牺牲，四人被俘后遭杀害，他们都是华楼村的农民。

队伍被打散以后，摆在大家面前的问题是往何处去。白花岭虽有回旋余地，但坚持斗争的条件不具备。到原先准备起义的地方吗？由于情况不明不敢贸然前往。从队伍的情况看，从集中到华楼堡至队伍被打散，大家已经两天两夜没有吃过一顿饱饭，这时更是饥寒交迫。因此，我们决定先离开白花岭，去那行村陈广杰妹妹家休息，吃饭以后再作商议。从白花岭去那行村途中，到了麻岗附近天快亮了。为了避免暴露目标，我们在一个鲜为人知的山洞整整隐蔽了一天，天黑后出发，晚上 10 点钟左右才到那行村。

陈广杰妹妹陈惠芬满腔热情地接待了我们这批不速之客，周到地安排了大家的食宿。这时，大家经研究决定，队伍暂时分散隐蔽，何时集中等待组织联络，所有武器暂时收藏在陈惠芬家。就这样，我、罗英和陈广杰、陈东等几个人，到了南海赖黛辉家和杨增家。赖是同情者，杨是党员，他们知道我们起义受挫，格外热诚地款待我们，赖还特意给罗英一枚金戒指，作为"防身"之用。随后，我便和罗英回广州湾，向特委汇报华楼起义的情况，并留在广州湾。

华楼起义是失败的，不但没有达到预期的目的，还牺牲了几个同志。失败原因主要在于对形势估计过于乐观，以为敌人一打即垮，因此对敌人疏于防范，起义前没能防止保长破坏，起义后又没能掌握敌人动态，以致起义前后都陷于被动。尽管这样，华楼起义还是有意义的，它标志着电白人民在中国共产党的领导下走上了武装斗争的道路，为以后更大规模的武装斗争打下了基础。

五、广州湾—游击区—广州湾

（1945年2月—1946年2月）

（一）在广州湾家锡小学教书

我和罗英到了广州湾，住在她父母家。我回广州湾本来是想把电白起义的情况向特委交代清楚，请求调离电白，做一些力所能及的工作。回到广州湾后，我遇到一些在起义时被打散后回来的同志，知道了各地起义受挫的情况，又联想到我们在电白发动的起义过于仓促，几近轻率，结果招致失败。当时我的想法是，作为一个共产党员，从地下工作到武装斗争，肯定都要经受严峻的考验，这需要有一个转变过程。如果完全没有经验，一上来就直接领导武装起义，不但苦了自己，还会造成同志牺牲，给党的工作带来损害，这责任就太大了。

在我向特委温焯华汇报了电白起义的情况后，温对我没有坚持在电白开展斗争做了严厉批评，并责令我立即回去聚集队伍，准备再战斗。我向温表示自己自参加革命以来，确实没有领导过武装斗争；今后如果仍需参加武装斗争，希望能到有经验的同志领导的部队，最好是到主力部队去。温要我再考虑后答复他。当时我觉得自己入党以后一贯听党的话，牺牲一切为党工作，但自己实在做不到的事，勉强去做会带来更大的损失。由于思想问题未解决，我给温焯华写了一封信，请同罗英一起在化县工作的董惠珍转交，希望组织上同意我的请求，重新安排我的工作。信交出去十来天还不见答复。考虑到当时特委工作特别繁忙，我的问题，包括对我的工作安排，可能一时不好解决，而广州湾的情况又非常复杂，没有公开职业作掩护肯定难以立足。于是，我便托同乡苏少琳在广州湾私立家锡小学找个教员的职业，同时等待组织的安排。从 1945 年 2 月到家锡小学任教，至同年 5 月温焯华重新安排我的工作，历时 3 个月。

家锡小学是广州湾的广州籍富商出资创办的子弟学校。当时政局动荡，学校教职员上课来下课走，彼此很少交谈。我虽住校（食在罗英家），但除必要的接触外，也尽量避免与别人交往。每天除了上课、改作业，剩下的时间就看些书。其间，董惠珍常与罗英来往，但没有提到温对我作何安排。后据 1952 年温焯华为我写的证明材料，大意是说，由于我在家锡小学教书这段时间没有安排我的工作，加上我比较暴露，故没有同我联系。

（二）在广东南路人民抗日解放军出版室

1945 年 5 月，温焯华约我见面，他告诉我各地起义部队经过整编，已正式建立起广东南路人民抗日解放军，设有司令部、政治部，决定派我去政治部所属的出版室工作。出版室负责编辑出版《解放军简报》及一些宣传教育材料，它是随整编后的第一团（共 5 个团，第一团是主力团）行动的。温的通知使我喜出望外。第二天，我便随交通员到了位于遂溪和廉江两县交界的新塘村。

新塘村是雷州半岛游击区中基础较好的一个地区。我到这里时，第一团正在这里整训，正式任命了团、营、连、排、班各级干部,第一团团长唐才猷,政委陈恩,政治处主任黄其江,参谋处有黎汉威、林杰,郭芳、廖华、金耀烈、王建涵等是营长或营教导员。政治部出版室在我去之前由叶秀森负责,按照温焯华指示,我去以后由我和叶共同负责,我任支部书记。

说是出版室,但这里既没有印刷厂,也没有铅印机,只有手工油印机和一些刻字的钢笔、钢板、蜡纸、油墨等。里面人不算少,除叶和我外,有李耀东、李耀南、叶乔森、叶琼森、李学英、劳瑞佳,还有一个炊事员和一个服务员。我去了以后,又陆续来了一些人,连杨甫也来了。杨是特委宣传部部长,1944年任钦廉四属特派员时,他在合浦设立的交通站被敌人破坏,有几个同志被捕,他幸而逃出。杨甫到出版室时是政治部宣传科科长,与我们同一个灶吃饭,也指导我们的工作。

出版室编辑的《解放军简报》,主要是刊登新华社发的新闻和文章(从部队电台每天收到的材料中挑选),由于电台收到的信息往往残缺不全,材料刊登前需要加工和删节,编辑好后交由刻写的同志编排好版面然后刻写、油印、分发。1944年5、6月间,新华社播发了中国共产党第七次全国代表大会召开的消息和重要文件,毛主席的《论联合政府》报告、朱总司令的《论解放区战场》报告、刘少奇同志的《关于修改党章的报告》等文件,我们也都收到了。

由于电文残缺不敢印发，我们有时只摘录一些片段送领导参阅。关于宣教材料，曾编印过一册《战士读本》，这是文化课本，但也有强烈的阶级教育和爱国主义教育的内容，深受战士们的喜爱。

我在部队的几个月里看到这里的战斗并不是很激烈，多是打击汉奸、恶霸，摧毁日伪政权一类的仗。较大的战斗也有，打杨柑一仗就比较大，我们出版室的同志也随部队去了。这是一次攻坚战，攻敌伪的一个碉堡。据我到前沿阵地的观察，这一仗打得不漂亮，我方牺牲了几个同志，还没有拿下这碉堡，最后因敌增援，我们只好撤退。

在部队几个月的实践，特别是通过与一些同志的交谈，我认识到我们党领导这支部队是从小到大、从失败中吸取教训，然后才逐步发展起来的。这就从根本上纠正了我以前的一些错误想法，即武装斗争一受挫折，就认为自己干不了的想法。这个思想转变，使得我后来能够在越南抗法斗争中放手组织华侨自卫团、领导越南国家军队独立中团，取得了越东北战役大捷的胜利，受到越南国家军队总司令武元甲的表彰。

1945年8月，日本宣布无条件投降。从电台收到这一消息后，我们立即出了《解放军简报》号外，还印发了朱德总司令敦促日伪军向八路军、新四军和各地人民武装投降的命令。这里有两件值得一提的事。一件是，根据领导指示，出版室写了两份传单，一份是《告南路同胞书》，另一份是《敦促日伪军向我南路人民抗日解放军投降书》。当时，我南路部队的旗号已公开，但司令员兼政委周楠、政治部主任温焯华的名字则尚未公开，因此，这两份传单便随便安了两个假名。周楠发现后很生气，责令我们马上将发出的传单收回销毁，以消除不良影响。

另一件是，第一团政委陈恩布置我与游击区附近的一日军据点的代表谈判日军向我方缴械投降事宜。谈判地点在我方活动的一个村庄，翻译是一名台湾籍的同志。这次谈判，据我观察对方主要是想摸我们的底，并无向我方投降的诚意。经过十来分钟的谈话后，对方以回去向其长官报告后再议为由，结束了这次实际上是不了了之的谈判。

日本投降后不久，原来躲在大后方的国民党军队一批又一批地向雷州半岛压来。1945年10月，我南路人民抗日解放军除留小部分人员坚持原地斗争外，大部离开雷州半岛向北向西转移。我出版室属非战斗人员，因此大多疏散隐蔽，这样，我又回到广州湾。这时，原法属殖民地时期所称的广州湾，已于1945年9月更名为湛江市了。

第三章 越南工作时期

在我的革命生涯中，受党委派到越南工作的三年半时间是一段特殊的经历。19世纪中叶，中南半岛沦为法国的殖民地。第二次世界大战中，日本与法国展开争夺中南半岛控制权的斗争。1945年3月，日本策动反法政变，扶植保大皇帝组织傀儡政府，宣布越南"独立"，并组织伪军。1941年经印度支那共产党（简称"印支共"）倡议，越南各党派团体组织成立越南独立同盟（简称"越盟"，即后来的越南共产党），并建立人民武装，同日、法侵略者进行斗争。1945年8月，日本投降，印度支那共产党召开全国代表大会和国民大会，决定发动全国起义。越南从北部到南部随即爆发了革命。同年8月25日，傀儡保大宣布退位，越南八月革命获得成功。9月2日，胡志明在河内巴亭广场以临时政府的名义发表独立宣言，宣告越南民主共和国成立，并宣告废除同法国签订的条约，取消法国在越南的一切特权。

在越南民主共和国成立后不久，我奉中共南路特委的委派，赴越南与越南党中央联系我广东南路部队老一团进入越南整训事宜，随后参加支援越南人民抗击法国新殖民主义的斗争。直到新中国成立后的1950年，中共中央应越南领导人胡志明请求，决定派遣以韦国清为首的援越军事顾问团进入越南，支援越南人民的抗法战争；而中共领导的广东南路部队在差不多5年前，就已经先期进入越南了。

这是中越关系史上一段鲜为人知的历史，同时又是一段错综复杂、扑朔迷离的历史。在此，我将这段特殊的经历记录如下。

一、赴越南的前期准备

(1945年10月—1946年2月)

(一) 奉命赴越南与越共①中央联系

我于1945年10月从游击区回到湛江，此时正值我的第二个孩子庞林出生不久。因罗英父母家住房拥挤，我便在湛江赤坎新街口租了间白天伸手不见五指的阴暗房子暂且栖身，以等候组织的安排。这样过了大约一个月，有一天，冯廉先（冯德）告诉我，他见到刚从越南回湛江探亲的赵世舜（赵世尧的弟弟）。据赵描述：日本投降后越共已夺取了政权，那里的革命形势很好；赵世尧已在越共领导下的政府机关工作；越南政府很希望有一批中国同志帮助他们搞华侨工作；等等。当时，我南路人民武装撤退到湛江隐蔽的非武装人员颇多，又多苦于暂时无去处。得到这个消息，我立即约见赵世舜，所谈如同上述。于是，我便把

---

① 越南共产党1930年2月成立，同年10月改名为印度支那共产党，直至1951年2月又改名为越南劳动党。这一时期的"印支共"，主体乃至绝大多数成员均为越南人，故习惯上称"越共"。下不再注。

情况告诉当时同我联系的刘炳新（此人后来被捕叛变），请他转告特委考虑，把一部分暂难安置的同志撤去越南。我当时还没有想到第一团入越的问题，也不知道它已在"西进"途中。

我把上述情况向组织反映后没几天，温焯华就找到我。在详细询问我从赵世舜那里听来的消息后，即布置我去越南同越共联系我南路主力第一团入越整训事宜。温当时对我说了一番话，大意是：由于国民党向根据地大举进攻，南路部队打算转移一部分到越南休整待命；因南路党与越共没有联系过，决定派我去同他们联系，请越共在我方部队进入越南后，在住地、给养等方面予以帮助；关于越南政府希望我们派人帮助搞华侨工作，如情况属实，我们可以解决。温还说，到越南后，可以通过赵世尧多了解越共的情况，还特别叮嘱我要直接见到胡志明，因为当时越南形势非常复杂，越共曾公开宣布解散，以"越南独立同盟"名义领导政府工作。温的意思是提醒我要提防上当受骗。温还说，我去越南只是初步联络性质，是作为初步联络员去的，联系上以后，还将派正式代表去。后来，曾长期任南路特委书记的周楠作为中共中央华南分局的正式代表派驻越南。

我接受任务后，大概一周便出发去越南。去时，我买了几十箱肥皂，以商人身份同一个合浦"水客"结伴，从湛江出发，到徐闻县的一个港口乘帆船，在海上度过三四天后便到越南港口城市海防。我在海防找到了赵世尧，他告诉我，他参加南路起义后随部队到了合浦，因病重掉队，病愈后找不到队伍，合浦又待不住，便到越南暂避。越南北方解放后，他的中学同学、越南华侨吴其梅介绍他到海防市公安局工作。

他向我详细地介绍了越南解放以后的政治、经济、社会等方面的情况。对于我要与越共联系的事，赵说他不能解决，要我到河内找吴其梅帮忙。赵说吴是越南政府公安部高级干部（后来知道吴是越南国家政治保卫局的负责人），同越共中央的一些负责人长期在一起闹革命，曾当过胡志明秘书，与越共中央负责人常见面，可以帮助我解决问题。在海防，我还见到也是部队在合浦被打散以后来越南的伍朝汉。

我在海防待了两三天，便带了赵的介绍信去越南首都河内，见到了吴其梅。我向吴说明来意后，他说可以帮助我找到越共中央负责人，但不一定能见到胡志明，问我见其他负责人行不行。我请他先同我联系见胡志明。第二天，他告诉我，已将我的意见告诉越共中央组织部部长黎德寿，黎说胡志明事务繁忙，不便见我，由黎本人接见。吴还向我解释，说有关与中国同志联系的事，是黎负责处理的，他说话算数。听他这么说，我表示同意与黎德寿会面。

第一次会面是在河内广东街口的一家越南人开的布店的小楼上,吴其梅做翻译。见面时,黎首先表示他代表越共中央处理与中共广东南路党联系的问题。在我陈述来意之后,他即热情地表示欢迎我部队撤越休整,至于具体如何安排,需要商量一下再告知我。他还说,他们希望中国同志帮助他们搞华侨工作,当务之急是办个中文报纸,问我可否解决。我告诉他,南路特委负责同志讲过,可以帮助他们搞华侨工作。至于办报,我来越南以前已经估计到日后将有一些人要撤退越南,因此,曾同北海同乡符平(党员,当时也在湛江等候安排)商量过,动员他的挚友李文(与符平是戏剧方面的搭档)将设在湛江的南方印务局迁越开办,并且已有头绪。我将此情况告诉黎德寿,他听了很高兴,即答应在我返湛江时,把搬迁印刷厂的经费交给我。

隔了一两天,黎约我第二次会面。这次会面是在棉花街32号越南商店的后厅,翻译还是吴其梅。黎再一次表示欢迎我部队来越南休整,并将尽可能为我部队提供帮助,具体办法待我部队到越后再议;但要求我部队进入越境时注意保密,不要说是中共领导的队伍,以免引起麻烦,因为当时国民党还有大批军队在越南接受日军投降。关于南方印务局迁越后的性质及经营方针,黎的意见是,印刷厂作为越方与私人合办的单位,私方(中方)以原全部固定资产,包括铅字、印刷机及其他设备作为投资;越方为公方,负责搬迁费和开办费。印刷厂主要承印我们的中文报刊。就这样,他当面交给我一笔款作为搬迁费(是多少钱我已忘记)。

同越共中央联系上以后,我赶快卖掉带来的肥皂回湛江,这大约已到了12月中下旬了。在湛江,我把在越南的情况向温焯华做了汇报,并将印刷厂搬迁费如数交给符平、李文。温让我稍做准备后再去越南,并且同罗英一起留在越南工作。

(二) 东兴—海防—河内

1946年2月,农历正月初四,我和罗英领着3岁多的儿子庞森和不满半岁的女儿庞林去越南。从那时起至1949年8月回国,历时整整三年半。

这次去越南之前,温焯华大体做了如下指示:①让我告诉越方,我部队已出发一些时候了,在我到越南时,可能已到中越边境,请越方及早安排;②我部队入越后,有什么需要联系的,由部队方面告诉我去办理;③到东兴时,把我与越共联系的情况和特委的意见告诉谢王岗(防城县党组织负责人,住在东兴、芒街),并让谢转告我拟入越部队的情况;④要我到越南后,尽可能在华侨中多建立一些工作关系,以便多安置一些准备撤离的非武装人员;⑤不久将有正式代表去越南与越共中央联系,届时,我的工作将由他安排。离湛前,我还与符平、李文筹措南方印务局迁越事宜,大体安排好以后,我才动身。

我们一家从湛江出发,到安铺乘船到东兴,然后从东兴过芒街乘船经海防到河内。旅途中值得一提的是,从安铺去东兴的船经过北海时,有一批北海客人上船,其中有我的同学廖毅、方玉英夫妇。这二人过去曾与北海的国民党特务杜子礽等有来往,为避免被他俩发现,我和罗英整夜不敢吭声。好在他们上船时已是深夜,船舱灯光昏暗,他们没有注意到我们。第二天一早,船到了东兴,我们等别人都下了船才上岸,避免了一场可能引起的麻烦。但不知怎么的,我父母知道了我去越南两次经过北海,却没有回家去看他们,感到很伤心。1954年我母亲病危,我从北京回到离别十多年的老家想看她老人家时,她已不幸亡故。父亲提起我两次经过家门而不回家时,还颇多怨言,经我解释后才予以谅解。这算是我去越南途中的一段插曲。

我们到了东兴,立即找到黄翠玉姐妹,要了张过境证到了芒街,住在罗英在芒街的旧居街邻黎九伯的咖啡店里,随后在黄翠玉姐妹在芒街的碗厂见到了谢王岗。之后,杨甫代表南路特委处理我部队西进与地方党配合的问题,也到我们的住处黎家咖啡店找我。我向他俩分别传达了温焯华有关我部队转移越南休整等方面的情况和意见。然后,我们就从芒街乘船去海防。在海防见到了赵世尧和伍朝汉,我向他们提出了开展华侨工作的一些要求,便乘火车到了河内。吴其梅安排我们住在河内市区西北角的西湖边的一间平房,并给我们找了个叫阿桂的阿姨,替我们买菜、做饭。至此,我们才算在越南安了家。

二、战前在首都河内

(1946年2月—1947年1月)

我在越南工作三年半,大体分两个时期,即战前在河内,战后在越北东北区华侨民众自卫团和越南国家军队独立中团。

从1946年2月至1947年1月越法战争爆发,我都在越南首都河内。其间,我主要做了下面几件事。

(一) 与越南党联系

同我第一次去越南一样,这次我仍然通过吴其梅会见黎德寿。我把老一团(因我主力部队转移后,南路另立第一团,故撤越的部队通称"老一团")将要到达越南的情况告诉黎,希望他能及早安排。我还告诉黎德寿,湛江的南方印务局已谈妥,并将要启运越南,请越方帮助解决印刷厂厂址等问题。关于部队撤越一事,黎说此事他们已告知边境各省委做了安排。其实,在我到达越南后半个月左右，老一团也派来朱兰清、王次华到了河内，并同越共北方局负责人黄文欢取得联系。这是朱、王二人到西湖边我的住所见到我时我才知道的。这也说明，越共中央已把安排我撤越部队的事交给越北的地方党委负责了。因此，其后有关撤越部队的事，基本上都由部队与驻地的越南当局（牵涉到中越边境的海宁、谅山、高平三省）联系解决。

关于印刷厂方面的事，黎说此事请吴其梅负责解决。这样，这方面的问题，我便与吴直接商量处理了。

1946年4、5月间，陈恩从香港华南分局来越南，处理撤越部队的事，我陪同他见了黄文欢、黎德寿。6月，周楠以华南分局派驻越南联络员的名义到了越南，此后有关同越南联系的事，就由周直接负责处理，我只是帮助他做些具体事务。

（二）担任周楠的交通联络员

周楠来越南后，我在河内西湖附近另租了一栋两层楼房（原住的平房留给原与我们同住的冯德、罗秉全夫妇住）。这样，我家便和周楠家住在一起，他家在楼上，我家住楼下。周家除周楠外，还有他爱人何斌，两个孩子阿萍、阿B和一个阿姨；我们家也是两个孩子和一个姓黄的阿姨。两个阿姨都是可靠的党员同志，完全是为了党的工作，替我们看孩子、做饭、管理家务。同我们住在一起的还有陈恩，他住在楼上后座（周一家住前座）。临时来客如老一团的黄景文、唐才猷，以及从华南分局来越工作的杨克毅，到河内会见周楠时，也住在这里。

周楠初到越南时，与黎德寿、黄文欢等负责人的会面，都通过我来约见，有时还由我陪同；以后有时由我约见，有时则由越方与周直接约见。国内来人，都是先通过海防方面的交通站，然后或直接找到我们的住处，如前述唐才猷等就是这样；或先到东方印务公司（从湛江迁越的南方印务局改建的）找到我后，由我转告周约见，郭芳、谭俊等到河内见周楠就是这样。有些周楠不便直接见面的同志，则让我向其转达意见。如1946年，组织上决定让张进煊去越南中部的广南省华侨中学当校长，就是周让我转告张的。当时，张虽身患重病，但见到我时仍很乐观。他天生一副刚毅沉着的脸，这时更显得坚韧不拔，给我留下至今难以忘怀的印象。张后来回国，在解放战争时期重任合浦县委书记，直至全国解放。

（三）照管《新越南》报

在我去越南以前，越南文化救国会委托吴其梅办了一份石印中文小报《新越南》。该报内容主要是翻译刊载有关越南革命和建设的新闻，以及华侨拥护越南革命政府的报道。这是个不定期出刊、八开一张、两面印刷的油印小报。

我去越南以后不久，大概就在1946年3月间，吴其梅托我照管此事。那时，已在那里工作的有冯德（他比我先到越南）、李兴（他是原桂西地委派入越南工作的），和一个把越南文译为中文的华侨。冯主要负责编写，李主要负责缮写，冯、李都亲自搞印刷。由于天气热，房子狭窄又不通风，大伙工作起来常常是汗流浃背。为改善工作环境，我曾向吴其梅几次提出搬迁的想法，但都解决不了。为此，冯、李颇有怨言。由于这个原因，加上湛江南方印务局已迁越，准备办中文铅印报，《新越南》便在我照管一个多月以后停办了。

（四）参与创建东方印务公司

我来越南之前，就在湛江同符平、李文安排好，要尽快将南方印务局职工和全套设备迁河内开办。我到越南不久，南方印务局职工和设备就都到了海防，符平夫妇和李文也同船到达。在赵世尧的协助下，人有了住处，设备也有了存放的地方。这时，我要解决的是两件事：一是在河内找可充当印刷厂的房子。此事主要靠吴其梅的关系。几经奔波，看过几处房子，最后才与符平、李文共同决定租了间相当宽敞的房子作厂址。二是追加搬迁费和开办费。我第一次去越南时，黎德寿按照我提出的数目，交给我一笔搬迁费，由于我没有经验，所提的这笔费用不够开支；在印刷设备迁来海防后，我向黎德寿提出这个问题，另要一笔开办费，也是由于没有经验，开办费也支付少了。这时，周楠已到越南，我把情况报告周，并经他同意再次向黎德寿提出增加开办费。问题虽然得到解决，我为此却受到周的批评（主要说我幼稚，不会算账）。

在南方印务局迁越时，恰好华南分局派来的饶华也到了河内。周楠决定派他主持印刷厂和准备编辑出版中文报刊的工作。周还征得黎德寿同意，让饶华代表公方与代表私方的李文共同负责印刷厂的管理。与此同时，越方还派了两个中国同志到印刷厂工作，一个是朱同，另一个是搞印刷的工人，两人都是随国民党军队从云南来越南的，与越南党有联系。其后，在饶华主持下，确定迁越后的印刷厂定名为"东方印务公司"，并立了公司章程，编辑出版了《华侨生活》刊物，开办了承印业务。一切就绪以后，我便不再过问印刷厂经营的事，但我仍经常到这里，因为这里还是个交通站。同时，《华侨生活》的有些需要送周楠、陈恩审阅的稿件，也由我转交。

（五）开展华侨工作

（1）1946年2、3月间，即我到越南工作初期，赵世尧、伍朝汉在海防华侨工人和学生中工作的情况，都向我汇报，我也提过一些进一步开展工作的意见。4月，陈恩、余明炎、支士强等到了海防以后，这些事便由他们负责处理，我就不再过问了。

（2）1945年因合浦起义部队被打散而撤退到越南的庞殿芬、王益，在我到越南以前，经赵世尧安排，到北江省华侨自卫团工作。我来越南后，这两人一直由我联系，并接受我的安排。我曾将王益调回河内一家肥皂厂当工人，以便开展工人工作。

（3）通过朱同的关系，我认识了河内中华中学教员安朗。安也是随同云南的国民党军队来越南的，是党的发展对象。我通过安朗了解他在学生中的活动情况，并直接同一些进步学生如刘瞿塘、卢毅等有过一些接触。

（4）经安朗介绍，我认识了太原省华侨理事会会长郭良采（郭汉）。郭是个拥护越南革命政权的进步青年。他到河内后，我曾同他交谈过，并介绍过一些人到太原，请他安排工作。

（5）关于华侨工作委员会。周楠来越南后不久，黎德寿建议成立华侨工作委员会，以统一领导这方面的工作，因为当时在越南的中国同志，有从广东南路来的，有从广西和云南来的，并且都直接同越共联系，不仅使越方穷于应付，而且容易出现工作上的不协调。华侨工委的负责人是周楠，成员有陈恩、余明炎、支士强、庞自（以上来自广东南路)、陆平、林中(来自广西)、朱同(来自云南)。华侨工委只开过一两次会,便无声无息了。

(六)应付战争的几件事

1945年8月日本无条件投降后,越南党夺取了政权,宣布成立越南民主共和国。这时,按照国际协定,在越南的日本军队,以北纬16度线为界,以北地区,包括越南北部和越南中部的一部分,由中国军队受降;以南地区,包括越南南部和中部的一部分,由英国军队受降。同年9月初,国民党第一方面军总司令卢汉率部20万人(以云南将士为主力),分数路向越南北部挺进,陆续到达越北各个地点。9月28日,以卢汉为主受降官,正式接受入侵越南的日军第三十九军团司令官土桥勇逸的投降。随后,由于国民党准备打内战,进入越南北方受降的中国军队于1946年夏便陆续撤回国内,无暇干涉越南革命。

在北纬16度线以南,接受日军投降的英国军队则大力扶植前法国殖民军,开始只在越南南方占据一些城市,1946年起逐渐向中部和北部推进,大有卷土重来之势。越法之间的战争,便从小打到大打,从南方蔓延到北方,看样子,势必发展到全面战争,而首当其冲的便是河内。在这种情况下,根据周楠的意见,我做了以下几件事:

(1)迁居。我们在河内西湖附近租的那栋楼房靠近电厂，不远处有个法国兵营。考虑到越法双方一旦在河内打起来，此处极不安全，于是费了不少劲，在河内通向河东的市郊租了几间房（两层楼房的一层），把家搬到这里。

（2）撤退。战事越来越迫近，在河内的法军同越南守军已发生多起枪战（武装冲突）。为了安全，周楠一家、陈恩、罗英和我们家两个孩子，由我陪同撤退到太原省省会太原市。通过我认识的郭良采的关系，他们在这里住了几天以后，周楠一家和陈恩便撤至我老一团集中整训的高平省，罗英和两个孩子则撤到太原省的左州镇。

（3）办国籍证。送走周楠、罗英等，我仍回河内。按照周的意见，我和还在河内的余明炎，准备在法军占领河内以后仍留下来继续在法占区工作。为取得华侨的合法身份，我通过在河内的王资桐的亲戚，办了我和余明炎两人的国籍证（由国民政府驻越南总领事馆发给）。

三、胡志明批示组建华侨自卫团

（1947年2月—1947年7月）

（一）向胡志明建议组建华侨抗法部队

1946年12月29日，越法战争全面爆发。这时，我们的新居也不安全，我和余明炎便随越共一些机关转移到河东省近郊。由于我们在河内没有多少社会关系,感到继续坚持在这里的作用不大,余明炎提出,战争打起来了,我们还是搞武装斗争好。我完全同意他的意见,于是,由他执笔,他和我共同署名给胡志明主席写了一封建议信,建议在华侨比较集中的越南北部东北区(包括广安、北江、海宁、谅山四省)组织华侨抗法自卫团。胡志明看了信以后,很快就亲笔在原信上批示说:"你们建议组织华侨抗法武装,我很赞同。但这会遇到很多困难,希望你们小心谨慎,我一定帮助你们。"

接到胡主席的批复,我和余都很高兴,于是立即带着胡主席的批示到海防附近华侨比较集中的广安省。广安省抗战委员会负责人热诚欢迎我们的到来,并向我们表示,不仅希望我们组织华侨抗法武装,而且希望我们帮助消除华侨与越南人民(越南政府)之间的隔阂。然后,交给我们一笔活动经费,并答应今后我们若需要经费或其他军需物资,他们都将尽可能帮助。就这样,我们便开始了这支武装的筹建工作。

(二)打响抗法斗争的第一枪

广安省横甫县左堆街,是华侨比较集中的区域。这里有几个曾参加过防城县人民抗日武装起义的同志,他们与这里的群众有着较为广泛的联系。根据这些条件,我们首先在这里深入华侨村寨，宣传抗法保家，并且很快就组织了黄德权、陈龙师、李平等十来个人，有了七八支枪。然后，我又到太平省，找到我南路撤越部队原在海防市活动的武工队队长李锦章、指导员陆锦西等十来个人，同他们来到横甫县。有了这样一支二三十人的队伍以后，我部队便在离左堆街五六公里处的广罗村伏击法军军车一辆，打死打伤法军十多人，炸毁了军车，我方陆锦西等三人负伤。这次战斗打响了华侨自卫团抗法斗争的第一枪，也是越南抗法初期在敌后少有的一次胜利。为此，华侨群众欢欣鼓舞，奔走相告，越南报纸争相刊载。继广罗一仗之后，部队又派人化装到左堆街赶集，伺机袭击在左堆街上闲逛的法军少尉军官一名，缴获冲锋枪一支。这是1947年2、3月间的事。4月，又出动小分队袭击、骚扰守卫海防水源的三踏水库的法军，把守敌搞得惶惶不可终日。

为了对自卫团进行报复，法军多次出动部队袭击自卫团驻地。在自卫团活动地区南甶一带，法军出动的兵力数以百计，并配合飞机大炮进行"扫荡"。在反"扫荡"斗争中，我方不但未受什么损失，相反，还利用有利地形，出其不意地打死打伤敌军多人，缴获一批军用物资。

自此以后的相当长的一段时间，法军再也不敢来此处进犯。经过这几次战斗，我们声名远扬。越军总司令部于1947年4、5月间在太原省召开的一次经验交流会，邀请余明炎和我参加,并拟请我们介绍经验,却因会议时间有限没有安排上。但主持会议的越军总司令武元甲专门提到我华侨自卫团主动出击敌人的事,号召越军向我们学习。

(三)结合扩军消除华越隔阂

自卫团除了开展抗法游击战外,还与扩充部队相结合,进行广泛的宣传动员工作,特别是开展有关华越人民团结抗法的宣传教育。这是由于华越隔阂有其历史根源。远的不说,在第二次世界大战期间,日本取代法国统治越南以后,华侨社会动乱不已,既有来自中国的土匪流氓趁乱打家劫舍,又有越南亲日走狗大肆反华排华,对华侨烧杀抢掠无恶不作。我们现在活动的东潮县平溪乡曾经9个村被烧了6个,12人遭杀害,200多头耕牛被抢走。日本投降、越南独立以后,中国国民党军队入越受降,当地情况仍很混乱。

这时,主要是越南政府中一些人歧视华侨,或把华侨看成是亲国民党而与越南政府作对的;或把华侨当成土匪,以"肃清土匪"的名义派军队进行"扫荡",结果被团结起来的华侨打退,还招致不少伤亡。越法战争爆发后,这里的华侨思想很复杂,他们过去饱受法国殖民主义者的压迫和剥削,现在又受到越南人的歧视和排斥。面对当前的越法战争,多数人采取旁观态度。

针对上述情况,我们组织了宣传队,在横甫县和东潮县一带，深入各村寨，通过与群众交心、开会、演剧、教小孩子唱革命歌曲、写贴标语等方式，揭露法国殖民主义者的侵略野心和罪行，以法国飞机狂轰滥炸华越人民村庄的事实、以覆巢之下无完卵的道理，号召华侨不计前嫌，消除隔阂，与越南人民一道团结抗法，保卫家园。通过我们的宣传教育，群众认识到团结抗法是华侨保卫自身利益的根本所在；同时，他们从我们的实际行动中，了解到我们是中国共产党领导的队伍，军纪严明，又能打仗，是可以信赖的。所以，工作开展不到半个月，就有好几十名华侨青年，包括少数越南青年，携带武器参加我们的队伍。到了5月中下旬，自卫团发展到100多人，这时，我们才张贴了第一张布告，亮出了"越北东北区华侨民众自卫团"的牌子。在这张布告上署名的是团长黎汉威、副团长黄德权、政治委员余明炎、政治处主任庞自。

（四）收编土匪和杂牌军

在创建自卫团过程中，有件值得一提的事，就是自卫团收编了一股土匪和一伙杂牌军。这是一伙来自中越边界防城县的匪徒，头子叫廖鸿鸣，是趁越南局势动荡来趁火打劫的。这伙人主要抢越南人的东西，有时也抢华侨的。为安定社会秩序，越南政府把他们给"招安"了，并由我们部队收编。他们原来有二三十人，收编时只来了十来个，但没过几天，由于受不了我们队伍的纪律约束，除个别人外都走了。这是1947年3、4月间的事。5月，又收编了以国民党旧军人、政客严擎东为首的名为"越南沿海七省华侨自卫团"的几十个人。这个"自卫团"早在越法战争爆发前即已成立，也在我们活动的广安省东潮地区驻防。由于他们搞的是国民党的一套，成员无纪律，抽大烟、赌博，花天酒地无所不为，群众都瞧不起他们。

我们在这一带发动了抗法武装斗争后，这个队伍的一些人来找我们，要求参加我们的队伍。越南政府也觉得严擎东没有什么用处，对他另作安排之后，也决定由我们收编这伙人。这伙人多是兵痞、流氓，知道共产党部队纪律严格，而他们怕受约束，绝大部分人听说由我们收编后便走了，留下来的只有几个人。两次收编中留下来的人经过教育改造以后表现都不错。

四、在越南国家军队独立中团

（1947年7月—1949年7月）

（一）从华侨自卫团到独立中团

我们在广安省创建华侨自卫团的同时，在北江省的我入越老一团也组织了越北华侨民众自卫队第一支队（简称

"越北支队"），参加这支部队的华侨青年有200多人。这是因为战前中共广西方面的同志如陆平、林中等在这里做过工作，奠定了一定的基础。越北支队成立后即开赴谅山，协助越南谅山中团与法军作战，阻敌北进，保卫保夏、南开广大地区，并深入华侨群众中开展工作，壮大华侨自卫抗法武装，支队由300余人扩大到五六百人。越北支队支队长涂沙、政委谢森及第一团军事特派员林杰负责军事指挥。

1947年7月，我入越部队奉命返国开展滇桂边区解放战争。当时的粤桂边区（后为桂滇黔边区）工委书记周楠决定，越北支队的华侨青年除部分随我入越部队返国之外，其余与在广安省活动的自卫团合并。越方知悉此事后向周楠提出，鉴于华侨部队在抗法斗争和消除华越隔阂方面起着重大作用，为进一步加强华侨部队与越军的联系和密切配合，建议将华侨自卫团改建为越南国家军队独立中团，同时要求我入越部队返国时留下部分干部，以加强独立中团的领导。

周楠同意越方建议并与越方商定在自卫团基础上组建的独立中团，既受越方总司令部及其委托的战区司令部指挥，又受我粤桂边区工委（后为桂滇黔边区党委）的领导；独立中团仍然在敌后和前线的华侨聚居地区工作，负责战斗队（对法作战）和工作队（做华侨工作）的任务，同时,还担负动员华侨支援祖国解放战争的责任。双方还商定,独立中团的给养、武器、弹药、被服等均由越方按越南国家军队的标准发给(但实际上比越军标准低得多)。

按照越南的军制,设大团、中团、小团。大团相当于师的建制,中团即团建制,小团则为营建制。独立中团组建时有200来人,下设两个大队,大队有大队长、副大队长、教导员。中团部设政治处、参谋处、军需处等。中团负责人为中团长黄炳、副中团长黄德权、政治委员庞自、政治处主任方野。

(二)战时家事

周楠交代,入越部队返国后,独立中团可通过在高平省的我入越部队留守处负责人郑敦(边区工委委员)与边区工委联系。据此,在把独立中团组建起来以后,我便去高平向郑敦汇报并听取指示。之后,我便去探望已有半年多没见面的罗英和孩子们。

去高平前,我已听说我和罗英的第三个孩子已经出生。到了高平,罗英告诉我,1946年12月她随周楠家从河内撤到太原后,法军飞机经常来扫射,他们天天要"跑飞机",周楠一家已转移到高平。她因拖儿带女还怀孕几个月,又带着行李箱子,不便跟部队行进,只好自己想办法,每天早上带着两个孩子,坐在马路边等老一团的军车路过。有一天终于等到廖华同志的车，这才把他们送到左州街，又转到附近农村一华侨家住下。在那里，她还动员了二十几名华侨青少年和妇女参加识字班，自己则每天晚上挺着孕肚，到农民搭建的竹棚里讲课，教他们识字、唱歌。

到了1947年6月，陈锦、苏勋的武工队奉命到高平集结，罗英坚持无论如何都要跟部队走，母子三人连续行军三天，途中还经历了狂风暴雨，好不容易走到廖华部队的驻地北简，休息两天，才乘军车到了越南的大后方、当时作为"战时首都"的高平省城。我到高平时，罗英生下的女儿才刚刚满月，她和新生儿都在生病。罗英是产后受凉，一直发烧；孩子是早产儿，出生7天即患肺炎，这时病情虽有所好转，却瘦得可怜。庞林则刚满两周岁，因打针不慎，针口感染发炎，屁股上肿了一大块。鉴于罗英带着三个孩子的情况，组织上指定一位女同志帮忙照顾，但许多事还得靠才5岁的庞森来做。看到家中这狼狈情景，我很不安，不能总让组织照顾我家吧。所以我决定把这个家搬到独立中团后方留守处保下镇，一个靠近前线的后方，这总比放在高平好照顾些。

我同罗英商量，别的都好说，就是担心这个新生女儿经不起搬家途中的折腾，同时，我们也难以照顾她。因为从高平到保下，少说也有300来公里，而且沿途公路已被破坏，全凭两条腿走路（中团刚成立时还没有马匹）。我打算，搬家时，森儿可以自己走，林儿由我和我来时带的警卫员轮流背，小女儿就由罗英自己背，行李则雇个人挑。但罗英大病未愈，我担心她受不了，也担心小女儿受不了。为此，我和罗英商量把孩子送别人抚养。当我们把这个打算告诉同志们时，有个在当地参加老一团的乔姓华侨同志说，她有个亲戚也姓乔，婚后没个儿女，想抱个孩子抚养。于是，我便和罗英把孩子送到离高平10公里左右的安平镇乔家。这家人果然很高兴地把我们的女儿收下，罗英则向这家人再三嘱咐如何喂养和护理这孩子，然后才依依不舍地离开。

没有想到的是，只过了3年，即1950年，我们回到云南见到那位姓乔的同志，问及我们送去的那个孩子的情况时，她说这孩子身体太差，虽精心照料，还是被病魔折磨死了，她的养母还为此哭得死去活来。此后，我还向了解情况的同志打听过多次，他们也都这样说。在战争年代，婴儿幼弱无法适应恶劣环境而不得不送给群众抚养，却又被病魔夺走幼小的生命，这对于我们这些从事革命工作的父母来说，实在是不可承受之痛，也是无法挽回的事情。

我们决定搬家时，高平战争形势很紧张，几乎每天都有法军飞机在高平省城上空盘旋，有时还扔炸弹，用机枪扫射。我们离开高平两三天，大概到了北简省的时候，即听说高平城已被法军空降部队占领。我们离开北简向南走了一天多，法军飞机仍不断地从我们的头顶飞过，这说明法军发动的这次战役范围还在继续扩大。在走到太原省左州附近时，我考虑到北江省城及北江省的主要交通线早已是法军占领区，我们在北江县保下镇的留守处毕竟离法占区较近，现在那里的情况不明，贸然搬家过去恐有不妥。于是同罗英商量，她和孩子们暂留左州越南同志李班处（李当时主管越南的华侨工作，并负责与我党联系），等我回北江安排妥当后再派人来接她和孩子。

经罗英同意后，我们便到左州见了越南中央华侨务负责人李班，李热情接待了我们。大约半个月后，我派人去左州接罗英和孩子来北江，李班还派了原在他那里工作的雪芳姑娘帮助我们管理家务，一直到独立中团返国，雪芳姑娘才和我们分开。

罗英到了北江省保下镇后，在独立中团后方办事处工作，主要是做工作人员的思想政治工作以及华侨群众工作。她每到一处，即组织华侨识字班，并集中当地的民兵进行军事训练，以此教育华侨群众支持越南人民的抗法斗争。后方办事处成立党支部，罗英任支部书记，还积极发展了几名党员。到独立中团返国时，她任中团政治处组织干事。

（三）独立中团边发展边巩固

独立中团成立后，这支华侨抗法武装就进入一个新的发展时期。这时，中团党委决定放手发动群众，扩大队伍和活动区域，并采取边发展边巩固的方针。经过一段时间的工作，连同原先的两个大队，中团共发展到8个大队，活动区域从广安一省发展到北江、谅山、海宁四省，部队由200多人发展到1000人左右。1948年夏，根据斗争的需要，独立中团成立了两个小团（相当于营），中团指挥机关移至北江省陆南县屯木区。

部队的巩固主要靠继承中国人民解放军的优良传统和加强思想政治工作。从建团之日起，这支部队就注意对指战员进行爱国主义和国际主义的教育，华侨与越南人民团结抗法、支援祖国人民解放战争的教育，"三大纪律八项注意"和英勇牺牲、艰苦奋斗的教育。部队还出版《左峰报》和其他宣传品。这些工作对统一思想认识、提高斗争胜利信心、巩固部队凝聚力起着重要作用。

为了较为系统地提高部队的素质，独立中团于1948年4月至5月，在中团部所在地屯木区的担寺村和岗荣村，各办了一期小队以上干部训练班，每期50人，学期一个月。参加训练班的干部回去后，又在各自的单位开展思想政治工作和军事训练。入党的同志处处起模范带头作用，带动同志们更好地完成各项任务，进一步加强了部队的战斗力。

（四）打击法伪军的一些战例

独立中团的发展，一方面依靠深入群众，进行抗法斗争的宣传教育；另一方面是给法伪以沉重打击。后者的突出战例有如下一些。

1948年秋，独立中团配合越军五十九、九十八两个中团，发动了越北东北战役，取得了颇为可观的战绩。战役开始，先是打下了被拒不改悔的顽固亲法分子所控制的村庄浪滩，击毙了反动头子，从而把这个村的人民争取了过来。接着又在法军据点安洋附近的安乐乡，一枪不发地收缴了法军组织起来的30多个民勇的武装，并通过这些民勇提供的情况，协助兄弟部队全歼安洋的法军。在十三号公路，独立中团截击敌方运输马车30多辆，缴获了全部军用物资。

在四号公路，独立中团同兄弟部队配合伏击法军，击毁敌运输车多辆，炸毁敌坦克4辆。1949年2月，独立中团在法军重点驻守的八者附近的契忍伏击法伪军，毙伤敌伪20多人，生俘13人（其中有法军军官1人），缴获六〇炮1门，重机枪和步枪20多支，炮弹、子弹一批。历时半年多的东北战役胜利结束后，越军总司令部在祝捷会上给独立中团颁发军功勋章，予以表扬。

就在东北战役开始前不久，独立中团派政治处主任方野与更早前就在海宁省活动的武工队（也是老一团派出的）会合，随即组建成独立中团的海宁独立大队，经常于敌人严密控制的地区锄奸反伪。其中广为人们称颂的是智取南寺屯。南寺屯是海宁省法伪军的一个据点，有30多名伪军。屯的四周布有铁丝网和竹签，还有明碉暗堡，平时戒备森严。硬攻是难以取胜的，因此必须智取。根据这一情况，当大队侦察得知屯内伪军头子刘某在南寺街开设赌馆，并经常到那里活动之后，便伺机派突击队闯进赌馆，活捉了伪军头子刘某，并命令他写信回屯，佯称从海防运来大米，要屯内所有伪军只带扁担下山挑米。伪军接信后倾巢而出，结果他们一到赌场便都成了俘虏。而在伪军离屯后，早已准备好的大队队员随即进入屯内缴获了全部武器，计有轻机枪1挺，冲锋枪、卡宾枪和步枪20多支，手榴弹、子弹一批，大米十多包。队员们把武器物资运走并放火烧屯后，便从容而去，被俘伪军经教育后全部释放。时隔两天，独立大队又袭击另一伪军据点塘花，毙俘伤伪军20多人，缴获轻机枪1挺，步枪6支，手榴弹、子弹一批。这两次战斗，独立大队人员无一伤亡。

经过南寺屯、塘花战斗，附近伪军慑于独立大队的威力，便派人前来恳求独立大队体谅他们的困难，有的还提出"互不侵犯""大路朝天，各走一边"，有的还许诺为我方提供法军情况。至此，有越来越多的华侨群众同情我们并愿意参加反法斗争。

（五）维护华侨正当权益及与越方的矛盾

独立中团虽然也打过一些胜仗，但无论从自己的力量还是从越南方面的要求来看，独立中团的主要任务是做好华侨工作，动员华侨与越南人民团结抗法。为了很好地完成这一主要任务，必须把华侨组织起来，以维护华侨的正当权益。

独立中团有政治工作队，建立小团后，小团也有自己的宣传队伍，每到一处，政治工作队都向华侨宣传华越团结抗法，在此基础上发动群众参军、参战，或号召群众组织起来保卫家乡，搞好生产。

华侨群众组织的主要形式是华侨理事会。理事会一般是从下而上，以乡为单位组织，待有一定基层单位之后成立县的理事会。广安省因建会较早，还成立了省的华侨理事会。所有华侨理事会都是在越南政府主管华侨工作的华运班（党的机构）、华侨务（政府的机构）指导下工作的华侨群众团体。理事会下设有各种群众组织，如民兵游击队、农民互助组、老人会、妇女会、儿童队等，他们在组织生产、调解纠纷、防奸防盗、运粮支援前线、救护病伤员等方面起着积极作用。在一些牵涉到越南政府对华侨政策及政策的执行问题上，理事会也力求维护华侨的正当权益。但在这样做的时候，却遭到来自越南干部的种种阻挠。

独立中团从有利于越南抗法战争和维护华侨权益的角度出发，坚决支持理事会的工作。正因为这样，一些越南干部对中团颇为不满。

1949年5月，主管越南华侨工作的越南中央华侨务（负责人为李班），转交给我们第一战区华运班批评独立中团的报告，并要求我们答复。第一战区的管辖范围是我们活动的越北地区；华运班是越南党领导华侨工作的小组。一战区华运班负责人叫宁义藩、高青松，这两人原来同我们的关系还是比较好的，我们估计批评独立中团的报告所反映的是相当一部分越南干部的意见，而不一定是宁、高两个人的意见。这个报告给独立中团扣了好多大帽子。例如，说中团干部是"封建资产的民族主义"，"完全不了解马列主义，因此破坏党的大团结政策"；说我们"参加越南抗战是一种侠义行为，而不当作是国际主义者的义务"；等等，帽子大得吓人。

事实上，这些指责都站不住脚。理由如下：

（1）关于华侨国籍问题。越南在还被法帝国主义统治的时候，法帝为了有更多的人替他们当兵服役，将所有来越南从事农业生产的中国人都称作"侬"，要他们加入越南国籍。越南独立后，越南政府对这部分华侨的国籍问题未做出正式决定，但一些地方的越南干部实际上沿用过去法帝统治时期的政策，不承认这些人（包括在城镇从事工商业的华人）是华侨，并强迫他们入越南国籍，因此遭到广大华侨群众的强烈反对。在这种情况下，华侨理事会认为是否加入越南国籍应以自愿为原则，同越方据理力争，中团是支持理事会和华侨群众意见的。对此，一战区华运班批评我们这样做对越南"毫无益处"，是"给行政上造成麻烦"，并把它归结起来说成是什么"封建资产民族主义"。

（2）关于华侨地区土地政策问题。为发展农业生产，有些地区试行组织农民互助会，调剂耕牛、耕地、劳力分配。这样一种互助形式，得到群众的拥护。为了使毗邻敌占区丢荒的田地恢复耕作，越南地方当局曾答应华侨耕者在一定时期内减租或不交租。但是期限未到，地方当局却催迫耕者交租，华侨理事会替群众要求当局履行前议，中团也支持这个意见。一战区华运班即根据这两件事，批评我们"搬中国的土改经验"（远非如此）和"秘密反对交租"（这简直是诬陷），并以此指责我们"不了解马列主义，在越南套用中国经验"，"违反了党的大团结的政策"。

（3）关于对华侨的某些特殊措施问题。战前，一些华侨到附近城镇经商谋生；战后，这些城镇被法伪军占领，越南政府不准华侨到这些地区经商和探亲访友。华侨理事会为维持这部分华侨的生计，以及照顾华侨探亲的需要，向越南地方当局请准：作为一项特殊措施，准许理事会给这部分人发通行证明。另外，由于种种原因，有些华侨莫名其妙地被越南当局逮捕了,然后又不明不白地释放了。为此,华侨理事会通过我们向越南当局提出:在有华侨理事会的地方,若有华侨犯了法需要逮捕,希望能通知理事会;审讯时最好有理事会派人陪审,以免因越方不了解华侨情况而造成错捕错判。一战区华运班据此说中团主张"华侨自治",甚至说中国主张实行"治外法权",就像帝国主义在旧中国租界实行"中国人不能过问租界的事"那样——这就是无限上纲了。

除此以外,越方还说独立中团同志"过低估计越南革命力量,他们(指中团干部)认为中国革命不成功,越南革命就不能成功"。其实,就中团整体来说,并没有这样的说法,即便个别同志说过,也只反映了一种看法,并不代表独立中团的态度,但越方却把它作为中团的一条罪状。一战区华运班把以上种种都拉扯上之后,就说我们"参加越南抗战是一种侠义行为,而不当作是国际主义者的义务"。

接到上述的批评意见后,我们立即组织班子草拟《对第一战区华运班批评独立中团的答复》,这个班子由我主持,其他成员包括黄炳、冯德、周剑华。这封答复信自我离开越南以后就没找着,直到1989年,广西钦州地委党史办因要编写独立中团团史,才把它给找了出来。这封信对一战区华运班的指责逐项进行了批驳。现在回过头看,这封信的批驳是有理有据的,基本上是正确的。当然,我们也不是全无错处，如某些事情同越方商量不够，对越方尊重不够等；答复信有些反批评，也有过火之处等。但总的来看，真理在我们这一边。现在看来，当年他们便如此歧视华侨、无视华侨权益，后来越南推行地区霸权主义、公开实行反华排华政策也是有历史渊源的。

（六）支援祖国解放战争

在支援祖国解放战争这方面，独立中团先后向主力部队输送了200余名华侨战士回国参战，并在为滇桂黔边区和中共中央香港分局（后中共中央华南分局）筹集经费、确保中共中央香港分局从香港经越北至滇桂黔边区和粤桂边区地下交通线的安全等方面做出了贡献。

（1）1948年曾先后两次输送了200多名华侨战士（带有部分武器弹药）去云南参加滇桂黔边区纵队，对打开边区局面起到了积极作用。

（2）给粤桂边区十万大山思明游击队送去16担武器弹药（部分是中团在作战中缴获的），帮助十万大山游击队在广安省华侨中募捐越币20万元（兑换为法占区通行的"西贡币"带出）。

（3）代表滇桂黔边区党委，给中共中央香港分局交过两次党费，折合黄金数两，这是通过搞经济工作（经越南政府同意，与一战区经济班合作）取得的一部分收入。

（4）为滇桂黔边区党委经过独立中团活动地区时，建立与中共中央香港分局、粤桂边区党委的交通联络线。通过这条交通联络线往来的有香港分局的政治交通员，区党委委员陈恩、郑敦、杨德华、孙康、唐才猷，边区纵队司令员庄田爱人，纵队参谋长黄景文爱人，支队政治部副主任谢森爱人，等等，还有电台工作人员。

（5）1948年冬，从广东南路来的500多人的"新一团"到达独立中团活动地区休整，中团在衣食弹药补充方面尽可能地提供了帮助。

五、独立中团结束与归国

1949年5月，已经渡过长江天堑的中国人民解放军正在挥师南下追歼残敌。为配合我南下大军肃清仍盘踞在中越边界粤桂边区十万山区（主要在防城县和上思县）的国民党军队，粤桂边区纵队派十万大山地委书记、政治委员陈明江来越，由我陪同找到越军总参谋长黄文泰，双方商定中越采取联合行动以打开边界局面。为此，越方决定从越南人民军五十九、九十八两个中团各抽出一个主力小团，合编为中国人民解放军粤桂边区纵队第三支队二十七团；从独立中团整编出一个主力小团作为二十八团，团长庞殿芬，副团长王益，政委罗北，政治处主任张贤，参谋长廖辉。

1949年6月,两个整编团由越军第一战区副司令员黎广波率领,开赴十万大山,配合我方作战。中团未编入主力小团的华侨同志,移交给越南中央华侨务,重新组建独立小团(后称第十小团),团长是越南人武国荣,政委是中国同志许明(许实)。独立小团仍留在燕子山根据地抗法,直到抗法战争取得胜利。未随主力小团回国的原广东南路同志,有的调滇桂黔边区工作,如我和罗英、冯德、周剑华、莫伪、叶平等,有的调粤桂边区工作,如黄炳、方野、陆锦西等。开赴十万大山的越军,包括独立中团整编的小团,参加了防城县竹山、江坡、茅坡等处战斗,为中国人民的解放事业做出了自己的贡献。在二十七团完成任务返回越南时,经越方同意,二十八团仍留在十万大山继续战斗。至此,越南国家军队独立中团的历史使命即告结束。

1950年9月,应越方要求,经我党中央同意,回国参战后编入粤桂边区纵队第七支队二十团二营五连的华侨干部战士150人被移交给越共海宁省委,由越方重新安排他们的工作。他们中的大部分人成为越南政府、军队中下级干部,继续为越南的抗法、抗美斗争,为越南的社会主义建设做出贡献。只是万万没有想到,这些为越南解放事业流血奋斗的华侨同志,却于1980年前后被越南政府驱赶回国,成为难民。1981年,为落实对这部分同志的政策,中共中央组织部、国务院侨办和国家劳动总局等8个单位发出相关通知，对他们的工作、党籍、工龄计算等都做了规定，使他们在祖国得到了适当的安排。

在独立中团整编回国时，越方原任命我为开赴十万大山部队的副政治委员。考虑到越南终非我久留之地，特别是与一战区华运班发生了一场重大争论后，我更坚定了回国的决心。于是，我便面见当时已进入云南省的滇桂黔边区党委书记周楠，请求批准我调返云南工作。得到周同意后，我即持他给武元甲总司令的信回到一战区。我首先向已决定率军赴十万大山的一战区副司令员黎广波提出此事，黎让我去见司令员朱文晋。我找到朱，朱说此事由武元甲决定。这样，我又到越人民军总司令部找武。当时武正在开会，我在那里等了一天多才见到他。为请调回国，我又与武费了一番口舌，武看实在挽留不住，便只好让秘书办文告知第一战区同意我调返中国。这是1949年7月间的事。

同我们家一起回云南的还有冯德一家，他是北海早期参加革命的老同志，在中团负责编辑出版报纸和文字宣传方面的工作；周剑华，是我合浦同乡，当时是中团副团长；莫伪和他爱人，莫是中团军需主任；叶平，报纸编辑和刻写；此外就是警卫员、服务员。大人连同小孩共约20人；还有三四匹马，主要是驮行李，有时也做坐骑。我们回云南的第一个目的地,是云南省麻栗坡县与越南河阳省交界的一个叫官坝的地方,这里还属越南境内,但中国滇桂黔边区纵队有留守处驻在此处。从这里再往北20公里,即进入麻栗坡县管界。

我们从北江省保下镇出发,走了六七天,经过太原、宣光、河阳等省,于1949年八一建军节过后没几天才到达官坝。在这里,我们见到了留守处的同志,有的认识,有的不曾认识,但无论是否相识,曾经分别在两地战斗的同志相见,彼此都很高兴。然而也有令人犯愁的事,即在我们到达官坝的前几天,国民党第二十六军对我滇东南地区(现为文山壮族苗族自治州)各县进行"扫荡"。在这种情况下我们该怎么办?是留下来等还是继续进入国门?大家经过商量后决定,妇女儿童都留下。罗英当时已临近产期,也和孩子们一起留下来。我和周剑华、叶平两个单身汉加上警卫员,第一批起程,继续前进。

与我们一起走的,还有刚从中共中央香港分局来的政治交通员陈伟。我们离开官坝不到10里地,从中国一侧边境来了一个交通员对我们说:敌军已占领了麻栗坡县,对边界严密封锁,此时不宜前往。听他这么一说,我便决定折回官坝等候。但香港来的交通员陈伟,这位令人尊敬的、有着高度责任感的同志却说,他有紧急任务,必须及早赶到区党委。因此他没有同我们一起折返,而是继续前往。

事后才知道,陈伟就在这次进入麻栗坡我军游击区时,被国民党军队逮捕,并在押往滇东南首府文山城后不久被枪决。消息传来,凡认识陈伟的人都为他的牺牲而深感痛惜。我和准备先行的几个人又在官坝等了几天,待敌军封锁稍缓之后便又起程进入云南。其他人员也先后进入云南境内。

后来得知,1949年10月2日即中华人民共和国成立的第二天,罗英在官坝镇滇桂黔边区纵队留守处生下了我们第四个孩子——儿子庞松。经过几个月的休整,罗英和孩子们于1950年1月进入云南,那时,文山地区已全部解放了。

第四章 云南工作时期

一、解放前夕在滇东南地委

解放战争期间，中共云南省委根据中央关于在国统区积极开展武装斗争的指示，于1948年春发动游击战争，成立了云南讨蒋自救军，在滇东南地区曾一度攻占了广南县县城。与此同时，根据中共中央华南分局（即香港分局）的指示，已进入广西的原广东南路老一团向云南转移，并于1948年7月在越南河阳省的官坝与云南讨蒋自救军会师，成立了统一领导的滇桂黔边区党委和滇桂黔边区纵队。自此以后，滇东南地区的革命形势发展很快。到1949年8月，即我回到云南的时候，滇东南地区除县城及少数地区外，都是我党的根据地或游击区，8个县的县城，除首府文山城外，均曾先后被我方占领过。滇桂黔边区纵队已发展到12个支队（约有40多个团另两个独立团），还有30多个护乡团，并且从专区到县乡都有我方建立的民主政权。形势发展得这样快，当然有人民解放军在全国节节胜利这一大局的推动，但滇桂黔边区党政军民工作打下的基础和一年多的英勇斗争、艰苦奋斗，也起了十分重要的作用。

在解放战争的大好形势下，不甘心失败的国民党仍做垂死挣扎。国民党第二十六军的一个师常驻滇东南，连同地方的"保安"团队和地主恶霸武装，仍经常对我解放区不断进行"扫荡"、骚扰。

我回到云南时见到了当时任滇东南地委书记、边区纵队第四支队政委的饶华（第四支队司令员是廖华），饶对我说，周楠已告诉他，我将回云南工作，现周已调到华南分局（任组织部部长），走之前交代过，我或任第四支队政治部主任，或任地委组织部部长，饶随即征求我的意见。我同意当地委组织部部长。当时的地委委员，不是在部队就是在县里任县委书记；地委并无常设机构，组织部也只有一个干部（李耀东）掌握一点组织情况，办理具体的组织事务。在这种情况下，地委组织部实际上要同饶华和第四支队司令部在一起行动和作战。

在云南解放前的几个月，我主要做了两件事。一是办训练班。这是在反扫荡暂告一段落，部队进行休整的时候，为了使干部适应全国解放这一形势的需要，地委组织了支队司令部、专员公署等直属机关干部和部分县的干部，集中学习时事和党的各项工作的方针政策。由于宣传部也没有工作机构，宣传部部长是地委委员兼一个县的县委书记，离不开本县来办这个事，因此，就由我主持干部训练班的工作（任班主任）。办训练班对组织工作来说，最大的收获是了解干部，通过与学员的接触，不仅认识了许多同志，而且对他们的思想政治情况和历史情况都有一定的了解。

第二件事是主持迎接南下解放大军的工作。1949 年 11

月，刘邓大军正势如破竹地向大西南挺进。边区党委发出《从反扫荡中加强迎接野战军工作》的指示。地委、专署和第四支队司令部共同做出一面继续进行反扫荡，一面加速开展迎军工作的决定；通知各县立即组织迎军委员会并迅速开展工作；同时决定从地委、专署和第四支队抽出四五十人组织迎军工作团，由我任工作团团长，第四支队政治部主任李文亮任副团长。

迎军工作团分批到各县帮助、督促开展工作。各县迎军工作委员会广泛发动群众，开展征粮和筹集迎军物资的工作，如通过妇女会制作军鞋，通过农会准备粮草，通过儿童团收集鸡蛋，等等。迎军工作进展顺利，到1949年12月底南下大军到达滇东南地区时，各县县城和交通线上的乡镇，都分别集中有大量粮食、柴草、肉、鸡蛋和军鞋。为了保证道路畅通，还动员民工修桥补路，加宽道路，加固桥梁，以便骡马大炮能通行无阻。沿途城镇和村庄都设有迎军站，有慰问组慰问伤病员，服务组替部队借用归还物品，洗衣组为指战员洗衣服，宣传组负责写标语，组织军民联欢，等等。进驻滇东南的二野四兵团十三军指战员对我们的迎军工作深表满意，军长周希汉、政委刘有光说："进入滇东南根据地，就使我们感到好像在大别山一样温暖。"迎军工作之所以搞得好，主要是人民群众渴望解放，各县迎军委员会的同志工作也确实很努力，我只是做了一些布置、检查和交流经验等工作。

二、解放后在文山地委

1949年12月底,随着南下的二野四兵团解放大军的到达,国民党残部纷纷往国外逃窜,滇东南地区包括其首府文山县城相继解放,地委、专署及第四支队司令部进驻文山,罗英带着3个孩子也从官坝来到文山。就在这时候,我患了一场比较严重的病——肺炎。这是由于在一次行军途中遇雨着凉,经多天治疗未愈而发展成的,症状是咳嗽不止,痰多而又带血。幸好当时有解放大军给的盘尼西林(青霉素)注射针药,20万单位一瓶的药用了十多瓶,病情才得缓解,但仍未痊愈。于是,地委决定将我送往昆明医院住院治疗。我在那里住了一个星期左右,直到症状完全消失后才回到文山。这时,以南下大军二野四兵团政委宋任穷任书记的云南省委决定,将原各地地委改为按所在地区命名,滇东南地委改名为文山地委,原地委书记饶华调省委任宣传部副部长兼革命大学教育长。另调杨江任地委书记,我任地委副书记。这是1950年2月间的事。

我回到文山之初,可能是组织关心我的身体,没分配多少事给我,地委就让我办学习班。学习班除了学习时事政策外,还学社会发展史,这有助于干部树立起社会主义和共产主义的崇高理想。

学习班结束后,我的身体也完全恢复了。这时,地委决定由我率一个团的兵力,到当时匪患最严重、征粮任务完成得最不好的广南县搞清匪征粮工作。1950年的征粮任务很重,这是由于解放大军进入云南,再加上越军有几千人到文山地区休整训练,各级党政民机关、团体又普遍建立,吃公粮的人猛增。多征公粮对老百姓来说负担便有所加重(按照合理负担原则,粮食占有越多,交的比例也越高),一些反动地主就乘机煽动抗征,甚至煽动叛乱。在有匪乱的地区,只有肃清土匪才谈得上征粮,因此,征粮便同清匪结合起来。清匪又必须发动政治攻势,宣传党的政策,区别首恶与胁从,坚决打击那些十恶不赦、罪大恶极的匪首,对其余人员特别是对那些被裹挟参加的群众,一律既往不咎。这样,经过一段时间的工作以后,那里的情况便有所好转。

1951年,我主要做了以下几件事:

(1)为了给下一步的土地改革创造条件,省委决定在农村开展减租退押工作。为取得经验,我曾带领一个工作队,到文山县攀枝花乡蹲点,搞了两个多月的减租退押试点工作。

(2)文山地区是少数民族比较多的地区,我曾到麻栗坡县指导召开民族代表会议,为建立民族自治政权做准备。

(3)镇压反革命斗争开始后,地委成立"镇反"案件审查小组，并由我主持。审查小组按照当时中央的政策和省委的指示，逐个进行定案。其间未听到说有错判错杀的问题。

1950年1月罗英回到云南后，被分配到文山专区专员公署工作，先后任民政科科长、人事室主任，党内任公署党总支副书记。1951年1月，又调到文山地区妇女联合会筹备委员会任主任，党内任地区妇委书记。其间，她也到过一些地方了解妇女的生活情况和政治思想动态。3月，罗英去昆明市参加云南省妇女代表大会，会上正式成立省妇女联合会（简称"妇联"），她被推选为省妇联的领导成员。5月，在文山县召开文山地区（8个县）的妇女代表大会，正式成立文山地区妇女联合会，罗英被推选为妇联主任。随后，各县相继成立县级妇联，并组织召开文山地区妇女斗争地主恶霸大会。会上，几个饱受地主欺凌的姐妹登台诉苦，群情激愤，对教育群众、促进反霸斗争和民主改革起到了积极作用。

1951年7月18日，我和罗英的第三个儿子出生，因他生在云南，便取名庞云。

三、在省委党校参加整党学习

1951年11月，我和罗英都到昆明参加云南省委党校的整党学习，至1952年10月结束，历时11个月。其间，庞森与我们同去党校（在附近的黄土坡小学上学），庞林、庞松和出生不到4个月的庞云留在文山，由一个奶妈一个阿姨照顾。学习期间，我任党校第四支部书记。第四支部的学员是文山、宜良两个地委的地县干部，个别是区委书记。

这次整党学习，是在提高思想认识的基础上进行初步的组织整顿，以便为当时进行土地改革、生产恢复和经济建设准备干部。为此，整党学习特别强调阶级观点、阶级立场、群众观点，普遍进行共产党员必须具备的八项条件的教育。学习过程是：阅读有关文件、进行思想检查、批评和自我批评，然后写自传，交代全部历史，请组织鉴定等。

通过整党学习，党组织对每一个党员进行认真的审查和登记，对犯有严重错误的和不够党员条件的党员进行组织处理，以便使同志们担负起比过去更伟大、更艰苦的革命任务和经济文化建设任务。

这次整党学习，对我的审查主要有两个问题，一个是1943年电白武装起义受挫返回广州湾向特委汇报后，不愿回电白坚持武装斗争。对此，我进行了深刻的检查和自我批评，主要是检讨自己当时虽然入党多年，并负有相当大的责任，但在个人利益与党的利益发生冲突的时候，不是无条件服从党的利益，而是把个人利益放在第一位。这是我入党以来所犯的最大错误。对这个问题，组织结论（由党支部提出，校党委同意）是：此事经本人交代清楚，并做了深刻检查，可以免予处分。

再一个问题，是越南方面反映我在独立中团期间"闹独立性"。对此，我检查了自己"居功自傲"，以致发展到对越南党"闹独立性"的地步等。实际上，当时为帮助华侨争取合法权益，我们在与越方交涉时确实存在对越南同志不够尊重的地方，但并不属于政治问题。关于这个问题，除自我检查、同志们帮助分析批评外，组织上没有做出什么结论。

1952年10月，整党学习结束。这时，全国恢复国民经济的任务已基本完成，党中央决定从1953年起开始执行发展国民经济的第一个五年计划。为了加强党对大规模经济建设的领导，中央要求从各大区抽调一批地县级干部（具有中等以上文化水平）来中央国家机关工作。我和罗英被中共中央西南局选调到北京工作，就这样我们结束了在云南大约3年的工作和生活经历。

第五章
北京工作时期

一、从云南到北京

（一）赴京准备

1952年10月，整党学习结束后，省委党校传达省委的通知，我和罗英一同调北京工作。调京原因是国家即将进行大规模经济建设，特别是重工业部门急需大批干部。收到通知后，我和罗英偕庞森返文山，做全家赴京的安排。返文山前，到昆明照相馆照了两张照片，一张是三人合照的，一张是我和罗英合照。三人合照现在仍保存着，照片上的庞森穿的那双破布鞋现在仍保存着；我和罗英的那张合照中，两个人都三十出头，精神焕发，神采奕奕，透着一股沉稳干练的气质。这是由战争年代转向和平建设年代后我们夫妇拍摄得最好的一幅照片，几十年来我们一直珍藏着，镶上镜框摆放在卧室案头。

在党校学习时，庞森随我们到昆明，文山还留有3个孩子、1个保姆、1个奶妈和1个警卫员。那时庞森10岁，庞林7岁，庞松3岁，庞云才1岁半。孩子们身体都还好，估计路上不会出什么事。麻烦的是庞云，他还不能像大孩子那样吃饭，吃喝必须另搞一套，如奶粉、奶瓶、奶锅和烧开水的煤油炉等都要齐备。保姆、奶妈因离不开家，不能与我们一起去北京,我们只好另外找人。有个小姑娘叫姚存凤的,她有个堂兄在北京工作,愿意跟我们去。在地委工作时我还有警卫员,去北京不能带(到省委党校也不能带),他的工作也得另外安排。听说这个叫沈四的警卫员,后来与我们家保姆结了婚,男的当了干部,女的也有工作,现在日子过得不错。我和罗英在文山工作了两年多,这次回来又逢工作调动,因此少不了要同一些同志话别。之后,我们又坐上地委派的车去昆明。

(二) 昆明集中

到昆明住进省委招待所,这时才知道与我们一起上调的还有武定地委书记杨江(原为文山地委书记,后与武定地委书记梁家对调,现又与我们一起调动)、昭通地委副书记李德邻、楚雄地委书记××(姓名已忘,此人调京后任国家档案局副局长)、个旧市委书记张华俊、省委组织部副部长刘清。这些人多为地市级干部,偕同调动的他们的爱人,也多为县级干部。可见这次云南省委以至中共中央西南局,对中央为进行大规模经济建设而抽调干部的工作是非常重视,且积极贯彻落实的。

在上调同志集中期间,恰逢国家机关工作人员改供给制为包干制,即由原来直接供应伙食、服装改为全部折发货币(以"工资分"为计算单位),并按职务划分为若干等级。上调干部临时支部根据各人情况，定了个包干制的级别，这基本上就是1956年工资改革前的级别。

后来得知，1951年毛主席提出"三年准备，十年计划经济建设"的战略方针后，党就预见到工业干部，特别是领导骨干必须早一步准备，以便原来不熟悉或者根本不懂工业的干部，能够在国家经济建设开始以前有一两年的时间在新的工作岗位上进行学习，之后在工作中与工业化建设密切配合起来。为迎接大规模经济建设的到来，中共中央在1951年10月便决定抽调3000名县处级和县处级以上的干部到国营工业部门工作。1952年下半年，为充实中央办事机构，中央先后三次从地方抽调5000多名干部到中央各部门工作（80%以上分到中央财经部门，其中司局级以上干部712名）。这批干部的总体素质较高，都经受过长期革命斗争的锻炼，有较高的政治水平和实际工作经验，并且大部分具有高中以上文化程度。经过一段时间的学习，这批干部基本熟悉了工业管理。西南局及其他各中央局上调北京的这批干部，就是中央为开展大规模经济建设进行的组织上、干部上的准备。

（三）昆渝路上

去北京的第一站是中共中央西南局所在地重庆。从昆明到重庆，路经云南、贵州、四川三个省的若干乡村和城市，这里不但山多山高，而且道路不好，加上坐的又是以木炭为燃料的旧式公共汽车，走平坦大路也慢吞吞的，一到爬坡，简直就像老牛拉重车，走一步喘一口气。我们就是这样，一步步地走过红军长征走过的大渡河、遵义、娄山关等有历史意义的河川名城。

同行的几个家庭，有的有小孩，有的没有。孩子以我家最多，每到一处地方或车在某处休息，受够了颠簸之苦的我们都松了口气，孩子们更是特别高兴。但我们家此时却另有一重要任务，就是要烧开水给庞云拌奶粉充饥。如遇车在途中抛锚，大家则以点心充饥；到了另一处地方便在饭店或路铺吃饭。记得是在贵州省安顺一间饭店吃饭时，庞松被鱼刺卡住喉咙，费了半天劲好不容易才咳了出来。到省会贵阳时住在省委招待所，一所相当阔气的宾馆。一到这里，我便到街上转悠，看到街上的人熙熙攘攘，店铺也是五光十色，才发现贵州也是个好地方。由于交通不便，许多农产品运不出去销售，因此当地东西很便宜。又记不起在贵州的什么地方了，我们买了十来斤白果，才花了一两块钱。到贵阳的第二天晚上，省委与省军区的负责人出面宴请我们全体上调同志，包括随来的小孩。饭菜十分丰盛，可惜我闹肚子，只好打个照面后随便吃了点东西便回房歇息了。

从贵阳又走了两三天才到重庆。路上艰难的情况与昆明到贵阳的路上相仿。在重庆我们住西南局的招待所，一个居高临下的宽阔院落，住了一个星期左右。其间，我们曾到过西南局，本来希望见到邓小平、刘伯承，但到局里时是宋任穷接见我们，宋是西南局委员、云南省委书记。宋说了些鼓励我们的话，要我们在此歇几天，等候分配的通知。至此，我们才知道我们并不都是调到北京工作，有些人可能就留在西南局工作（实际上，分配在此工作的只有张华俊夫妇，其余都到了北京）。过去曾听说过重庆雾多，而且有出话剧就名为《雾重庆》，现在算是亲临其境了。由于一路上基本上马不停蹄地赶路，身上穿的衣服脏得很，到了重庆，大家都要洗衣服，不想碰上这么个雾季，白天几乎见不到太阳，洗好的衣服晾了几天还干不了。重庆是个山城，不要说老百姓出门往往要走十几个几十个台阶，就是一条马路，也总要上坡下坡好几趟，但这里的商业区还是很繁华的，热闹远胜于昆明、贵阳。

（四）渝—汉—京之旅

从重庆乘民生公司轮船顺长江东去武汉，途中经过宜昌。记不起是轮船出了故障还是水道有什么问题，总之，到了宜昌我们便上了岸，还在那里住了两天。到武汉后住汉口旅店，并且当天便去找当时在中南广播电台工作的表兄黄铸夫，同当时在中南纺织工业部工作的表嫂沃野也见了面。一个是多年不见面的亲人，一个是第一次见面的嫂子，两家人相聚，彼此都很高兴。后来兄嫂二人也很快调到北京，分别在中央华侨事务委员会、中央纺织工业部工作。

从武汉到北京，我们坐的是软座包厢火车，孩子可以在座位上睡觉，很是舒服。到北京时已是傍晚，中央人事部派车来接人。那时，北京火车站在前门箭楼东侧，离前门鲜鱼口的中央人事部招待所很近，车不一会儿就到了招待所。把行李安顿好以后，大家都感到饿了，而招待所饭点已过，于是，我们全家便到街上馄饨铺吃馄饨。至此，从云南到北京历时半个多月的旅程才告结束。到达北京的日子是1952年11月19日。

到北京的当天晚上，下了一场不大不小的雪。早上起来，看到漫天皆白，我们住的四合院，屋顶瓦楞都堆满雪，街上也满是雪。因为是第一次看见雪，我们都感到新鲜和高兴。孩子们用手接着那纷纷扬扬的雪往脸上抹，大概是想感受雪的滋味吧。下雪时虽不觉冷，但罗英却想到需要添置在北京过冬的衣服了，于是，我和罗英便领着孩子们到前门服装店，各买了件厚实的棉大衣，还给小保姆姚存风买了一件。

说到过冬，还有件值得一提的事，就是我们刚到北京的那几天，我已经被分配到中央劳动部，住在厂桥附近延年胡同五号前院的两间小屋。那时不懂得烧煤炉,每次生火总是把满屋子人熏得够呛,火又总是熄灭。一天晚上10点钟左右,大家还未全睡,记不起是谁说头晕,后来一个个都说头晕,并且手脚软弱无力,原先还不知道是怎么回事,问过看房子的老赵,才知道是煤气中毒。于是马上叫车送中毒不适的人去隆福寺医院抢救,这才避免了一场事故。

二、在劳动部劳动政策研究室

（1952年11月—1954年6月）

在中央人事部招待所住了两天,上调同志全体按通知到中共中央组织部（简称"中组部"）接受分配任务。记得那时的中组部也是在西单附近,不过不是现在中组部的高楼大厦,而是老式平房。到了中组部,先是由一位处长向全体同志介绍了中央各部需要人员的大概情况,然后由各主管处分别与各人谈具体分配方案,结果我被分到劳动部,罗英被分到第一机械工业部（简称"一机部"）。

我到劳动部报到时,还发生了一个误会：我在招待所接到劳动部人事处李秀峰的电话,他通知我立即到位于厂桥的劳动部（现为北京市电化教育馆）报到,并告诉我罗英也同我一起分到劳动部。对此,我感到愕然,我对李说：

罗英不是分配到一机部了吗，怎么说分配到劳动部？他说，是中央组织部通知的。我说，正是中央组织部把她分配到一机部的。打过电话后，我一直捉摸不透这是怎么回事。

但此事到第二天便真相大白了。原来与我同时分配到劳动部的罗英，是贵州省毕节地委书记，是位男同志。他与我都由当时的劳动部部长李立三直接分配工作。

李立三是我党老一辈革命家。他在中国革命历史中曾经犯过"立三路线"错误，后被共产国际召到莫斯科做自我检讨并反省多年，历尽沧桑。这时李立三已50开外，头发花白，戴一副深度的近视眼镜，他在劳动部的办公室接见我和罗英（男）。一见面，他便站起身来热情地同我们握手，谈话时非常和蔼可亲。他首先向我们介绍劳动部的业务情况和干部情况。在谈到我们的工作时，他先问罗英是否愿任办公厅主任，罗英说他想干业务工作。李说，既然如此，那就当劳动保险局局长吧！罗表示同意。李然后对我说，他从鉴定中看出我看问题全面，认为我到政策研究室更合适。李说研究室主任董锄平是个老同志，但缺乏实际革命斗争经验，由我当副主任，好好帮助他。

李问我有什么意见，我说我对劳动部各项业务都不懂，做什么工作都要从头学起。这样，我便接受了劳动部劳动政策研究室副主任这个职务。

（一）劳动部工作机构及政策研究室

劳动部那时有这样几个司局级单位：办公厅、劳动力调配局、劳动争议处理司、劳动保险局、劳动保护司、劳动政策研究室等。还有个工资司，是同时受劳动部和全国总工会两个部门管理的工作机构，司长由李立三兼任。李立三既是劳动部部长，又是全国总工会常务副主席（主席是刘少奇）。工资司的办公室设在全国总工会，直到1955年李立三离开劳动部和全国总工会后，才搬到劳动部办公。

当时劳动部的办公用房，是由几个四合院组成的旧式大宅，大概是清朝什么皇亲国戚的府邸，房间不少，但都很破旧。有个上海姑娘，大学毕业分配到劳动部以后，一看是在这么个房子里办公，就想到这是个"破庙"，说什么都不愿在这里工作，闹着要调回上海。政策研究室的办公室，就靠近劳动部北门，是个有两个隔断的长长的一处房子，我和主任董锄平在东头一间，大概8平方米；中间一大间和西头那间有十来个人办公；此外还有一处十多平方米的地方，是图书资料室。这就是中央劳动部草创时期的工作环境。这里离我们家最近，出家门到办公室只需走5分钟。

政策研究室的主要任务是起草综合性劳动法规，参与处理一些综合性公文，编辑出版《劳动》杂志，以及管理综合统计和图书资料（包括收集、翻译有关国外资料）。工作人员有二十来个，部分是留用人员（劳动部成立时，从南京国民党政府社会部接收的），部分是分配的大学毕业生，少数是通过个人关系来的社会青年。主任董锄平50多岁了，大革命时期入党，党龄长、资历老，因此组织审查他的历史时，对于他的有些问题甚至要找董必武、刘少奇取证明材料。大革命失败后，他到了南洋，抗日战争期间，他和他的爱人高朗在重庆周恩来参与主持的国民政府军事委员会政治部工作，主要做国统区文化工作。他很谦虚，有什么事都跟我商量，还请过我们全家到前门外全聚德吃烤鸭。在我到来之前，政研室党员就只有董一个人，连负责编辑《劳动》杂志的他的爱人高朗也不是党员。有个翻译叫施学民，上海人，大革命时期的党员，曾到过苏联留学，回国后不久，因党组织被破坏而失去组织关系，一直没有恢复。人员情况是这样，要搞研究工作就比较困难，但大家工作都还努力。入冬的北京天亮得晚天黑得早，那时又有上班前学习半小时到一小时的风气，上午上班时天上星星闪烁，下午下班回家又看到月亮挂在树梢，真算是披星戴月了。

（二）陪同缅甸代表团考察

1953年夏，缅甸政府劳动部部长率代表团来华考察，李立三指定我和孙桢全程陪同，到过的地方有沈阳、天津、上海和杭州。每到一处，首先由接待地区外事处和劳动局与代表团共同商定考察日程，一般都先安排劳动局介绍劳动工作情况，然后参观工商企业、职工生活福利状况，最后是游览名胜。代表团到各地时，由市长或副市长出面宴请，离开各地时由副市长或外事处负责人送别。

我来北京半年，这算是第一次走出北京。到过的几个地方中，沈阳是重工业之都，天津、上海的轻工业、商业都很发达，杭州有"上有天堂，下有苏杭"的美誉，它们都是我国最有名气的城市，这次陪访使我大开眼界。但当中也有令人伤脑筋的事。事情是这样的：缅甸代表团是由有不同政治倾向的人组成的，团长是个中间偏左的人物，在政府中有重要影响力（曾当过议会议长），为某个"右倾"团员所忌恨。同时，团长有"梦游症"（夜间起床到处游逛），有消息说那位忌恨团长的人，要利用这一特点来谋害团长。因为有这个特殊情况，所以每到一处，我们都为代表团的安全做了精心安排，如团长卧室安排在楼下，尽可能使亲近他的人接近他，使忌恨他的人难以接近他。为做好安全工作，我在上海曾会见时任上海市政府外事处处长黄华，在北京会见时任外交部亚洲司司长何英，向他们做了汇报，听取了他们的意见。处理这类事，我和孙桢都没有经验，好在外交部有个姓曹的科长、公安部有个干事陪同我们办这个事,因此自始至终没出什么纰漏。1982年我去美国,在纽约再次见到这位姓曹的科长时,他已是中国驻美总领事馆的总领事。公安部那位干事在负责代表团安全保卫工作的整个过程中一直没有出面,他是个沉着干练的小伙子,可惜自此以后再没有机会见到他。

(三) 学习辅导员

1953年春,斯大林逝世。随后党中央、毛主席提出党在过渡时期的总路线,即从中华人民共和国成立到社会主义改造基本完成,这是一个过渡时期。党在这个过渡时期的总路线和总任务,是要在一个相当长的时期内,基本完成国家的社会主义工业化,基本完成对农业、手工业和资本主义工商业的社会主义改造。全党要为逐步实现这条总路线而奋斗。

为了实现过渡时期总路线,中央号召学习斯大林著作《社会主义经济问题》和《联共(布)党史简明教程》第九章到第十二章。中央国家机关党委还为学习联共(布)党史办了辅导员报告会。劳动部党委成立学委会,并决定由我负责。于是,每次辅导员报告我都去听,听完回来整理记录,然后自己理解消化,再用自己的语言向全体同志讲课。由于准备充分,同志们的反响都不错。30多年后,在苏联否定斯大林,并为布哈林、季诺维也夫等恢复名誉时，劳动部有的同志还记得我当年讲联共（布）党史有关的细节。《联共（布）党史简明教程》在苏共领导人换届时便要修订，几十年间已经反复修订多次了，看来还没有最后定论，还要继续改下去的。

从1953年底起，国家机关党委组织学习政治经济学。我又被抽调做辅导员，每周一至两次到中央高级党校听政治经济学的课，郭大力讲《资本论》时，我也去听了。那时学习风气很浓，学习虽以自学为主，但每周三不是安排小组讨论，便是上大课。作为辅导员，我把学到的内容经过梳理和加深理解，回到部里在干部学习会宣讲，听众反响不错。

（四）突如其来的审查

1954年初，党的七届四中全会揭露了高岗、饶漱石分裂党、篡夺党和国家最高权力的阴谋。会议开过以后，中央和北京市司局级以上党员干部在怀仁堂听周总理做报告。在这次报告中，总理除了对高、饶的反党阴谋以及高岗自绝于人民的错误做法进行揭露和批判之外，还做了自我批评，毫不隐讳地向大家剖析了自己在长期革命斗争中犯过的这样那样的错误，大家听过后很受感动，很受教育。

党的七届四中全会后不久，中央国家机关召开了一次党代会，劳动部起初派我参加，但不知道部里报送代表材料时怎么个写法,总之,据以后通知,我由于在越南有过"闹独立性的错误",不宜参加这次会议。也许是因为高岗反党阴谋中有"把自己领导的地区和部门变成一个独立王国"这么一条,党的七届四中全会的决议强调必须反对和防止向党"闹独立性"的问题。

如此一来,我要就在越南"闹独立"的情况做进一步的检查。我只好把在云南省委党校整党学习时交代的情况重复一遍,并根据学习党的七届四中全会文件的心得体会,在问题的"严重性"上有所"拔高"。材料送走后,没有什么下文。到了1956年审干再提出这个问题时,组织才对此做出了结论。

(五)关于李立三

1953年底,李立三亲自起草了《劳动部关于过去工作检查和改进今后工作的意见的报告》,这个报告除了肯定劳动部成立以来取得的成绩外,还检讨了劳动部党组在领导上存在脱离实际的主观主义和脱离生产的片面福利观点,即对于有关工资福利问题的处理,往往提得过高、过快。这个报告在提交部务会议前后,李立三都让我提出修改意见,我也做过一些修改。政务院会议讨论这个报告时,李立三让我随同他去开会。会议由周总理主持,当天议题有好几个,轮到讨论劳动部的报告时,李立三照本宣读,只对个别处做些说明，讨论时其他人基本上没提什么意见，总理便宣布同意报告意见。这个报告后来以劳动部党组名义报送中央，在获得中央批准后转发各地各部研究执行。

李立三的一生很坎坷，他早期曾是中共中央主要领导人，因在土地革命战争时期犯过一段"左"倾冒险主义错误，受到党内批判和处分，后来在苏联长期遭受了"残酷斗争"和"无情打击"。新中国成立后，李立三当选为中华全国总工会副主席，并出任第一任劳动部部长。可是，1951年检查全国总工会工作时，他作为实际领导全总工作的副主席，被批判犯有"工团主义""经济主义"的错误。为此，李于1951年底离开了全总（实际上是被免职），集中精力搞劳动部的工作。现在回过头来看，新中国成立以后，在废除适应于旧生产关系的一套劳动工资制度、建立起适应新生产关系的一套劳动工资制度方面，李立三应该是有首功的，虽然其建立的一套制度有的（不是全部）是搬用苏联的模式，但在当时条件下也只能这样学习借鉴外国经验。在缺乏建设社会主义经验的新中国成立初期，其他部门的一些制度和规章，何尝不是如此？

李立三平易近人，勇于自我批评，他一有机会就讲他当年犯过的"立三路线"错误和其他错误。他工作很认真，亲自起草报告，字写得很工整。他又是一个宣传家，做报告时从来不要稿子，能一讲几个钟头还有条有理。"文化大革命"期间,李立三以"里通外国"的"莫须有"罪名被逼自杀身亡。粉碎"四人帮"后,党中央为他平反昭雪。1984年,湖南省人民为纪念李立三,在醴陵县郊区他的故居修建纪念馆。纪念馆举行落成典礼前夕,我接到劳动人事部的通知,让我代表部里参加落成典礼。当时我已离休,在江西参加劳动学会的一次研讨会后从南昌返北京,在火车途经长沙停站的时候,忽然听到车站广播员呼叫要我下车,待见到接我的人,才知道是这么回事。在参观了李立三纪念馆后,我感慨万千,对这位赫赫有名的老革命家的一生,既钦敬又惋惜。

(六)兼管办公厅部分工作

1954年,劳动部办公厅主任史怀璧调到政务院第四办公室工作,办公厅副主任李文宜是秘密党员、中国民主同盟中央委员,社会工作多,无法兼管办公厅里的很多工作。于是,李立三让我兼管办公厅的一部分工作,主要是批阅批办劳动部的文件、电报,审阅办公厅编印的内部刊物《劳动》。其间,劳动部所有部务会议我都得参加,接触的人就多了些。此时,史怀璧虽调到"四办",但仍然是劳动部的办公厅主任。于是,就出现了一个领导关系混乱的局面:"四办"是政务院管财政金融的一个部门,而当时劳动部就属这个部门管;"四办"主任是国家计委副主任贾拓夫，作为贾的助手的史怀璧又是劳动部办公厅主任。每当我看到"四办"要劳动部、要李立三办这办那，总感到别扭，劳动部的其他同志对此也有议论。好在这种情况持续的时间不长。1954年9月召开第一届全国人民代表大会后，新成立的国务院任命马文瑞为劳动部部长，李立三则另调任中共中央工业交通工作部副部长（部长是李雪峰）。

（七）延年胡同五号院

在政策研究室的一年多，我和家人都住在厂桥附近延年胡同五号院，在院内住过三处地方，搬过两次家。延年胡同五号院也是由几个四合院组成的大宅，原来是什么达官贵人的府邸。一进大门，东西两边各有一排小房间，这是前院。再往里走，东西两边各有一个四合院。东边的四合院，时任劳动部副部长、中国民主建国会中央常委施复亮（亦名施存统，是人民音乐家施光南的父亲）一家住在这里。但这里只有正房（坐北朝南）和侧房（坐南朝北），东西是墙，西墙外边是通道。劳动部副部长毛齐华住西边四合院，这里除正房外，东西两边还有厢房。在毛齐华住的四合院以西，还有个较小的四合院，史怀璧一家就住在这里。史搬走后，由继任办公厅主任的李正亭居住（改革开放后，原副部长于光汉在此居住）。

我们初到北京时，就住在延年胡同五号院进大门前院靠院墙的两间小屋。在这里住了两三个月后，又搬到这所大宅的后院，也是靠院墙的小房间。这里有三间互通的房间，比在前院住要好一些。1953年夏，原住在东四合院侧房的调配司司长陈化争调走后，我们便搬到这里住。对面是施复亮家，施家搬走后，劳动部副部长刘子久住进来。1954年冬，劳动部迁往东城区和平里办公，我们也随迁至和平里的楼房居住，到今天已经住了50多年。

（八）组织上的照顾

我在政研室工作期间，罗英在第一机械工业部所属机械工业学校（中专）工作。她先是在后海上班，这里离延年胡同不远，可以早出晚归。后来学校迁至东郊红庙，离家就远了。1955年1月，她生下我们最小的孩子——女儿庞北，得到组织照顾调到劳动部工作。几个孩子入托上学也得到优先照顾，庞森先是在德胜门大街小学上学，后来进育才学校（食宿均在学校）；庞林也进过育才学校，因年龄小离不开家，没有继续在那里读下去；庞松、庞云先在厂桥附近东官房幼儿园入托，庞松到入学年龄时，也到育才学校上学。

三、在劳动部办公厅

（1954年6月—1963年4月）

（一）办公厅的机构和干部

我在政策研究室工作的后期，兼管了办公厅的一些工作。在一次由部里少数人参加的会议上，刚来部不久的刘亚雄副部长说："按照政策研究室人员构成的情况看，这个机构不适宜搞研究工作，庞自既然在办公厅工作了一段时间，情况也熟悉了，就干脆调办公厅吧。"李立三表示同意。这样，我便于1954年6月正式调到办公厅工作。这一年的下半年，全国各大行政区撤销后，干部除充实到各省市有关机构外，相当一部分调到中央各有关部门，其中大行政区劳动部（局）的领导几乎都调至劳动部，并且都担任了劳动部的重要职务，如华北的章萍任劳动保护局局长；中南的庄玉铭任技术工人培训局局长；华东的张震球任人事司司长；西南的吕文远任部长助理；东北的郗占元先调到全国总工会，后调任劳动部副部长；原中央东北局组织部部长李正亭任办公厅主任（听说因受"高饶事件"影响，李调任此职属降格任用。1958年劳动部成立计划局，李任局长，吕文远兼办公厅主任）；西北的周新民、张光天任劳动学院正副院长（周调走后，院长为庄玉铭）。

1954年9月第一届全国人民代表大会新任命的劳动部部长马文瑞，原是中央西北局副书记（书记为习仲勋）。他是1954年冬到任的，随他调到劳动部的还有他爱人孙铭，以及姚静波、武元晋、明吉顺、方正之（方是稍后才来，但也来自西北局）。李正亭是在马文瑞到部后不久调来的。马、李等来部时，部办公地点正从厂桥迁至和平里七区十号楼（现为地质矿产部招待所），还没有开大会的适当场所，因此欢迎马文瑞部长的会还是在工地临时食堂举行的。

随着劳动部的机构设置和人员配备的巨大变化，办公厅的机构变化也相当大。1954年我刚到办公厅工作时，办公厅只有人事处、秘书处、总务处和一个机要室（科）。到1954年冬撤销大区，中央各部委的干部得到充实。劳动部的人事处从办公厅分出来，另立人事司；原先秘书处下设有研究组，这时研究组又从秘书处分出来，成立办公厅所属处级机构综合研究室（有段时间还同时成立法规研究室）；原来设在劳动政策研究室的统计科，在我到办公厅工作以后，一度归并到办公厅的秘书处，这时也从秘书处分出来，单独成立统计处；此外，办公厅还增加了专家工作室、人民来信来访室。这样，办公厅的处（室）一级机构就有秘书处、综合研究室、统计处、总务处、专家工作室、人民来信来访室、机要室等。

办公厅的干部数量也大为增加，主任李正亭负责厅里的全面工作，并分管机要室和专家工作室；三个副主任，虽无明定第一、第二、第三，但名单排列次序是庞自、姚静波、武元晋（姚、武都是随马文瑞从西北局调来的）。我分管综合研究室、统计处、人民来信来访室，姚静波分管秘书处，武元晋分管总务处。处一级的干部是综合研究室主任（处长）袁耀华、明吉顺（同时设法规研究室，明任室主任），统计处处长郭欣农，人民来信来访室主任何景堂（科长级干部，机构是科级还是处级未明确），秘书处处长何玲，总务处处长赵永泰，专家工作室主任孙铭，机要室主任刘兢雄（刘亚雄之妹）。

我从1954年调到办公厅工作，至1963年调出办公厅，前后9个年头。其间，机构和人员也有若干变动。1956年部里成立劳动经济科学研究所，姚静波、武元晋先后调任研究所副所长（所长苏群）。此时，办公厅的综合研究室撤销，另立秘书组，专门负责文件的起草修改工作，工作人员有悦光昭、孙桢等。原综合研究室的袁耀华调任培训司副司长，明吉顺调任保护局副局长。马文瑞秘书方正之，在姚、武调离办公厅之后任办公厅副主任，也是专管部长秘书方面的事情。

我分管秘书处、秘书组、统计处、人民来信来访室等单位。编辑出版室有一段时间划归办公厅管，我也分管过一段时期（赵世枢调部任办公厅副主任后，由赵兼任这个室的主任）。1958年，部里成立计划局，李正亭调任计划局局长后，办公厅主任由部长助理吕文远兼任。在党内，劳动部先有总支部，后成立党委会，我先后任部的总支委员和党委委员（都是负责宣传、学习方面的事）。办公厅先后成立支部和总支，我先任支部委员，后任总支书记。

（二）全国劳动局长会议

1955年5、6月间，劳动部召开了第二次全国劳动局长会议。这次会议从起草文件到会议讨论修改文件，我都全力以赴。至今印象深刻的是，为修改文件，我与姚静波通宵不眠，逐句逐字"抠字眼"。姚在西北局时也是马文瑞身边搞文字工作的，他深知马对文件质量要求很严，经他手的文件是要仔细推敲的，必须字斟句酌才能通过。我过去对此不大注意，经过与姚推敲，觉得他在这方面确有让人值得学习的地方。他由于住在延年胡同，加班后不便回家，便在办公室过夜，我也因此陪着他通宵不眠。

（三）起草工资问题汇报提纲

1955年秋，毛泽东主席要几十个部委（包括劳动部）汇报工作，要求先送书面汇报材料，然后再找一些部委负责人听取口头汇报。部领导据此安排各局起草汇报提纲。

办公厅的任务是结合工资制度改革，起草有关工资方面的汇报提纲。我负责主持这项工作，参加的还有刘涤尘、悦光昭等，其后，方正之也参加了。为了不受日常工作的干扰，起草小组办公地点设在延年胡同附近的兴化寺街（刘亚雄寓所）。这个汇报提纲为1956年工资改革和调整提供了必要的材料和初步意见。1956年4月，毛主席在中共中央政治局扩大会议上发表《论十大关系》的讲话，其中第四个问题"国家、生产单位和生产者个人的关系"，讲到兼顾国家、单位和个人三方面利益的问题，讲到工资需要适当地调整，讲到最近决定增加一些工资，等等，其中有的是参考了我们写的汇报提纲中所提供的材料。

（四）内部"肃反"与"审干"工作

1955年下半年，反对"胡风反革命集团"的斗争（这是一场严重混淆两类不同性质矛盾的斗争，党中央已于十一届三中全会后为胡风案的有关人员彻底平反）发展为全国范围的"肃清暗藏的反革命分子"的群众运动。这场被称为"内部肃反"的运动，与当时开展的党内审干工作交织在一起进行，因而出现一些复杂情况。在劳动部，被认为与胡风集团有牵连而受到隔离审查的有董锄平夫妇。经审查，董夫妇只是在重庆工作时，与胡风等人有一般的文化来往。"肃反"运动中对劳动部干部震动最大的是，劳动力调配局干部许锡林在被审查期间,于和平里七区十号楼四楼办公室跳楼自杀身亡。据说此人有些历史问题,但并不是很大。

1955年7、8月间,劳动部审干小组办公室通知我,要我交代一些社会关系,以及我在国民党的一些军政组织中的活动情况。我按照要求写了11个问题,其中主要是我与赵世尧、吴其梅的关系问题。吴其梅是1947年被越南政府以"内奸"罪镇压的,由于我去越南是通过他与越共中央联系上的,1946年我在河内与他也有一些工作关系,因此受到牵连。

吴案的情况大体是这样:吴其梅是越南民主共和国公安部所属国家政治保卫局负责人。1947年,法军进攻越南北部,有大批法军伞兵在越共中央所在地降落,企图突袭越共中央首脑机关。据说越方为此怀疑吴领导的国家政治保卫局是里通外国的"法国特务组织",即将该组织的工作人员(约十多人)逮捕。由于战争形势紧迫,吴其梅等人在未经审讯的情况下被秘密处决。事后,据说越方有关领导人对此案的真伪有不同看法。这个组织有些被处决或被迫害的成员,在中国或是共产党员,或是进步群众,新中国成立以后在其亲属要求下,经过有关部门、有关单位的调查,已陆续予以平反昭雪。

我与吴案本来毫无关系,因为我并不在越南公安部门工作，更不是国家政治保卫局成员。1946年冬越法战争爆发后，我即到敌后组织动员华侨武装抗法，此后就没有再见过吴其梅。所谓牵连，只是我曾通过他与越共中央取得联系，并且在一段时间内与他有正常的工作关系而已。

至于我与赵世尧的关系。赵既是我参加革命的启蒙者、入党介绍人，也是我入党以后一段时间的领导。1945年我奉命去越南时他正在越南，我是通过他找到吴其梅的。赵在越南政府公安部门工作，据我所知也是正常的革命活动，我在越南期间与赵的关系也是正常的工作关系。越南政府在逮捕吴其梅等人时，赵世尧因出差在外而幸免于难。1948年赵逃到被法国占领的海防，遇见我独立中团去海防采购印刷器材的叶平。赵托叶转告我，要求我帮助他找滇桂黔边区党委，或让他参加独立中团。在此之前，我已听说发生了吴案，并估计赵也在被镇压之列。但直到得悉赵仍健在，我仍不清楚吴案是怎么回事，而且独立中团离滇桂黔边区党委所在地很远，他们也不了解赵是否真有问题，恐怕边区党委或独立中团都不好处理此事。因此我让叶平再去海防转告赵去香港找华南分局。后来赵到了香港，在解放战争中向党提供了重要军事情报，立了功；新中国成立后曾在湛江市公安局工作，并重新入党，之后还在广东省公安厅、社会主义学院工作。由于受吴案牵连，赵世尧一直被审查。

我受吴案的牵连较轻，但也一再受到审查。1955年这次只是开端，1956年对此已有结论，认为我与吴其梅、赵世尧的关系没有问题。但在1963年审干复查时，据说（因为复查是"背靠背"的，具体情况我不了解，只是事后听别人说）我因为此事被当作"特嫌"（特务嫌疑）而"挂起来"，也因此被调离属于"机要部门"的劳动部办公厅。

我交代的第三个问题是与苏朝远的关系。苏也是在越南冤死的一个。苏是我的北海同乡，苏翰彦（即苏觉民，民盟中委、广东省政府参事）的弟弟。1937年七七事变爆发时，他还是个10岁左右的娃娃，但在唱歌、演讲、演戏等抗日宣传方面都很出色，是抗日宣传队的一个小队员。1945年广东南路人民武装起义后，他是一个团的政工队队长。1946年撤退到越南后，他在饶华主编的《华侨生活》当编辑。1946年底越法战争爆发，他随越南中央机关后撤，在越南中央华侨务领导下编报纸、做华侨工作。我直接了解的有关他的经历就是这样。

1950年我在云南省文山地委工作时，随越军第三〇八师到文山地区整训的一个中国同志王明芳告诉我，苏朝远于数月前（指1949年）被越南政府逮捕，以后越狱逃到山上，因找不到吃的而饿死。我问王明芳苏被逮捕的原因，王说他也是听别人说苏朝远有特务嫌疑，所举事例是打击领导、挑拨同志关系、盗卖枪支等等。由于我认识苏，与苏也有过一些工作关系，交代社会关系时也作为一项内容。

而这位王明芳同志，于 1955 年 4 月去参加万隆会议，因所乘坐的"克什米尔公主号"飞机被国民党在港特务安放定时炸弹炸毁而牺牲。

新中国成立后，苏朝远的哥哥苏翰彦曾多次向我打听苏朝远的下落。在知道他的弟弟结过婚并有了个孩子后，苏翰彦希望能见到他的弟媳和侄儿。当时，他的弟媳邓舟在中共中央联络部工作，但已和他人结婚，加上五六十年代政治运动不断，因此我向邓舟转达苏翰彦的想法时，邓表示不便与苏见面。粉碎"四人帮"、平反冤假错案后，邓与苏才联系上，彼此在黄铸夫家见了面（当时我也在场）。关于苏朝远案，据邓说，苏被捕原因不是"特嫌"，而是所谓"叛逃"。事实是：由于苏对工作有意见而其领导又不予理睬，苏对此产生了很大意见，加上身体不好，于是打算到香港治病，便把他带的手枪卖了凑钱。这样，组织上便以"叛逃"等罪名把他逮捕。苏越狱前一天，有人告诉他第二天要处决他，他是害怕被处决而越狱的。邓还说，她现在正为恢复苏的政治名誉而努力。越南前中央华侨务负责人之一的陈凌（李班夫人，现居住在广州）和一些有关人员，都承认当时对苏的处理过"左"，但中联部以此案牵涉到国外的事、碍难办理为由而搁置。

我所交代的其余 7 个问题，有的是抗日战争时期在国民党军政组织中的活动，有的属于一般社会关系，都在过去写的自传中做过交代，这次只是复述一遍而已。

写了 11 个问题的交代材料后不久，即 1955 年底或是 1956 年初，我接到劳动部党组转发的中央关于中央管理干部（指司局级以上干部）应重新写一次自传的通知。部党组要求在 1956 年 7 月底以前按中央规定的内容和填写时应注意事项把自传写好，交劳动部人事司转送中央。这样，我又有机会把我的全部经历，包括家庭出身、社会关系、参加革命前的简历、入党经过、入党后经历等，做了全面叙述，并根据当时的认识，既肯定成绩，又承认缺点错误，这次比过去重点检查缺点错误更为全面了。以上交代问题和写自传，只占用了我部分工作时间，并没有影响工作。

（五）审查结论

劳动部审干领导小组根据我过去写的材料，在经过反复查证以后，于 1956 年 10 月对我的历史做出了结论：

根据现有材料，没有发现庞自与吴其梅、赵世尧有政治问题。对于他在越南国家军队独立中团工作期间所犯错误，本人已作过检讨，因此不再给予处分。对于电白自由脱党三个月问题……由于脱党时间不久，之后又服从组织分配，为党工作，并继续过组织生活，故不予脱党论处。

署名的是劳动部审干小组组长毛齐华，时间是1956年10月29日。

这个结论，应该说从根本上厘清了我的一些疑点，最值得欣慰的是查明了我与吴其梅案无关。但结论中有些说法不准确。例如，说我1945年2月至5月离开电白到广州湾教书，是"自由脱党三个月"，这与1952年云南省委党校整党时的组织结论不符。云南整党时的结论是：这三个月"是组织上对其采取等待觉悟的处理，应不做脱党论"。这个结论更符合客观实际。另外，把我在越南工作时期一些本属于组织性的错误都说成是政治性错误，也是不准确的。关于我与吴其梅案无关的结论，只是说"没有发现庞是吴其梅集团分子的材料"，这个说法实际上留有"尾巴"，为以后继续审查开了口子。

对于这些，当时我并未在意，觉得只要审查清楚了就行，对于错误说得重一些或轻一些则无所谓，反正都是已经过去了的事，自己吸取教训就行了。因此，我对1956年的组织结论没有提出不同意见。现在看来，我对党内政治生活中出现阶级斗争扩大化的倾向丝毫没有思想准备。

得出结论后过了一个多月，我收到以周恩来总理的名义发给的任命书："任命庞自为劳动部办公厅副主任。"签发日期是1956年12月18日。收到这份任命书的时间，比我1954年6月正式到办公厅担任副主任晚了两年半，这显然是与其间要对我进行审查有关。此事也说明,组织上对一个负有相当责任的干部的任命,是极其严肃认真的。在这次审干中,一些被查出有重大政治历史问题的人,或受到处分,或因不适宜在中央国家机关工作而调出劳动部。

(六)工资制度改革

1956年,我国实行第二次工资制度改革。这是一次在增加较多工资的基础上,对原有工资制度进行较大幅度的改革。这一年全国职工平均工资增长18.1%,全国各类职工分别制定了统一的工资标准。工资改革工作是在周恩来总理的主持下进行的。这年4月,周总理在工资改革会议上做了报告,会上他讲了形势,讲了工资改革的必要性和可能性,以及改革的方针政策。其中使人印象深刻而又深为感动的是总理关心职工生活和具有自我批评精神。在谈到1954—1955年工业企业劳动生产率大幅度提高,而这两年工资增长缓慢、大大低于劳动生产率提高的时候,他说这是他犯了不关心职工生活福利的官僚主义的错误,他要"负荆请罪"。大家听了都很受感动。

1956年6月,在周总理的主持下,对工资改革方案进行综合平衡后,国务院做出了工资改革的决定。工资改革会议结束前,毛泽东主席、刘少奇委员长、周恩来总理、朱德总司令、邓小平副总理等中央领导同志,在中南海接见参加会议的同志，并与大家合影留念。这张珍贵的合影一直被我保存着。工资会议初期，由于我还在写自传，部里没有安排我搞会务工作，但会议我都参加了，接待中央领导同志我也去了。

通过工资改革，1956年所有职工都增加了工资，其中大约半数以上的职工还升了级。但我没有升级。当时劳动部司局正职为10级、副职为11级的一级干部都没有升级。办公厅几个人中，我和姚静波，原来都是11级，没有升；武元晋、方正之原来是12级，这次升为11级。虽然没升级，但由于工资标准提高了，我还是增加了工资，再加上罗英升为14级，我们家的生活还是有所改善的。

（七）列席党的八大会议

1956年是我国基本完成生产资料私有制社会主义改造的一年。继农业实现合作化以后，这一年，城市掀起了工商企业实行全行业公私合营的热潮。让我至今印象深刻的是，当时北京市到处可见敲锣打鼓向党政机关报喜的队伍，包括资本家在内的这个报喜队伍，个个欢天喜地，笑逐颜开。但据说有些资本家回家以后，却是另一番景象：愁眉苦脸，痛哭流涕，对把多年苦心经营的企业交给国家于心不甘，但又只能顺从大势，无可奈何。这符合中国民族资本家的性格。

这一年的9月,党的第八次全国代表大会在政协礼堂隆重召开,所有社会主义国家的共产党和有些资本主义国家的共产党都派代表参加了这个盛会。会议开得很好,正反两面的历史发展都证明了党的八大确定的路线方针政策是正确的,可惜的是,会后没有很好地坚持和贯彻执行。这次大会,除正式代表参加外,中央各部还有两三个不固定的列席名额,由各部轮流指派人员列席参加。我也有幸出席了这次会议。我看到在主席台上的毛主席和中央领导同志都神采奕奕,看到有那么多的兄弟党的代表坐在一起,心情特别高兴,对社会主义前景更加充满信心。

(八)整风"反右"

1957年4月底,中央发布了开展整风运动的指示,要求全党进行一次反官僚主义、宗派主义、主观主义的运动,以提高思想认识,改进作风,使之适应社会主义改造和社会主义建设的需要。劳动部的整风运动是从5月份开始的。先是召开各类干部的座谈会,有领导干部的,有一般职工的,有知识分子干部的。我当时是办公厅党总支书记,这些会议属办公厅范围的,由我主持;办公厅各处(室)的座谈会,则由各处(室)负责人主持召开。

整风开始的头一周,所提意见大都是工作上的,牵涉到领导个人的,也都是官僚主义、干群关系、生活作风方面的事。提意见的情绪是正常的、和风细雨的。过了一周到10天左右，《人民日报》等报刊陆续报道了各地各部门，包括民主党派负责人在整风中对党提出的意见、批评、建议。从中看得出多数是好意见，态度也是诚恳的。其中有个别意见的确属右派言论，如攻击共产党"一党专政"，鼓吹实行多党制，共产党与各民主党派应该平起平坐、轮流执政、实行西方民主等，还有的攻击党的干部政策、"肃反"政策等。在运动方式上，当时主张"大鸣、大放、大字报、大辩论"的所谓"大民主"。在这股风气的影响下，劳动部的整风运动也逐步升温，方式也由开座谈会转到以大字报为主。一时间，劳动部办公楼即现在和平里七区十号楼的楼上楼下、走廊、食堂、会议室、办公室等处，都贴上了大字报。同前一段所提意见相比，不但内容广泛，而且调子也高了，不是和风细雨，而是有点"山雨欲来风满楼"的样子。尽管如此，应该说所提意见绝大多数还不是攻击性的，而是真诚希望帮助党整风的，但恶意攻击也确实有一些。

1957年5月中旬，我读了毛主席写的《事情正在起变化》一文（已编入1977年编印的《毛泽东选集》第五卷）。此文指出了资产阶级右派利用党的整风机会，向党发动猖狂进攻。这是反击右派的一个信号，但那时还未号召反击。文中说："我们还要让他们猖狂一个时期，让他们走到顶点,他们越猖狂,对我们越有利。"到了6月8日《人民日报》发表了题为《这是为什么?》的社论之后,党内才正式组织力量反击。这以后,整风即逐渐转为"反右派"斗争。全劳动部包括经济学院共划出20多名"右派分子"。后来经甄别,劳动部"反右"也是严重扩大化了。

(九)岳母来京探望

1957年夏,在热火朝天地进行整风"反右"期间,有一件值得回忆的家事,就是罗英母亲在罗永琪(罗英之弟)陪同下,从香港来京探望我们。按照家乡习惯,罗英一家和我,都管她母亲叫"阿婶"。

在我们家最困难的时候,阿婶曾给予我们最大的帮助。庞森、庞林都是罗英在外地怀孕后回到阿婶身边并在她照料下出生的。庞森一岁多时,我和罗英把他从化县送往广州湾交给阿婶抚养。1945年初我和罗英从电白回到广州湾,以及这年冬天我从游击队再回到广州湾,都住在罗英父母家。那时,他们家的日子很不好过,就是白薯稀粥也往往难以为继,以致举债度日。在这种情况下,罗英父母毫无怨言,这些都是我永生铭记的。这次老人家不远千里来看我们,我们全家都非常高兴和感激。

遗憾的是,我和罗英白天上班、搞运动,陪不了她,只有星期日才能陪她到公园游览。最为高兴的一次是全家人去颐和园。那时，阿婶已是快60岁的人了，但她游兴很浓，同我们一起，走过长廊，登上万寿山，一直到了佛香阁。在佛香阁下面的排云殿，我们把带来的绿豆米饭还有鸡、鱼、肉等菜肴摆出，饱餐了一顿。阿婶一边吃，一边同我们畅谈新中国好、共产党好、北京好，这真是难得的一次天伦之乐。阿婶来京大约住了半个月，便由永琪陪同南返。

这以后，直到1979年，阿婶、永莹约罗英到广州会面，在庞林陪同下，罗英在广州见到了她老人家。1985年，我和罗英到广州等处休养，她老人家知道后，表示一定要从香港去深圳同我们会面。那时，她已经80多岁了，是坐着轮椅从香港乘火车到深圳的。我们原来没有去深圳的计划，经她督促，便在深圳聚了几天，同时还见到同来的永莹、庞莹和庞莹的儿子。临别时阿婶交给罗英1000元港币，说这是给庞云买礼品的，作为他结婚的贺礼。阿婶就是这样一位处处关心我们一家的慈祥老人。1990年5月7日，阿婶在过了90岁生日后不久，便因患癌症治疗无效而辞世。为纪念她老人家，除电慰在香港的永莹、永琪等人表示哀思外，我们全家还举行了悼念活动。

（十）"大跃进"对国家劳动工作的冲击

1958年初，我和劳动力调配局干部邹启贤共同起草了

《关于工人、职员退休处理的暂行规定》和《关于工人、职员退职处理的暂行规定》两个文件，并先后于这年 2 月和 3 月由国务院发布执行（前一文件发布前还先报全国人大常委会审查并原则通过）。职工退休退职，既能使一些年老或丧失了劳动能力的人安度余年，而且也是精简职工的可靠途径。但从后面一层意义来说，这一年精简职工的情况，则是得之毫厘而失之千里。就是在这一年，由于要搞"大跃进"，全国生产建设规模越来越大，为了要完成层层加码的工农业生产建设任务，各条战线纷纷要求增加职工。过去，招工计划一向是需经中央批准的，这时却下放给各省和各部门了。结果，这一年增加了 2000 多万职工，相当于原有职工人数的 80% 多，导致 1961—1962 年不得不费很大劲来搞精简下放。

1958 年劳动工作的大事，除招工失去控制之外，就是城乡大刮"共产风"对工资制度造成的冲击。先是《人民日报》发表批判"资产阶级法权"的文章，张春桥那时已经初露头角，还受到毛主席的重视；继而鼓吹取消工资制，实行供给制（农村则鼓吹"吃饭不要钱"、大办公共食堂），首当其冲的是批判并实际取消计件工资和奖金制度。后经党中央纠正，1961 年以后才重新确认按劳分配原则，逐步恢复和改进了计件工资和奖金制度。

（十一）在"大跃进"的日子里

在"一天等于二十年"的"大跃进"岁月里，既有许多诸如"后院炼钢"、谎报"亩产十三万斤粮"的荒唐事，但也确实有不少"要高山低头、河水让路"的宏伟壮举。为了接受时代的熏陶，我也曾走出办公室，到河北省徐水县和北京郊区通县参观。然而，实际情况同当时报纸报道的差距实在太远。但确有很多办得好的事。例如，北京在一年左右的时间完成了人民大会堂、革命历史博物馆等十大建筑工程；此外，千千万万人手挖肩挑修建十三陵水库，也都是实实在在的；特别值得纪念的是毛泽东主席、刘少奇委员长、朱德副主席、周恩来总理等中央领导同志，也都加入了这个劳动大军，挖过土、推过车。那时，劳动部同其他中央国家机关一样，轮流派干部到十三陵水库工地劳动，每人10天一轮。我和罗英都去了。我们住在昌平县城，早出晚归，住地到工地相距10多里，工地的活我们能做的一般是：把土挖出来，装到小推车上，然后把它推到另一处地方倒掉；有时也干点杂活，如送点工具、物料等。在住处和工地，大家吃的都是窝窝头、稀粥、咸菜，却吃得津津有味。干了一天活，还要走10多里地回住处，许多人脚上起了泡，走路一拐一拐的，但一路上还是谈笑风生，情绪高涨，这恐怕是被为早日改变我国落后面貌这样一股热情所鼓舞的吧！

1958年冬天，我还随刘子久副部长到过一些地方，目的是了解"大跃进"给劳动工资方面带来什么新情况新问题。到过的地方有石家庄、武汉、桂林、南宁、湛江、柳州、遵义、贵阳、重庆等。那时，各地都在热火朝天搞建设，也都有些大项目。在湛江，那时正在搞围海工程，即把大陆和东海岛连接起来。工地负责人是我在广东南路人民抗日解放军中认识的老熟人，绰号叫"狗客"的，他热情地向我们介绍了这个工程是如何克服一个又一个困难的。当时工程还在建设中，大陆和东海岛之间还敞开着数百米的大口子。1984年，我参加完在电白县召开的粤桂边区纵队第五支队队史座谈会后到了湛江，特意去看围海工程。此时，汽车已经可以在大陆和东海岛之间自由奔驰了。我坐在汽车上经过这条海上走廊时，建设者们当年的艰辛又浮现在我的眼前。

（十二）"大跃进"带来大困难

"大跃进"期间建设的规模超出了当时国力所能承受的范围，加上以高指标、瞎指挥、浮夸风和"共产风"为主要标志的"左"的错误泛滥，造成了国民经济严重失调。在党中央、毛主席发现并着手纠正这些错误时，不幸又出现了1959年庐山会议批判彭德怀的所谓"右倾机会主义"

的重大失误。之后又经历了1959—1961年的三年困难时期，其间自然灾害相对较多，苏联又撕毁了与我国签订的合作协议，撤走全部专家。天灾人祸一起袭来，真是雪上加霜。此时，国家经济和人民生活都处在非常困难的境地。生活困难主要是粮食及其他农副产品都大幅度减产。为了克服困难，国家决定对国民经济进行调整，压缩城镇人口2000万人（主要是安排1958年后从农村新招的职工回乡从事农业生产），降低城乡人民的口粮标准，城市人口每人每月减少定量粮食两斤。

就我们家来说，光减少粮食还不要紧，严重的是副食品供应也很紧张，肉、禽、蛋凭票供应，不但量少，而且经常断档。国营商店很少供应蔬菜，农民挑来卖的又贵得很。当时有句顺口溜："二级工、三级工，不抵农民一沟葱。"从1961年8月起，中央决定对在京的高级干部和高级知识分子在副食品供应方面给予特殊照顾：司局长级干部，每人每月供应肉2斤、鸡蛋2斤、白糖1斤；处科级干部只供应白糖1斤、黄豆2斤。当时，有些人据此把司局级干部称作"肉蛋干部"，把处科级干部叫作"糖豆干部"。由于吃得差，许多人都患有浮肿病，我家也不例外。为了给同志们增加点营养，劳动部办公厅也想过一些办法，如马文瑞部长通过同乌兰夫的关系，让办公厅派汽车去内蒙古拉来不少羊肉、羊头、羊下水；还到青海拉黄鱼，到湖北拉胡萝卜。有一次，从外地拉回的胡萝卜只有小手指那么粗，但还是很受欢迎。为了补充点吃的，许多人都在房前屋后种点瓜菜和饲养禽畜；我们家当时也种了扁豆，养了兔子，但所有这些毕竟是杯水车薪，解决不了什么问题。像这样勒紧裤带过日子的情况，到了1961年底才逐渐有所好转。

（十三）北戴河见闻

1962年1月，党在北京召开了有中央、省、地、县四级干部7000多人参加的扩大的中央工作会议（史称"七千人大会"）。这次会议发扬了民主，对前几年的经济工作成绩和经验教训做了总结。从听到的内容看，会议开得好。这一年的10月，又在北京召开了党的八届十中全会。这次会议与七千人大会相反，不是循着调整国民经济方面前进，而是重新提出反右倾机会主义和强调阶级斗争的问题。在此以前，中央还在这一年的8月间在北戴河召开了中央工作会议，为八届十中全会做准备。马文瑞去参加了8月北戴河会议，他在会议召开前让我到北戴河和他商量修改《劳动保险条例实施细则》。待我赶到北戴河时，中央工作会议开始了，这样，马文瑞也就顾不上修改文件了。

在北戴河，我与正在那里疗养的于光汉（他当时已提升为副部长）住在一起。因为没事干，便天天到海上游泳。我是1940年离开北海老家的，之后虽然也曾在沿海地方工作过，却无机会游泳。这次能在海上游泳，还是离家20多年来的第一次，心情之舒畅可想而知。一天，我在海滩上遇见随国家经委副主任谷牧来开会的李灏，他也是来游泳的。这样，我们一起游泳，一起聊天，又增加了几分乐趣。

李灏是我1942年在电白工作时认识的，我在电白工作初期还住在他家里，他当时在外地上高中。50年代他被调到北京工作，我们彼此曾见过两三次面。他是谷牧的秘书，接触面广、认识的人多，于是在海滩上给我指认了张治中、程潜、鲍尔汉等人。让我印象特别深的是前国民党高级将领程潜，他在1949年作为湖南省政府主席，同中共地下党联络秘密举行起义，使湖南省得以和平解放，他对于新中国的建立是有大功的。这时，他穿着游泳衣，看上去是个身材矮小、四肢和前胸都瘦骨嶙峋的老头，走路有些吃力。想起此人曾经是叱咤风云的人物，如今是这般形象，不禁有些愕然与感慨。

李还告诉我有关中央工作会议的一些情况：如批右倾机会主义，批"黑暗风"，批"单干风"，康生揭发写《刘志丹》小说是为高岗翻案，等等。听过这些之后，我又多少预感到党内又不得安宁了。那时，我并不知道随之而来的党内动荡，会与我这样一级的干部有什么牵连。

改革开放以后，李灏先后担任国务院副秘书长、深圳市市长、深圳市委书记等职。后来听他说，就在党的八届十中全会以后，他在国务院工业交通办公室工作时，曾看到一份时任越南总理范文同写的材料，其中认为吴其梅是"法帝、国民党特务"，更令人不可思议的是，还提到当时在越南国家军队独立中团任政委的我与吴其梅是有牵连的。李灏说，他当时看到这份材料后感到很震惊，但鉴于党内"以阶级斗争为纲"的这根弦越绷越紧，当然不可能向我透露任何信息。从这个我很久以后才知道的情况来看，我之后被调离劳动部办公厅，也就不足为怪了。

（十四）调离办公厅工作岗位

1963年8月的一天，毛齐华副部长到我办公室告诉我，部里决定调我到劳动经济科学研究所当副所长。他说我在办公厅做了很多工作，是有成绩的，但研究所更需要我，说我熟悉业务。当时他的话并不多，但从中可以感觉到部里将我调离办公厅，确有不好明说的原因。此前我知道，在党的八届十中全会重新强调"以阶级斗争为纲"之后，中央（或通过中央组织部）曾有通知，对过去的审干和甄别（指邓小平主持中央书记处对戴"右派""右倾机会主义分子"等帽子的大批干部进行甄别平反）进行一次复查，如有不妥的要改过来——大意如此。我感觉到把我调出办公厅，很可能就是因为复查我的材料时又节外生枝。因为复查是"背靠背"的，不同本人见面，所以有什么问题我自己不得而知。但我又想，我一生清白，干革命时犯的错误也已审查清楚，该怎么复查就怎么复查吧。调到研究所工作也不错，可以摆脱办公厅冗繁的事务，因此我欣然表示服从组织决定。

"文化大革命"时期，我被揪进"牛棚"后，不止一个人对我说过，关于我与吴其梅案的牵连问题，有关部门在审干复查时曾派人去越南调查。越南一部分人证明我与此案无关，但越共中央总书记长征（我并未与他接触过）却说我与此案有关（天知道他有什么根据这么说）。"文革"结束后，又有人告诉我，根据越方提供的材料，复查小组有两种不同看法，郝刚、黎礼贵认为我与吴案无关，维持1956年的结论；但也有一两个人认为长征的意见"值得考虑"，结果我的问题就这样被"挂"了起来，我也就被所谓"控制使用"。1974年"文革"尚未结束，我已被"解放"回家。那时，被"监管"的马文瑞也被"解放"回来，住在延年胡同五号我们曾住过的那座东院侧房。我去看望他时，他还提到审查我的问题，说："你的问题，我并不看得那么重。"言外之意是当时他并不大赞成对我的问题做这样的处理。我想，1963年那时他恐怕也不好说话。因为批判和审查《刘志丹》小说一案时，习仲勋和陕北出身的一批老干部包括马文瑞等在内，都不同程度地受到牵连，马文瑞对复查我的问题当然不便多说什么。

四、在劳动经济科学研究所

（1963年9月—1966年6月）

（一）研究所机构和人员

劳动部所属的劳动经济科学研究所（简称"劳经所"）成立于1956年。当时，中国科学院哲学社会科学部建议中央有关部门加强对业务工作的科学研究。这个意见经国务院批准后，劳动部也就建立了这个研究机构。

劳动经济科学研究所的干部，都是从各司局抽调的。所长苏群，原是工资司司长，因此，劳经所干部主要是从工资司抽调的。副所长初时只有刘涤尘（原工资司的处长）一个人。1957年劳动部成立计划局，刘调到计划局当副局长，另从办公厅调姚静波、武元晋任副所长。

1963年我到劳经所时，武元晋已到中央党校进修，那时，所领导的名单就是苏群、庞自、姚静波、武元晋（后三人名次与在办公厅相同）。劳经所的机构设置不是固定不变的，而是随着任务和工作需要来定，我去劳经所时的主要任务是研究工资制度改革和劳动生产率问题，因此，当时大体上有如下几个组或室（相当于处一级的机构）：工资组、劳动生产率组、资料组、办公室等。几个组（室）的负责人是：工资组华荫昌，劳动生产率组马维才，资料组余长河、赵天乐，办公室俞树芳，处科级干部有罗兰、姜惠萍、贺天中、王毅、朱家骥等，一般干部也都是老办事员、科员，党员比重超过50%，干部力量是相当强的。

（二）总结工资工作经验

我到劳经所的时候，正值所里要集中主要力量总结十多年的工资工作，当时决定写三篇文章，即《关于政治教育与物质鼓励问题》《关于工资问题》《关于国营企业的工资制度问题》。我负责写第一篇，华荫昌写第二篇，俞树芳写第三篇。写好的稿子在苏群主持下进行讨论，经修改后，我们就分别到各地去，带着问题了解情况、征求意见。我去的地方是江苏南京、无锡及上海，陪同我去的是俞树芳和朱家骥。我在劳动部工作了十多年，1953年曾陪同缅甸劳动部部长到过沈阳、天津、上海、杭州，1958年随刘子久副部长出过一次差，此外就很少有机会走出北京。这次能到这些地方，直接倾听省、市劳动部门和基层劳动工资工作干部的意见，耳目为之一新。此时，我更感到调离办公厅看起来是坏事，实际上是好事，使我更便于接触实际，开阔眼界。出差回来后，文章又经多次修改才定稿，随即付印并提交于1963年12月在无锡召开的工资问题座谈会讨论。其他两篇文章也按上述程序办理。

（三）哈尔滨工资问题座谈会

以上提到的三篇文章，根据在无锡座谈会上讨论的意见再作修改后，提交于1964年8月在哈尔滨召开的工资问题第二次座谈会讨论。我写的《关于政治教育与物质鼓励问题》的主要观点是：我们党既关心人民群众的生活改善，也认真实行按劳分配原则，并且把它看作是调动群众积极性的必要条件。但在某些时候和某些方面，夸大或者忽视物质鼓励作用（前者如1956年工资改革，后者如"大跃进"期间劳动不计报酬），不注意物质鼓励与政治教育相结合的情况也是有的，其结果也是不好的。要吸取经验教训，在调动职工劳动积极性方面，既不要夸大也不要忽视物质鼓励的作用；处理工资问题必须在贯彻按劳分配原则的同时，加强对职工进行正确处理国家、集体和个人利益三者关系的教育；在加强工资专业管理的同时，要充分走群众路线；如此等等。

这次座谈会，除讨论三篇文章外，还在总结经验的基础上，讨论工资司提出的工资改革方案，即所谓"一条龙"方案。这个方案的要点是：将全国各行各业各类职工五花八门的工资标准，改为不分产业、不分工种、不分工人干部，都实行一种统一的25个等级的工资标准，只是不同人员占用的等级多少和高低不同。座谈会上，与会人员对过去工作的总结和今后的工资改革方案，并没有提出太多的意见。但出乎意料的是，国家计划委员会一位半途参加会议的处级干部却给国家计委主任李富春写了个会议情况的反映，称哈尔滨这次会议不符合中央关于经济改革（革命）的精神。这里所说的改革（革命），在当时并不是指现在的改革开放，而是把"左"的一套往前推。

于是，在哈尔滨会议之后，劳动部党组又根据李富春的批示，召开了党组扩大会议，重新检查了十多年来的工资工作。劳经所按照这个意图，又写了《工资工作革命化二十条》一稿。这个"二十条"认为：我国的工资制度，学习了苏联的一些不好的东西，为"强调扩大工资差别，对党、政府、企业领导人员和高级知识分子实行高薪制，不考虑与工农收入的关系"。根据这个观点，写了今后在工资工作的指导思想上、制度上、管理等方面共20条意见，这些显然是"左"的指导思想的产物。至于把工资方面存在的问题追溯到是学习苏联，则是与当时批判苏联"修正主义"有关。也就是在这种思想背景下，"一条龙"的工资改革方案，把本来就已经缩小的工资差距再次加以压缩，一些试点单位为了实施这个方案，甚至取消了奖励工资和计件工资，而把它归并到"一条龙"的工资标准中去。

（四）在大连搞工资改革试点

1965年3月，劳动部拟定的"一条龙"改革方案，即《关于改革现行职工工资标准的初步方案及进行试点的意见》，经国务院原则同意后发布试行。4、5月间，工资司、劳经所抽人到各地搞试点。

马文瑞部长带一个工作组到四川西南铁路局搞试点，工资司司长魏恒仓和我带一个组到大连搞试点。大连的试点单位有几个，但工作组成员全部集中在大连电机厂蹲点。在电机厂，我们通过开座谈会，与工人同劳动同吃饭，从中了解职工对现行工资制度的意见。根据群众意见和现行工资制度的实际情况，经过详细测算，工作组定出这个厂的职工工资标准的改革方案，就是把这个厂现行的五花八门的工资数额标准，套到新定的统一工资标准中去。这次试点工作是在增加工资的基础上进行的（国家按每人增加工资2元再加上部分奖金予以安排），所以，没有遇到大的阻力（绝大多数职工多少不等地增加3块钱左右）。在大连搞了两三个月，试点工作即告结束。

（五）在大连搞"四清"

1965年7、8月间，我们从大连结束工资改革试点工作回到北京。9月，我又回到大连搞"四清"运动。所谓

"四清",即从1963年起在农村开展的社会主义教育运动。按当时的有关规定,这次运动应以阶级斗争为纲,组织贫下中农队伍,打退资本主义势力和封建势力的进攻,解决干部"四不清"的问题。1965年1月,中共中央又发出《农村社会主义教育运动中提出的一些问题》,这个文件共23条,因此又称之为"二十三条"。文件原意是纠正前一阶段在农村社会主义教育运动中存在的打击面过宽的问题,强调基层干部中好的和比较好的是多数,对于犯错误的干部,也要采取治病救人的方针。但文件仍然过分估计阶级斗争的严重程度,并且首次提出要整治党内那些"走资本主义道路的当权派";还指出支持这些当权派的,是县、省、中央部门的一些反对搞社会主义的人。文件还规定,城市和农村的社会主义教育运动,今后统称为"四清"运动,即清政治、清经济、清组织、清思想。

根据中央关于"四清"运动的部署,中央各部门先后组织工作队到农村和城市各基层单位搞"四清"。劳动部于1965年9、10月份开始,组织两个工作团分别到大连和本溪两市搞"四清"。大连市工作团团长是马文瑞部长,本溪市工作团团长是劳动部副部长郗占元。大连设两个点,一个是大连起重机械制造厂,一个是大连阀门厂。我参加马文瑞所在的起重机厂,并担任这个厂的工作队第二小组组长,负责该厂设计科、检验科、工艺科、研究所和资料室等5个科室的干部"四清"问题。这个厂的"四清"运动,从工作队进厂算起到1966年5月"文革"开始后结束,除了中间工作团回北京过春节暂停二十来天外,其间历时近半年。从运动的结果看,并没有整到什么货真价实的"走资本主义道路的当权派"。厂级领导方面,大体整治了一些领导干部之间不团结,对办厂、党建等意见不一致之类的问题(这些问题也可以归类为思想不清、政治不清吧)。科和车间一级,从我负责的这几个科室的情况看,领导上的问题,大都属于工作作风、干群关系、用人制度方面的,还有男女关系问题等。看来我们所在企业的干部,确实绝大多数是好的和比较好的。工人当中有小偷小摸行为,或者政治历史上有污点且表现较差的人是有的,但并不多,何况这些人又不是这次运动的重点。

在搞"四清"的同时,我还负责在这个厂搞工资制度改革的试点工作,在这期间做过一些摸底调查。由于"文化大革命"已经开始,工资制度改革试点工作和"四清"运动都因无法再进行而草草收场。此时,马文瑞因事回京,不几天,劳动部已经开展了运动。我们在大连听说,马文瑞在一次运动动员大会上讲话未完即被别人打断,从那时起,劳动部院子贴满了批判他的大字报,马实际上已"靠边站"了。于是,"四清"工作队除留少数人在大连等候安排(待命)外,其余的人包括我就都先后回部参加运动了。

第六章
重返工作岗位

1966年5月,中共中央发布"五一六"通知,"文化大革命"很快在全国发动起来。劳动部同其他中央国家机关一样,经历了疾风骤雨般的群众运动,正常的工作秩序受到严重冲击,部里很多领导干部被批判、"靠边站"。我本人也受到运动的冲击,主要是因为在广东南路和越南工作时期的一些历史问题。我先是在部机关被隔离审查,后于1969年6月被下放到河南新乡修武县劳动部"五七干校",一边参加劳动,一边继续等待审查结果。这时,罗英早在前一批已下放到同一干校。好在在被审查的干部里,我的问题虽然处理得晚,但解决得最彻底,审查结论做出之后,组织上即通知我回北京工作,我也是这期间被"解放"的干部中第一个重新回北京工作的。

一、被"解放"以后

(一) 审查终结

1973年4月7日,"五七干校"党委交给我一份以国家计委劳动局政工组审干组名义写的《关于庞自同志历史问题的审查结论》,让我提意见。我提出了几处写得不清楚、不够明确的地方,请他们考虑修改。4月8日校党委讨论时,认为除对个别问题的结论用语不便修改之外,我所提其他意见均可接受。校党委讨论通过的结论，经国家计委劳动局党的核心小组通过后，又经国家计委党的核心小组批准。审查结论就审查过程中提出的几个问题一一做了说明，最后写明："经审查，庞自同志的历史是清楚的，应予结论。"盖章落款是：国家计委劳动局党的核心小组。时间是 1973 年 4 月 25 日。顺带说一句，"文革"期间国务院机构调整，劳动部被撤销，业务工作并入国家计委劳动局。

为了"历史是清楚的"这几个白纸黑字，我先是经历了 1952 年、1956 年、1963 年几次审干及复查，从 1968 年到 1973 年，又经历了 5 年时间。这么多年，不知耗费了多少人的精力，组织上派多少人内查外调，跑了多少地方，甚至远赴国外向越南有关同志求证，中间又辗转牵扯出多少与自己毫不相干的人和事，好不容易才换来这铁板钉钉的 6 个大字："历史是清楚的"。这也算是我在"文革"岁月里不幸中的万幸了。

在整个审查过程中，关于我与越南吴其梅的关系问题，得到了陈恩、余明炎、周楠、王次华等老领导、老战友的有力证明，并且经向越南的李班、黎简、郑伯挥、阮功和等负责同志查证后，也未发现什么问题。关于在越南国家军队独立中团工作期间与越南党的关系问题，也得到"周楠、余明炎、罗北、方野、许实等党员同志及越南负责同志李班、宁文藩、郑伯挥、阮功和等同志证实"。从积极方面看，结论终究是有了，我还算是幸运的。当然，我和家属子女还是吃了不少苦头，正值年富力强的工作旺盛期也就这样白白浪费了。但想到有多少干部苦苦挨到十年"文革"结束都还没有结论，一直等到党的十一届三中全会以后全面拨乱反正，才得到公正的评价，我个人受的委屈和他们比起来也就不算什么了。平心而论，在过去那个"以阶级斗争为纲"的特殊年代里，我们党内的审干模式的确存在不少弊端。

（二）别了干校——重返北京

1973年4月，干校党委通过我的结论之后，我便得到调回北京国家计委劳动局工作的通知。在此之前不久，回北京治病的罗英也被告知回干校做结论。我和她的审查结论差不多同时通过以后，我们便收拾行李回家。收拾行李是件大事。我们来干校时，由于不知道何年何月才能回京，因此把衣食住用的家具杂物都尽可能带去河南，大箱小箱为数不少。在干校的几年中又添置了一些物品。把这么多的行李带回北京，得先把大件行李交焦作火车站托运，随身携带的东西也得捆扎稳当。这些事光靠我和罗英俩人是办不好也办不了的。好在我们都"解放"了，同志们知道我们要回北京，都来帮我们的忙。原来一起被审查的同志，特别是刘惠之、郝子玉帮忙更多；罗英所在连的连长王韩挪等人，也主动来帮我们捆扎行李。

来干校几年，我和罗英都在大北张村居住，曾搬过三次家，同这几家房东都有一定情谊。回京前，我和罗英登门向房东道别。我们在王大伯家住的时间较长，我常替他家挑水，罗英教他的侄女王如意认字，他们一家对我们都很好。当知道我们要回北京时，王大伯说："我早就说过，你们不是坏人，是大好人，早晚要回北京当大干部的，比以前还要大的干部。"如意姑娘拉着罗英的手深情地说："你不要回去，你留在这里多好呀！"王大伯80多岁的老母亲，不住地叨念着我们住她家时对他们的许多好处。

坐上干校的大卡车，我们与送别的同志们挥手道别后到了焦作市，然后又登上回京的火车。我一路上浮想联翩，集中到一点，就是回京后要加倍努力工作，以补偿失去的时光。经过十多个小时的颠簸，火车徐徐开进了北京站，庞林夫妇和庞北在站台上迎候。出了站，即看见庞林的公公陈庆蕃、婆婆鲍季镛，还有小叔、智勇弟弟四捆儿，他们已备好车送我们回家。我为他们这样热诚周到的安排感到极大欣慰。我和亲家陈、鲍夫妇虽然是初次见面，但在回家的路上，我们彼此谈得很投契，一点儿都不觉得陌生。

回到北京那两天，恰值"五一"国际劳动节。庞林为我们找来几张劳动人民文化宫的游园票，我们一起同离别4年的首都人民度过了一个愉快的节日。

二、在国家计委劳动局

（一）工资调查组

过了"五一"节，我便到国家计委劳动局报到上班。上班地点在甘家口物资局大楼内二、三、四层的部分办公室。原在和平里的劳动部办公室，这时候成了大杂院，只有在政工组、留守组工作的少数同志还在那里办公。计委劳动局没有局长、副局长，领导班子叫作局的核心小组，主要负责人是原劳动部的副军代表欧阳宇，成员有张一知（原为国务院秘书局工作人员）、王钧、徐公民和一个知识青年上山下乡办公室的负责人。我上班后，欧阳宇找到我和与我一起从干校调回来的几个人，介绍关于成立工资调查组的事。大意是说，最近周总理提出这个意见，说工资需要调整也需要改革，但都要通过调查，搞清情况才好下决心，为此，决定成立工资调查组，尽快到各地摸情况。他还宣布了调查组组成人员，其中组长是徐公民、副组长是方丁（也是工资组组长）和庞自。随后，劳动局通知工业、交通、基建、商业等各部开会，研究外出调查事宜。1973年5月底6月初，调查组派出三个组分别到东北、华东和中南工作。

去中南的一路由我负责领队，这一路约八九个人，都是各部临时凑起来的，来自劳动局的有李惟一、吴军和我，其余是机械、冶金、建工、交通、纺织几个部的劳动工资司（局）的干部。我们先后到了武汉、黄石和十堰三处。在武汉，调查组先向湖北省主管劳动工资工作的副省长兼省计委主任李飞说明来意，同时听取他的意见；然后大体按工业、交通、基建、商业、机关等分成几个小组（省劳动厅派人参加各组），分别到工厂、码头、建设工地、商店、机关等处与工人及管理人员座谈，征求对工资问题的意见。调查组把这些意见综合起来后，还是向李飞做汇报。从北京到各地调查，采取这种先向省（城市）一级主管领导打招呼，最后把调查结果向其汇报的做法，是这一时期强调党的"一元化"领导的表现；同时，也是我们劳动局领导为了强调这次调查的重要性，在我们出发前特意叮咛要这样办的。

在武汉调查了大约10天，在参加调查的交通部同志的安排下，我们乘坐轮船从武汉到黄石。轮船行驶时，我们听取了船长和劳动工资工作人员对船工劳动情况和工资待遇方面存在问题的汇报。到黄石后，根据这里的实际情况（这里的行业不像武汉那样齐全，大企业一个是铜矿山，一个是冶金建设公司），调查组大体分铜矿山、冶建、综合三个组来进行工作，但三个组都要到矿山生产现场参观采矿、运矿、选矿和冶炼等生产过程。在黄石工作四五天，然后经武汉去十堰。

十堰位于鄂西北山区郧阳县，离这里不远就是道教圣地武当山。60年代搞"三线"建设时，国家在此处投资成立第二汽车制造厂（简称"二汽"）。由于这个厂有许多"三线"建设厂的特点，湖北省劳动局领导就建议我们到这里看看。有些部的同志因十堰无本部的企业而没有去那里，这样，就只有机械工业部和建筑工程部以及我们计委劳动局的同志去十堰。从武汉去十堰的铁路当时只修到襄樊，所以我们乘火车到了襄樊后换乘省劳动局派来的汽车，整整走了一天，直到晚上八九点钟才到了十堰。"二汽"的厂房和职工宿舍都建在层层叠叠的山坡上，到了晚上，群山中出现众多闪烁的灯光，有的星星点点，有的连成一线，有的汇成一片。我们在距十堰还有十来里路的时候，在路上欣赏了这奇特的景观。

到了十堰，调查组首先拜会了军管会（这个机构既管十堰市，又管"二汽"，直接对武汉军区负责），也会见了"二汽"领导（总经理）饶斌，这是一位曾任一机部副部长、精通汽车制造的专家，他不久前才调到"二汽"。在十堰，我们除了了解到劳动工资方面的情况，还了解到这个"三线"企业一些与众不同的情况。"二汽"具有"三线"企业山（靠山）、散（分散）、洞（钻洞）的特点。一个厂的各车间，往往分散在十几里甚至几十里的地方，当时道路还未修好，运输相当困难（工人们甚至说汽车不如人走快）。最大的问题是"二汽"建设初期不是先"三通一平"然后再搞其他，而是边搞基建边生产。结果，千万吨设备弄来之后，厂房的地基下沉，机器转动不了。我们在十堰看到有不少进口的贵重设备还在露天停摆着。在职工住宅建设上，那时也强调学习大庆"干打垒"精神，用泥巴垒墙盖房。由于湖北不像黑龙江，这里雨天多，很多"干打垒"用不了多久都倒塌了。更令人难以置信的是，厂房、办公室的厕所，都不搞水冲粪便的设备，粪便靠人掏肩挑，说是可以用之肥田云云。像这类怪现象还有一些。我们到"二汽"调查的时候，有些问题已得到解决，有些正在解决之中——据说这是饶斌到"二汽"后，遵照周总理批示的精神大力整顿的结果——但当时整个生产还未运转起来。1988年，"二汽"搞劳动工资制度改革方案，邀请劳动部一些同志去为他们提供咨询，我以劳动学会副会长名义与庄静、陈少平、邢赞勋等应邀前往。这次去十堰见到的"二汽"，真可谓旧貌换新颜了。它不仅在生产汽车方面能与长春的"一汽"并驾齐驱，而且在其他很多方面都超过了"一汽"。

在湖北省进行的这次调查，我们了解到不少情况。概括起来，职工对工资方面的意见大体上有以下几点：

（1）认为工资低，调整工资间隔的时间太长。对于工资低，有人形象地说：现在是三个"三十几"，即三十几岁的人，吃三十几斤粮，拿三十几块钱的工资。至于说调整工资间隔的时间太长也是明摆的事实，从1963年调整过一次工资之后，到1973年的10年间，只是在1971年调整过一次低工资职工的工资，而且还只限于1958年及以前参加工作的二级工（北京地区为38元）升到三级工（43元）。当时一些职工中流传的顺口溜是："一年盼一年，光长胡子不长（涨）钱。"

（2）认为1971年调整工资只看工龄不看表现和贡献不妥。对此，职工也有句顺口溜："不分香，不分臭，只问工龄够不够。"在武汉，有个厂还反映，1971年调整工资时，有个泡病号的女工，经常不上班，上班也不好好干，但工龄符合调整条件，职工群众都不主张给她升级，她同领导大闹了一场说："工资是毛主席给你姑奶奶增加的，你敢不给加?!"结果，还是给她加了。相反的情况也有，如工人（一般都是表现好的工人）被提拔当干部后，不但没增加工资，相反还要减少口粮，职工把这种做法叫作"升官不发财，粮食减下来"，或者叫作"提职不提薪，粮食减几斤"。

（3）对工资标准方面的意见，一是认为低级工工资过低，工作了一二十年，工资还只有34元；二是认为工资标准过多,大企业几十种标准,一般企业都有二三十种。标准过多加上有些差别不合理,这最使劳动工资干部感到头疼。他们说,工资标准这样多、这么乱,外行看不懂,内行记不住,有人问起来又说不清、道不明,只好"咋规定,咋执行"。

(4)对于当时还很敏感的应否实行计件工资的问题,有些单位,特别是码头、车站的同志认为,搬运工、装卸工还是实行计件工资好,取消计件后,劳动效率明显降低了。

针对上述问题,参加座谈的职工也相应提出了一些改进意见。几个调查组的同志都回到北京后,我们劳动局就召开会议听取各地调查的汇报,对如何改进也有了一些设想。但在当时的情况下,什么问题都是解决不了的,原因有三:一是政治局面不稳定;二是经济发展缓慢,拿不出钱增加工资;三是对工资问题在理论上就存在重大分歧。因此,这次调查也就不了了之了。

(二)"批林批孔"意在批"周公"

1974年初,"四人帮"一伙制造了一连串事件。1月,发动所谓"批林(彪)批孔(丘)"运动,把矛头指向周总理。2月,《人民日报》刊登上海港务局工人的一张大字报——《要当码头工人,不做吨位奴隶》,也是针对周总理要整顿企业、提高劳动生产率而发的。在此之前，周总理曾批评上海港机械化程度提高50%，而效率却降低了50%，并提出要考虑实行计件工资制，即按装卸量（吨位）计发工资。还是2月，江青以四机部出国考察团接受美国康宁公司赠送的礼品"蜗牛"为借口，指责四机部和中央领导同志准备引进美国彩色显像管生产线，是"崇洋媚外""洋奴哲学"，制造了所谓"蜗牛事件"。

"文革"中，"四人帮"一伙特别是江青，到处煽风点火，出尽风头。我只见过她两次，一次是在"文革"初期，我随红卫兵到天安门接受毛主席检阅时，曾远远望见过她。再就是1974年1月，在工人体育馆召开的中央国家机关和中直机关"批林批孔"大会上。当时，我恰好坐在离主席台不远的位置上，江青在这次会上飞扬跋扈的样子，我看得很清楚。开会前，她指手画脚，吆喝这个人干什么，那个人干什么，讲话大声霸气，旁若无人（周总理就在她身旁）。开会时，她讲的话不仅含沙射影针对周总理，还公开点名批评国家机关的一些部长，其中还点名批评耿飚。出席这次大会的周总理，在发表讲话时，还做了一些自我批评，大意是说没有注意在群众中宣传孔孟之道的贻害（当时，中共中央印发了由"四人帮"写作班子选编的《林彪与孔孟之道》的材料）。这个"批林批孔"运动，由于之后被毛主席发现是"四人帮"意在批周恩来总理，借机搞篡权活动，才没有进行下去。

在打倒"四人帮"之后，我在电视屏幕上看到江青在审判台前那副样子，又想起她当年张牙舞爪的模样，两者形成鲜明的对照。事也凑巧，我写回忆录初稿时写到这里，就听到中央人民广播电台报道江青自杀身亡的消息。《人民日报》没有报道此事。1991年6月4日的《北京日报》刊载的消息是这样说的："本社记者获悉，林彪、江青反革命集团案主犯江青，在保外就医期间于1991年5月14日凌晨，在北京她的居住地自杀身亡。江青在1981年1月被最高人民法院特别法庭判处死刑、缓期两年执行，剥夺政治权利终身；1983年1月改判无期徒刑，1984年5月4日保外就医。"江青自杀身亡是她在"文化大革命"中做尽了坏事的报应。真是"善有善报，恶有恶报"。

（三）工资理论研究组

在计划经济体制和"左"的思想指导下，我国的工资状况，一是低，二是平（平均主义），三是死（管得过死）。对这种做法，群众是不满意的，领导层也是有意见的。1974年冬，国务院派中华全国总工会副主席康永和来劳动局工作，并指示康组织一些专家、学者，弄通工资的理论问题。参加这个理论组的，除劳动局的张一知（他是局核心小组成员）、庞自、孙桢、练岑、夏积智（后来又有陈少平）外，还有从中国社会科学院经济研究所调来的孙尚清、桂世镛、何建章，从中国人民大学调来的徐禾、赵履宽，从北京大学、北京师范大学调来的一些搞政治经济学方面的学者，从全国总工会调来的齐平、贺松源，一共十五六人。

工作开始之初，理论组在三里河国家计委附近的四机部的一个招待所办公。工作一段时间之后，时任国务院副总理纪登奎指示，理论组要增加胡绳、于光远、邓力群（这三个人当时似乎都未分配工作，但在此后不久，邓力群另有任务，所以没有参加我们的活动）。纪登奎还专门召集理论组的全体同志到国务院向他做汇报。从此时起，理论组根据纪的意见，把办公地点移到国家计委大楼内。

1975年2月，正当我们埋头研究如何理解和贯彻按劳分配原则、搞好工资分配工作的时候，《人民日报》与《红旗》杂志发表了毛主席关于理论问题的指示。毛主席说，"列宁为什么说对资产阶级专政，要写文章"；"这个问题不搞清楚，就会变修正主义。要使全国知道"；"我国现在实行的是商品制度，工资制度也不平等，有八级工资制等等。这只能在无产阶级专政下加以限制"；"所以，林彪一类如上台，搞资本主义制度很容易。因此，要多看点马列主义的书"；"无产阶级中，机关工作人员中，都有发生资产阶级生活作风的"。他还说："现在还实行八级工资制,按劳分配,货币交换,这些跟旧社会没有多少差别,所不同的是所有制变更了。"在发表这个指示的同时,《人民日报》与《红旗》杂志还刊登了马克思、恩格斯、列宁论无产阶级专政的33条语录。接着"四人帮"一伙连续发表批判按劳分配的所谓"弊病"的文章。

在这种情况下,理论组无法按原定计划进行工作,于是分成两部分人员开展研究:一部分人学习体会毛主席这个理论问题的指示,并负责辅导国家计委工作人员的学习(做了几个专题辅导报告);另一部分人,包括我、何建章、桂世镛,根据纪登奎的意见,深入研究毛主席60年代读苏联政治经济学教科书时的笔记(邓力群整理的)。为此我们还借了中组部位于万寿路的招待所的一层小楼房办公,与我们在这里一起办公的还有胡绳、于光远、徐禾。胡、徐分工写如何认识和实行按劳分配原则的文章,于光远则指导我们分门别类整理毛主席在读书笔记中对各方面问题的观点、主张。经过一段时间的工作之后,时任国务院副总理的华国锋让理论组派人去向他汇报研究结果。康永和带桂世镛去汇报。从汇报稿看,桂根据当时的风向,肯定列宁在俄国十月革命后实行的军事共产主义的和新经济政策时期实行的较为平均的分配制度,否定斯大林在社会主义建设时期实行的较为符合按劳分配原则的分配制度,特别是批判斯大林时期及其以后实行的对知识分子和先进生产者（例如斯达汉诺夫运动获奖者）实行的"高薪制"。这个观点其实就是 20 世纪 60 年代我党与苏共论战时的"九评"苏共中央公开信的观点。

此后不久，即听到当时已恢复中共中央副主席、国务院副总理职务的邓小平在全面整顿中关于要坚持按劳分配原则的谈话。那是他在国务院讨论国家计委起草的《关于加快工业发展的若干问题》时说的。邓说："要坚持按劳分配原则，不管贡献大小，技术高低，能力强弱，劳动轻重，工资都是四五十块钱，是不符合按劳分配原则的。"这个完全正确的观点，在后来江青等人搞的"批邓、反击右倾翻案风"时，却成了批判对象。这充分表明，工资问题上的原则分歧，反映了政治路线上的分歧。

（四）去大寨考察

1975 年秋冬，当时的一些报刊宣传山西省昔阳县大寨大队实行的分配制度好，能处理好人际关系，有利于调动人们的劳动积极性。四届全国人大后任国务院副总理的大寨大队党支部书记陈永贵，还在北京做了报告，其中也讲到大寨大队的分配制度。这个报告我也去听了，印象还不错。为了弄清究竟，同时也想看看这个农业样板（工业样板大庆油田，我已于 1964 年在哈尔滨开工资问题座谈会时去参观过），我便与孙桢、练岑、赵履宽等去大寨，对这里的情况做了一些调查了解。总的印象是，大寨人那种战天斗地的艰苦奋斗精神的确很感人。我们目睹了农民们从天明到天黑都在地里劳动，许多人的午饭也在地里吃，地里的庄稼长得不错，集体建造的窑洞很漂亮。但在"左"的思想指导下，这里没有"自留地"，没有个人副业，群众生活很苦，他们整天劳动，吃的却是窝头、咸菜。我们在县城招待所住的几天中，从未见到市街卖过肉、禽、蛋，街上总是冷冷清清的。大寨在分配方面搞的所谓"政治工分"，实际上是平均主义那一套。这样看来，这里在调动人的积极性上很大程度是靠政治压力。"以阶级斗争为纲"在这里就是对不按"左"的一套办事的，便批评为"走资本主义道路"。可以想象，在这种情况下，群众的心情是不会舒畅的，劳动生产的积极性也是大打折扣的。

在昔阳县考察结束后，我们在回京途中顺道对与昔阳毗邻的平定县做了一些调查。平定县有些做法与昔阳县不同（大寨的做法无疑是得到昔阳县支持的），他们根据当地煤矿多、石灰石多的特点，大力抓好煤炭、石灰的生产，并以此带动农业和其他副业的生产，不像昔阳县那样，把"以粮为纲"绝对化，集中一切力量搞粮食生产（种的基本上也是玉米）。但平定县的做法，却受到上级领导的批评，说他们只搞"黑的"（指煤炭）、"白的"（指石灰），不搞"红的"（指"政治挂帅"）。

（五）一次没有结果的会议

1975 年 9—11 月的调整工资会议，是一次没有结果的会议。从 1963 年调整工资到 1975 年，12 年间，全国只在 1971 年调整过一次工资，范围又只限于二、三级工和工资与其相当的工作人员。由于工资低，职工生活很困难，社会上要求调整工资的呼声很高。为此，国务院决定召开会议研究工资调整问题。会议主持人是国家计委劳动局核心组成员康永和，工资组和工资理论组的大部分同志参加了会议。这是一次时间最长（长达 83 天）、但什么问题都没有解决的会议。

会议开始主要研究"需要"和"可能"的问题，即需要解决什么问题？能拿出多少钱来解决问题？由于问题很多而钱很有限，这个矛盾就难以解决。还有调整工资与适当改革制度如何结合、调整工资对象如何确定等等，也不好解决。几经研究，在与会同志大体取得一致意见的时候，却发生了主要针对邓小平的"批判右倾翻案风"运动。

山雨欲来风满楼，会上众说纷纭，大家都盼望早日听到会议结论。没有想到国家计委领导林乎加草草宣布，因要搞政治运动，会议暂时休会。就这样，会议便无疾而终。工资调整一直到了粉碎"四人帮"、"文革"结束以后的 1977 年才能进行。

这次会议虽然什么问题都没有解决，但会议期间，国务院决定成立国家劳动总局，这对劳动部门来说是好事。与这个决定同时发布的是任命康永和为国家劳动总局局长的通知。

（六）缅怀周恩来总理

1976年1月8日，周恩来总理逝世，这对中国的社会主义建设事业是一巨大损失。周总理一生鞠躬尽瘁为人民，深受中国人民乃至世界人民的爱戴。人民怀念他而引发了"天安门事件"及邓小平"三起三落"中的"第三落"，从而也加速了"四人帮"的倒台和"文化大革命"的结束。周总理逝世，是我国政治生活中的重大事件，它衍生的后继事件比一般的重大事件的影响更为深广。

周总理逝世的噩耗，我是在1月9日清晨出了家门不远，在别人家的收音机中听到的。那时，我每天早起出了家门，便往三环路方向跑步。这天，听到收音机播放哀乐，我便止步倾听。一听到是总理逝世的消息，便赶忙回家告诉罗英，我们都为这个不幸的消息而深感悲痛。我追思着总理一生的丰功伟绩，缅怀着多次聆听过他报告时的教诲，想起1974年国庆节、1975年1月四届人大一次会议开幕，我们在电视屏幕上看到总理出现时的欢欣（此前他因病很久不出现了），但又都为他担忧（从屏幕中看得出他很消瘦、虚弱）。从那时起不过一年多，总理最终也离开了我们。

周总理逝世一周后，追悼会在人民大会堂举行，追悼会之前先在北京医院举行遗体告别仪式。这两次悼念活动我都参加了。参加遗体告别的人数虽然有严格的限制（劳动总局只能去几个人），但那天在北京医院门口等着进去见总理最后一面的人流却望不到头。总理遗体停放在北京医院一间约30平方米的房间，遗体上覆盖着中国共产党党旗，周围摆着鲜花，走道仅能容一人行走。事后大家议论，如此隆重的仪式，与安排这样小的房间太不相称了。后来在人民大会堂大厅举行的追悼会，由邓小平同志致悼词。当我看到邓小平同志致悼词时那种极其沉痛的表情，想到他可能被那股"反击右倾翻案风"刮倒，我悼念总理的心情便愈发沉重。因为当时"四人帮"掌握的报刊连篇累牍发表"反右"文章，而所谓"右倾翻案风"，就是指邓小平协助周总理主持党中央、国务院工作时，在全国各个领域进行全面整顿，使经济形势和社会秩序有了很大好转。虽然这些批判并没有公开点邓的名，但矛头所指却是再清楚不过了。不出所料，就在总理逝世三个月后，"四人帮"对群众在天安门的悼念活动进行镇压的同时，还诬指邓是所谓的"天安门反革命事件"的幕后操纵者，邓因此又被打倒。

周总理逝世不到半年,朱德总司令又于1976年7月6日逝世。这位功勋卓著、深受人民敬爱的老元帅,晚景也不好,"文革"中他基本上也是"靠边站"的。他的追悼会在中山公园中山堂举行,那天我也去参加了。

(七)唐山大地震

1976年是多灾多难的一年。继周总理、朱总司令逝世之后,唐山于7月28日发生7.8级的大地震,造成市内20多万人死亡,10多万人重伤,这座华北工业重镇被夷为一片废墟,唐山周围地区包括天津、北京也遭受了不小的损失。

发生地震当天,大概是早上四五点钟,像是墙外有推土机推墙的震撼声,把我和罗英惊醒了。我睁眼一看,地动了,吊灯不停地晃动,桌子上的东西也晃了一下。我和罗英赶快穿好衣服离开房子,刚到门口便看见许多人也都陆续从家中跑了出来。那时,我们刚从和平里10区21号楼搬到现在住的7区11号楼(那时称东楼家属院)不久,这里熟人多,即使出什么事也好相互照应。7月28日这一天,在我们住处及附近有过几次震感。我们都在和平里第九小学门口广场上、马路边待着,从29日或30日起,我们11号楼居民(劳动总局和对外经贸部的干部和家属),便在第一、二单元的门前空地上搭起防震棚。我们一家,除庞森在新疆、庞云在广西未回京外，共 11 口人，全都住进大棚，除一天三顿饭回家做外，不上班的时候就整天在这个棚里或到外边空旷处待着。时值盛夏，棚里热得要命，七八月又是北京的雨季，下雨时，用油毡和塑料布做顶的大棚到处漏水，再加上蚊虫骚扰，大棚里的生活就更使人难以忍受。但与地震对生命造成严重威胁相比，多数人还是选择待在棚里长达半个多月。

唐山余震暂停后，大家回家过了一段时间，便到了这一年的冬天。1976 年的 11 月、12 月，唐山和其他地区（似乎是山西大同地区）又有震情。这时，在东楼住的劳动总局职工，在总局提供物资（木材、油毡、铁丝等）的支持下，在和平里九小门口的马路边，以家庭为单位搭起较牢固的防震棚。这时的北京天寒地冻，在防震棚里，即使是生起煤炉取暖，把铺盖全部用上，睡觉时也冻得难受。在这种防震棚过夜的日子持续半个月左右，直到震情警报解除之后，大家才敢回家过夜。

地震期间，除非震情特别紧张，我都坚持到总局上班（还是在甘家口物资部大院，但不是在楼内，而是在院墙边搭起的防震棚内）。自从 1975 年开了没有结果的劳动工资会议之后，工资理论组从其他单位请来的人便陆续离去，有的回原单位，有的留在国家计委，个别的到劳动总局（以后又都回原单位了）。我回总局后任工资组副组长，组长是方丁,副组长还有徐公民、许文彬。

在思想理论混乱、社会动荡不安的情况下,工资工作(其实不只是工资工作)根本无法进行。后来,我们想出个办法,就是到企业去体验职工生活。震情缓解以后,我们组织了几个组到工厂、商店去当职工,与所在单位的职工共同劳动。我被分配到小黄庄北郊木材厂当小工,为这个厂生产的折叠椅、折叠凳上螺丝、贴标签,或干别的临时安排的杂活。我在工厂里同工人一样排队买饭吃,同工人一起学习,同工人中的党员过组织生活。

(八)毛主席逝世,"四人帮"覆灭

1976年9月9日,中国人民的伟大领袖、中华人民共和国的主要缔造者毛泽东主席逝世。毛主席为中国人民建立了不朽功勋,他的许多光辉思想至今仍然具有指导意义,是我们党的宝贵财富。毛主席逝世那天,还在木材厂劳动的我,因为要处理一些事情(记不清具体是什么事了)而回到总局,恰好这时总局核心组传达了毛主席逝世的噩耗,并让各组回去分别传达,其中工资组由我传达。大家听了这个噩耗都感到震惊,有些同志还掩面哭泣。但总的来看,比之周总理逝世时还是平静了些。这可能是因为在1976年经受的大事件多了,人们的承受能力也变强了。但最令人不安的还是毛主席逝世后国内政治局势将会如何变化。

毛主席逝世没几天，我和总局同志全部去参加了在天安门广场举行的百万人参加的追悼大会。主持追悼大会的是当时的中共中央副主席、"四人帮"成员王洪文，致悼词的是当时的中共中央第一副主席、国务院代总理华国锋。悼词基调还是要继承毛主席遗志，把"文化大革命"进行到底，要"反击右倾翻案风"，等等。但是过了不到一个月，以"四人帮"被粉碎为标志，持续了10年的"文化大革命"结束了。

"四人帮"被粉碎这个喜讯，是我从北郊木材厂回到家里后，在吃晚饭时听庞松说的。我得知这一消息后喜出望外，但还是心有余悸，生怕消息不实，因此除再三核查消息来源外，还嘱咐大家在消息得到证实之前不要随便扩散。我还打算第二天到总局打听消息，但当天晚上就听到一阵阵鞭炮声，心里就更踏实了。第二天我到了北郊木材厂，听到工人们都在公开议论抓"四人帮"的新闻，眉飞色舞地通报了各自得到的信息：像某人买了四只螃蟹，三公一母（意指"四人帮"王洪文、张春桥、姚文元和江青），都煮来下酒吃啦；某处酒店里的酒都卖光，庆祝胜利啦；某处昨晚放了多少鞭炮啦；等等。白天工作的时候，大家也都在谈论这些事。到了晚上，我参加木材厂科长以上党员干部会，一听传达，真相大白了："四人帮"真的束手就擒了！这场历时十载、波及全国的政治运动终于结束了。

第七章 为国家劳动事业恪尽己力

自1973年我从干校回京，至"文革"结束，我先任国家计委劳动局工资调查组副组长，后又以劳动局工资组副组长名义参加工资理论组的工作。1975年成立国家劳动总局，工资理论组未经宣布而实际解散以后，我便以工资组副组长名义（党内任支部书记）进行工作。

1977年春，国家劳动总局成立政策研究室，并决定由我负责（先叫负责人，后才正式任命为主任），从此时起，到1979年底，我都是政策研究室负责人。1979年11月，我被任命为国家劳动总局副局长。在分工上我管总局工资司（即原工资组）和总局办公室的工作，因此便不再管政策研究室的工作。

1982年5月，国家劳动总局与国家人事局、国家科技干部局、国家编制局合并，成立劳动人事部。我被任命为劳动人事部党组成员兼劳动科学研究所所长，除本职工作外，还协管工资工作和保险福利工作，直至1983年12月离职休养。

一、在国家劳动总局政策研究室

（1977年春—1979年冬）

（一）劳动工作的拨乱反正

"文革"结束后，各行各业的一项重大政治任务就是拨乱反正，即澄清被"四人帮"搞乱了的思想，把被颠倒了的是非恢复过来。在劳动工资方面，主要是揭批"四人帮"破坏按劳分配原则的罪行，包括思想理论和实际工作上的罪行。同时，揭批"四人帮"煽动临时工"造反"，破坏多种用工制度，以及借口反对"管、卡、压"，煽动工人不遵守各项劳动保护规章制度。政策研究室的同志除积极参加总局内部召开的批判会以外，还参加了国家计委经济研究所等单位多次召开的按劳分配问题会，批判"四人帮"散布的种种谬论，有些讨论会我也参加了。在中央党校召开的一次研讨会上，我被邀请做工资问题的专题发言，还被邀请到中国人民解放军政治学院做《工资存在的问题及改革设想》的报告。

（二）起草劳动法规

为适应"文革"结束后加强法制建设的需要，政策研究室根据国务院和总局的要求，曾先后起草过《中外合资企业劳动管理暂行规定》《国营企业职工奖惩办法暂行规定》《中华人民共和国劳动法》等法规草案。前两个法规已由国务院发布施行，后一个曾提交国务院审议过（1982年国务院讨论时，我与何光副部长去参加），国务院会议原则通过再报全国人大常委会法制委员会审议后，法制委员会又将其发到各地征求意见，但由于各方对某些条文看法不一，这事就这样一直拖了下来。很长时期以来，我国还没有一部完整的劳动法，有的只是劳动领域具体方面的单行法。直到1994年，国家才颁布实施《中华人民共和国劳动法》。

与起草法规工作相关，我们还汇编了一个资料性的《中国劳动立法》小册子，里面多数是文件摘要，有些则是加工整理过的资料；还根据全国人大常委会法制委员会要求，对法规进行清理之后，将新中国成立以来仍然有效的劳动法规汇编成《劳动政策法规汇编》，这两本书都已出版发行。

（三）进行调查研究

1. 去云南、广东调查

1977年夏，我带了个工作组先去云南，后到广东进行调查，同去的有赵世枢、夏积智、付华中、贺天中等人。在云南，除昆明外，我们还到了玉溪、个旧两市，了解到的工资方面的情况以及调查方法和所得印象，与在湖北省了解的差不多，只是这时强调的是地区工资问题。调查完毕，我向省里主管劳动工资工作的副省长汇报调查结果时，对方一再强调他们云南的工资与毗邻地区相比是低了。虽经我向他解释，地区工资的高低，取决于产业结构、新老职工比重和物价水平等诸多因素；同时，云南省的工资比四川省的不是低了而是高了，地区类别也高于四川，但他仍不服，还责成省劳动局局长樊子诚把情况进一步弄清楚，力争把地区工资提上去。

自从1952年我离开云南，至今已有20多年，这次重来旧地颇有感触。一是新中国成立后这些年，此地旧貌未变或变化不大，昆明就是这样，至于玉溪、个旧，我过去未曾到过，不好比较，但看样子两地在新中国成立后也无多大建树，街上比较冷清；二是云南有些老熟人、老战友，50年代谢富治任云南省委第一书记时搞反对"地方主义"斗争，他们曾被打成"反党集团"成员，如省委组织部原部长郑敦、宣传部原副部长饶华以及思茅地委原书记梁家等，因冤案未平反，这次都见不到。特别使我感到不安的是，我到了个旧市，知道饶华在此地锡矿劳动，却不便去见他。1978年我再次到了云南。这时，郑敦、饶华、梁家等虽然还未"解放"，但他们都回到了昆明。我去医院看望了当时在医院疗养的郑敦、饶华，也见到为平反之事从大理回到昆明的梁家。1980年以后，郑等的冤案已得到彻底平反，都恢复了工作。1980年郑敦与我还同期在中央党校学习。没有想到，他就在学习期间发现患有癌症，半年之后便在北京医院病逝。他治病期间我曾多次去探视，去世后我和罗英到八宝山参加其遗体告别仪式。饶华平反后任省社会科学院院长，但恢复工作不久，因肺气肿病情恶化医治无效也去世了。梁家是我在云南工作期间任文山地委书记，平反后曾当过云南省委副书记，退居二线后当省政协主席，还担任过全国政协常委，每年来京开会两三次。他每次来京我们总要见面叙谈。

我们去云南调查，往返都要乘飞机，回程经广东，并分头到粤东的潮州、汕头和珠江三角洲的佛山地区做了一些调查。我和付华中走东路。汕头、潮州本来是比较繁华的地方，但"文革"期间这里百业萧条。我们到这里的时候，正遇着大批原安置到韶关地区和海南岛落户的知识青年自动回城。按政策，出去的知青不经批准回来的不给重新落户。这些落不了户口的青年，便到处搭起临时棚子居住；为谋求生活出路，守法的做小买卖，也有不少做违法的事，如倒卖外汇券、走私等。这些人挣钱容易，花钱也阔绰，倒手卖的香港电影片，10元一张的票也有人买。汕头地区地少人多，每人平均只有三分地，在"左"的农业政策指导下，土地又只种粮食和蔬菜，不准种其他经济作物。广东气候、土地最宜种甘蔗、柑橙等作物，但为了贯彻"以粮为纲"的方针，当地已有的甘蔗田、柑橙树都被毁了，改种了粮食，群众意见很大。由于地少人多，这里的农作物搞深度精耕细作，种水稻就像种菜那样精心管理，菜地的管理就更加精细了。

汕头出门就是大海,但这里的菜市场、国营商店没有鱼卖,个体鱼贩只有三五斤鱼卖,要价很高,汕头地区一位副专员请我们吃了顿饭,桌上的鱼不足5寸长。所有这些现象,都是"文革"的后遗症,现在回想起来,更感到改革开放的必要,如果按过去那套"左"的做法,群众真的很难生活下去。当时有些青年逃到香港、澳门,生活困难是个重要原因。

2. 去陕西、甘肃调查

从云南、广东回京后不久,国家劳动总局收到陕西省西安市的一封检举信,举报西安市有些企业违反政策,滥发奖金、乱加津贴等。当时,"文革"虽已结束,但奖金制度还未恢复。总局接到检举信后,要我去了解一下,然后再做决断。随同我去西安的有工资司的叶子成,政策研究室的王禾棣。我们到了西安,先向省市劳动局同志了解有关检举信所讲的情况,然后又到有关企业听取了汇报。据称,发的奖金和津贴,基本上都是把"文革"期间取消的东西恢复过来。由于此时中央对此事还未发话(1978年5月国务院才正式决定恢复奖励制度和计件工资制度),省市劳动局已责成有关企业做了纠正,尽管这些敢于突破旧框框的企业的做法是正确的。

我把在西安了解的情况向总局做了汇报,并提出借此机会也到甘肃走走。在去甘肃之前，我们由陕西省劳动局工资处负责人陪同参观了西安的名胜古迹，还去了革命圣地延安参观。西安是我国古代多个朝代的首都，名胜古迹很多。我们参观了秦兵马俑、临潼捉蒋（介石）亭，还在据说是杨贵妃（杨玉环，唐玄宗爱妃）洗澡的华清池洗了个温泉浴。

从西安到延安还未通火车，我们乘省劳动局的汽车，从早上出发，沿路经过久已闻名的陕北革命老区洛川、富县、甘泉等县。在经过离西安不远的阎良镇时，我们参观了这个镇的一个飞机试飞场地，负责这个基地的是三机部所属的一个研究所。经过铜川时，我们和铜川矿务局劳动工资处的同志进行了短时间的座谈，随后就是边吃饭边了解情况，实际上是工作午餐性质。从了解的情况看，这个矿（煤矿）实际上已部分恢复了计件工资制和奖励制度。实践证明，井下采煤，凡实行计件工资的效率就高，反之，效率就低。从铜川再往北行到了黄帝陵，我们也驱车进陵园瞻仰了一番。经过一天十几个小时的颠簸劳顿，晚上八九点钟终于到达了我向往已久的延安。

到延安后住地区招待所，地区劳动局的同志早已在此等候接待。我们在延安参观了毛泽东、周恩来、朱德、任弼时等同志当年住过的窑洞，参观了中央大礼堂，即中国共产党第七次全国代表大会的会场，还参观了抗日军政大学和鲁迅艺术学院、延安革命历史博物馆等。我是第一次到延安的，但对延安的一些事物则早已有所耳闻，如延河、宝塔山和延安宝塔。为纪念这次旅行，我们特意在延河桥上和宝塔山下拍了照，虽然是黑白照片，但现在看起来仍然很有意思。我们在访问一位当年曾受到毛主席表扬的劳动模范（姓名已忘）时，也同他拍了个合影。

延安市区，除还保留着某些古朴的城墙和门楼外，与北方的一般县城没有多大差别。这里也和全国各地中小城镇一样有几大建筑：百货公司、新华书店、人民银行、邮电局……一般来说还比较热闹。农村则很贫困，包括延安老县城边的老百姓，住在山坡上的要花很大力气下山挑水用。令我感到吃惊的是，据地区劳动局同志说，新中国成立以来，由于种种原因，特别是"文革"10年，延安的粮食作物无论总产还是亩产，都不及毛主席在延安那个时候多。陕北土地贫瘠，从西安到延安，越往北走越少见到肥沃的土地。经过的很多地方，公路两旁是纵横交错的沟壑，其中有些沟谷深达一百几十米，我真不知道从沟谷如何才能登上山顶。这里说的山顶，陕北人叫作"原"或"塬"，因为一登上所谓的"山顶"，又是一望无际的黄土高原。到了这里，我才懂得高原是怎么回事。

从延安返回西安后，本想立即乘车去兰州，不巧此时正值陇海路的西安至兰州段因山洪暴发，有两三天火车停开，因此只好乘飞机前去。从西安到兰州，乘飞机不到一个小时即可到达，而从兰州机场乘汽车（甘肃省劳动局派的车）进兰州市区，则需走一个多小时。出乎意料的是，兰州市区的马路很宽，楼房也相当漂亮。住下来之后，还知道此地日用工业品大都来自上海，且价格与北京相比并不贵，可谓物美价廉，并非我原先认为的此地物价高。兰州工资的地区类别比北京高出五类，同级职工的工资标准，兰州比北京高15%左右，但物价却相对比较便宜。

我们到了兰州化工厂、兰州矿山机械厂（主要生产石油钻探机）和兰州棉纺织厂，主要想了解他们对恢复奖金、计件工资的意见。在这方面，各厂都持肯定态度，纺织厂还主张恢复岗位工资制。除工厂外，我们还到离兰州不远的皋兰县了解农村情况。由于此地缺水，当地农民采取一种特殊的耕作方法，即庄稼种下以后，在地上铺上石子和沙砾，目的是减少水分的蒸发和把土壤中的盐碱压下去。据介绍，这个县群众生活很苦，每年都靠国家发救济粮过日子；职工口粮不足，得靠单位或个人搞点农副业生产来补充。

我在兰州期间，曾去探望在兰州军区工作的老战友廖华夫妇，却因他俩在广州度假未遇。到兰州以后，也曾通知在张家川钢铁厂工作的侄儿庞晟来兰州见面，却未及见，事后了解，晟侄接信后即起程来兰州，但那时我又已离开兰州了。

我们在甘肃期间还到了白银有色金属公司调查。这个公司于1965年曾实行过"一条龙"工资标准的改革，把工人的八级工资改为十二级，有些级还加了副级，这样，级差比原来的缩小了，升级时每升一级，增加的工资少了（干部也一样）。我们到这个公司后，他们要求把工资标准改回去（这些问题在其后的工资调整中逐步解决了）。

3. 去海南岛的调查

1977年冬，原劳动部副部长刘子久同志计划到海南岛考察农垦部门的劳动工资情况。刘是1959年"反右倾"时被批判后下放到陕西省工作的。此时，他已从陕西省委政策研究室回到总局，任总局顾问。

我对去海南岛考察很感兴趣，于是决定随他前去。就与国家农垦总局和广东省（当时海南属广东省管辖）联系。将要出发的时候，他却突然不知道有什么事不能去了。经商量，决定由我同政研室夏积智、工资局齐省三和国家农垦总局一位姓吴的女同志前去。我们先到广州，然后从广州乘坐安二型飞机经湛江做短暂停留（不下飞机）后到了海口。

安二飞机是苏联的老式小飞机，只能乘坐十多人，座位像旧式公共汽车那样，在机舱两旁各有一列长椅，乘客面对面坐。这种飞机不但座位别扭,而且飞行不大稳定,不时上下颠簸。我后来从广州去汕头时也坐过,好在都是短途,不一会儿就到达目的地了。

我们在海南行政公署有关领导和行署劳动局、农垦局的安排下,对橡胶林场、兴隆华侨农场以及热带植物研究所等单位进行了参观考察,还到了海南黎族自治州首府通什市和崖县名胜三亚湾游览。在三亚湾,住在名为"鹿回头"的高级宾馆,饱览了天涯海角的南国风光,现在回想起来还很神往。

海南岛农垦部门的职工不少,主要从事橡胶种植和加工,也有种植粮食作物和其他经济作物的。橡胶林场职工基本上实行简单计时工资制,其中割胶工有的实行计件工资,即按割胶数量计发工资;有的实行计时工资加奖励,奖励部分一般按集体成绩大体平均。我们在胶林参观了工人割胶和收运胶水的劳作,还到制胶厂参观天然橡胶制造的全过程。农场职工,属固定工的拿计时月工资,临时工拿日工资。有的农场则实行与后来农村实行的联产承包责任制差不多的承包制,承包者对承包的地块作物承担丰歉责任,这对激励承包人的积极性、改善经营管理大有好处。

我们所到的林场、农场,职工都向我们反映了一个与民争地的问题。海南岛解放初期地多人少,人民解放军军屯垦殖又多在荒山野岭,当时群众对政府办林场、农场是欢迎的；但此时由于人口增加，种植橡胶和其他经济作物收入又高，因此便往往发生争地纠纷，据说还曾发生农民与职工械斗的事件，出过命案。在劳动问题上，主要情况有：

（1）农垦部门职工是"自然增长"的，即职工子女到达劳动年龄又不能升学时，便补充到职工队伍里，因此职工人数日益增多，职工素质也较差。

（2）农垦职工的农村户口极难转为城镇户口，一些从部队成建制转业到农垦部门的军官对此意见很大。据反映，某师职军官多次要求回城而不能落户。

（3）一些城镇知青，特别是从广州来的，不安心在此地工作。他们表示，回到城市掏大粪也比在此地强，这除了城乡差别外，思想教育工作和管理工作不善也是个原因。

我们还参观了兴隆华侨农场。这个农场不属农垦单位管辖，而属华侨委员会。这里种植的咖啡、可可、胡椒等的质量，据说在全国名列前茅，他们还种有其他热带植物如无花果、腰果、柑、橙等，还办有果汁饮料厂，是华侨农场中办得较为出色的一个单位。设在海南岛的中国科学院热带植物研究所，除了有我国许多奇花异木之外，还有许多从外国移植来的乔木、灌木。我们参观了这里的实验室，听到工作人员介绍那些参天大树就是由那些在玻璃瓶、玻璃管培养的胚芽长成的，不禁对这些默默奋斗的科学工作者肃然起敬。

结束了在海南岛的调查工作之后,我们乘海轮渡过琼州海峡到了雷州半岛。先到海康县一个以种植剑麻为主的农场参观,随后便到了湛江。湛江农垦局管辖包括雷州半岛在内的全专区的农垦单位。我们听取了这个局对劳动工资方面的意见,也把我们了解到的有关情况向他们做了通报,彼此做了情况交流。然后他们安排我们参观了由火山爆发形成的湖光崖等著名景点。至此,我们这个工作组便结束了这次调查。

由于我要趁此机会回家乡北海,夏积智等人便从湛江起程回京,我则留下来住在侄女庞昭家,然后与湛江科技局局长谭俊夫妇乘专车返抵北海。

(四)公私兼顾回家乡

自1940年我离开家乡北海,至1977年,已有37个春秋。其间,仅1954年因母亲患脑出血回过一次家,从那时起又是20多年没回家了。这次回家,因庞昭事先通知北海的亲人,我一到,便住进侄儿庞亮早已腾出的中山路86号旧居三层临街的客厅。庞亮还特意在墙上挂出罗英1939年在北海一中大石屯分校演讲比赛获得第一名的奖状。对他如此尊重我们的历史,我感到很高兴。与1954年回家那次比较,20多年后真是物是人非。那次回家,母亲因抢救无效，未能与我见上一面便匆匆辞世，父亲、两个哥哥、两个嫂嫂和我的大姐、大姐夫都还健在。而今，他们都再也见不到了，我不免有些伤感。

值得安慰的是，在老一代故去之后，新的一代已成长起来了。1954年我回家时，庞亮还未结婚，他的几个弟妹，只庞昭已婚。而今，庞亮的两男一女都已长大，长女庞光玲、长子庞光琦都已是高中生了。他们见我回家都特别高兴，常围着我提出这样那样的问题，可以看出他们十分关心国家大事。

为了缅怀故去的亲人，到家的第三天，我让侄儿们陪我到亲人坟地鞠躬祭拜，并在父母亲墓地旁植两株松树。在北海的亲人，我一家一家地看望。大哥、二哥和大姐的女儿们，二姐、三姐和她们的儿女们都见过了，还去见了大嫂、二嫂娘家的人，看来大家生活虽然比较艰苦，还都过得去。我在家大概住了五六天，告别前，同所有亲人到照相馆拍了照，这就是至今仍留在家里的那张有50多人的大家庭留影。

我在北海，不但亲人多，老同学、老熟人、老战友也多，所以我一回到北海，就有不少人来看我。不知道是哪位好心人牵头，为我组织了一个座谈会。参加座谈的除熟人外，还有一些闻名而来的老同志。会上，大家倾诉了各自在"文革"中的遭遇，为党中央粉碎"四人帮"从而结束10年"文革"而欢欣。会后，我和同志们被邀请到餐馆聚餐，吃了北海传统的美味佳肴。对于同志们的盛情款待我很感激，但我无以报答，只能一再表示感谢。

（五）参与工资调整

"文化大革命"结束以后，随着国民经济的恢复和发展，国家决定有计划、有步骤地解决多年来积累下来的人民生活困难的问题，一方面较大幅度地提高农副产品的收购价格，以增加农民的收入；另一方面，连续几年都安排一部分职工升级，除新参加工作的职工和行政十级以上干部外，一般都升了一两级，部分中年知识分子升了三级。在这些政策的制定过程中，我都程度不同地参与了研究。

从1977年起的多次工资调整，都因情况不同而办法各异。1977年的办法是：按参加工作年限和工资级别确定调整范围，即所谓"画杠杠"办法。在"杠"内的（都是工作多年而工资低的二、三级工），都可以升级，不在杠内的，可以有40%的人升级，对象是贡献较大、工作多年而工资偏低的工作生产骨干。这次增加工资使全国有3100多万人受益，占当时全民所有制单位职工总数的50.9%。由于升级的都是低工资职工，平均每人每月只增加了5.56元。

1978年，为了鼓励职工学习技术，搞好生产和工作，经国务院批准，由国家劳动总局通知，给工作成绩特别突出的职工升级，升级人数控制在固定职工总数的2%以内，另外，给全民所有制文艺单位再增加4%的升级指标。

1979年调整工资是与调整物价同时进行的。工资方面的调整办法是安排40%的职工升级，提高原三、四类工资区的地区类别，另外加发物价补贴5元（少数民族地区7元）。这次升级强调按照劳动态度、技术高低、贡献大小来进行考核。为了贯彻这个原则，康永和写了一篇关于实行按劳分配、反对平均主义的文章，并把它提呈胡耀邦同志审阅，胡批示交给中宣部理论局提意见。为此，我曾代表康去中宣部理论局（在钓鱼台办公。当时，我的老战友李英敏在中宣部文艺局工作，也在此处办公）听取意见，然后按他们的意见做了修改，该文后来在《人民日报》上发表了。

这次按照按劳分配原则来调整工资，对鼓励职工学习技术、努力工作有积极作用，但由于工资制度长期积累的问题很多，一些工资偏低的职工因得不到调整而意见很大，甚至为此发生打人甚至死人的事，造成一些不好的影响。

除参加上述工资调整的工作外，我于1978年冬到了深圳和珠海两处（同去的有夏积智），会同广东省劳动局的同志研究确定在这两个边境口岸实行边境津贴的制度（原来确定每人每月10元，其后广东省确定为15元，并一直沿用至90年代）。那时，深圳、珠海的面貌与一般沿海小乡镇（半渔半农）差不多，但两地正在搞成立特区的规划。后来，我于1985年和1991年两次到深圳和珠海，两地已发生了巨变。一个地区在10年左右的时间能有这么大的发展，在世界历史上恐怕也不多见。

我们从珠海返京途中，在中山县（后改为中山市）的招待所听到党的十一届三中全会公报的新闻广播（也看了报纸），感到非常振奋。特别让我感到高兴的，一个是重新确立"解放思想，实事求是"的思想路线；一个是把工作重心转移到经济建设上来；再一个是为彭德怀、彭真、薄一波等一大批老同志彻底平反。由此实现了党的伟大历史转折，开辟了中国改革开放的历史新时期。

（六）探索工资改革

1979年，国家经济体制改革委员会在湖北省的沙市和江苏省的常州市两地搞城市综合性体制改革的试点。这一年的7、8月，我与唐云岐、奚中生先到沙市，然后又与唐去常州（贺天中先去），与两地劳动部门的同志探索劳动工资方面的改革方案：拟将沙市纺织厂实行的岗位等级工资制（实际上是等级工资）改为岗位工资制；拟让个别建筑企业实行工资与产值挂钩的办法（类似其后建筑企业普遍实行的百元产值工资含量的办法）。

劳动方面则探索实行合同工制。在常州市，我们与江苏省劳动局的同志设想在一个企业、一个市实行工资总额包干办法。劳动力方面，常州市劳动局局长强烈反对合同工制，认为这个制度不符合社会主义原则。以上都还是一些探索性的设想。

二、在总局领导岗位

（1979年11月—1982年5月）

（一）新的任命

1979年11月，我被任命为国家劳动总局副局长、党组成员。与过去不同，这次是经群众评定后予以任命的。这一年，中央组织部通知各地区各部门推荐优秀干部，总局按照通知在各司局单位评选，其中政研室的评选结果是我，总局党组在征得各单位群众同意后报中央组织部，然后由中央组织部任命。政研室同志对我的评选意见是：庞自同志对革命事业兢兢业业，勤勤恳恳，对党和人民忠心耿耿，为人正派，谦虚、朴实，能团结群众，有能力、有干劲，成绩显著。具体表现说了不少，其中谈到我"历史本无问题，虽经多次审查，并为此变换工作而毫无怨言"。评语中有些是溢美之词，但总的来看，同志们对我的印象还不错。

在我知道总局党组决定向中组部推荐我后，我曾向组织这一评选工作的政工组组长、党委副书记刘颖表示，推荐我不大适宜，最好另选他人。这不仅是谦虚，主要是不想冒这个尖。当然，总局党组的决定并没有改变。这次我被提到总局领导岗位，排名甚至列在早在50年代就是正局级干部的章萍、王钧、魏恒仓的前面，不过，我的工作并没有因此而遇到什么麻烦。

（二）在中央党校学习

"文革"结束后，中央党校恢复招生，轮训干部。1980年春，我和总局另一位副局长许发被派去中央党校学习。这里的学习条件很好，每人一间房，伙食也不错，每周放映一至两次电影。学校有医院，看病也挺方便。党校把学员编成几个支部，支部下有小组。学习内容还是马克思主义的三个组成部分：哲学、政治经济学、科学社会主义。学习方法以自学为主，每一单元开始，教员都做启发报告，有些单元还请校外专家、学者做报告，学习小组则根据每一单元的学习内容讨论若干次。一个单元结束时，各人谈学习体会。在5个月左右的学习中，我读过的书和文章，哲学方面的有马克思《〈政治经济学批判〉导言》，恩格斯《路德维希·费尔巴哈和德国古典哲学的终结》，列宁《谈谈辩证法问题》《唯物主义和经验批判主义》，毛泽东《实践论》《矛盾论》《关于正确处理人民内部矛盾的问题》；政治经济学方面的有马克思《1857—1858年经济学手稿》（节选）、《哥达纲领批判》，列宁《苏维埃政权的当前任务》，斯大林《苏联社会主义经济问题》，毛泽东《论十大关系》；科学社会主义方面的有马克思、恩格斯《共产党宣言》，恩格斯《社会主义从空想到科学的发展》，列宁《国家与革命》（节选），斯大林《论列宁主义基础》（节选）。此外，还学习了党中央的一些重要文件，例如《党的十一届三中全会公报》等。这次学习，除较为系统地读了一些经典著作外，主要是加深了对党的十一届三中全会所确定的路线、方针、政策的理解，特别是对实事求是的思想路线和改革开放重要性的认识。

参加这一期（好像是第四期）轮训的，多数是厅局级干部，少数是省部级干部，绝大多数都是满头银发的老人了。此时，党中央正强调干部年轻化（"四化"条件之一），可是，在学习中有些同志就发牢骚说："我们这些人学习结束就要退出历史舞台了，学习有什么用？""干部要年轻化，我们要去八宝山火化。"学习结束时，兼任中央党校校长的胡耀邦在结业会上针对这种思想说："我们这一代人干了一辈子，做出了或大或小的贡献，许多同志'文革'期间又挨了整，回来工作不久，现在又要让位给年青一代，有些想不通，这可以理解，但要知道，这是自然规律，也是我们对党对人民的最后一次贡献。"胡的这些话能否缓解将要离休的老干部的失落感还难说,但废除领导干部职务终身制却是十分必要的。不管你愿意还是不愿意,党和国家领导体制的改革已经迈出了重要一步。

(三) 去福建调查

1980年,中央决定对广东、福建两省实行特殊政策和灵活措施。这一年的冬天,总局让我去了解福建是如何执行中央这个政策的。我原本只是偕同政研室唐云岐去,结果闻讯要求同去的还有中国社会科学院经济研究所的徐节文和北京经济学院的一位女教师。在福建,我们先后到了福州、泉州、厦门等处,返京时再经福州。由于中央给福建的优惠政策刚确定下来不久,具体如何执行尚在拟议中,所以我们的福建之行没有达到预期目的:所到之处,仍如以往一样主要了解劳动工资方面的情况和听取意见。福建在改革开放以前,由于与台湾隔海相望,地处前线,所以没有多少大的建设项目,工业的发展比其他省区相对慢了些。这里的华侨多,有侨乡特点,全国著名的侨界爱国人士陈嘉庚,就是厦门附近集美人士。

我们在集美凭吊了陈嘉庚墓,这是一座很奇特的墓,墓碑上刻有展现陈嘉庚的一生经历及他为人处世的浮雕。陈的经历及其思想,对于在海外漂泊苦斗而怀抱爱国之心的华侨来说具有相当代表性。我们还参观了陈嘉庚出资创办的集美学校，数十年来，这所学校为国家培养了不少人才。距厦门不远的金门岛以及福州附近的马祖岛，至今仍为台湾当局所占据。我们到福建时，两岸已停止相互炮击，但仍保持高度戒备。我们到我方的前沿阵地观看，金、马两岛都看得很清楚。厦门市的鼓浪屿也是个奇特的地方，这里没有任何车辆，既没有机动车，也没有自行车和手推车，任何人走路都凭两条腿。这里风景优美，新中国成立前，一些达官贵人和外国人在这里建有一些别墅，现在有些已改造为宾馆。我们到福州时，当时在福建省任省委副书记的李正亭派车接我和唐云岐到他寓所叙谈，并且看了场电影。福州市的鼓山有座很有名气的道家寺观，我们到此参观后，吃了一顿十分丰盛的道家斋食。

（四）全国普调工资

经过1977年、1978年、1979年调整工资之后，全国仍有相当一部分职工没有升级；就是升过级的职工，他们的工资水平一般还是低的。为此，国务院决定采取分期分批地普遍调整职工工资的方针，特别是要适当解决中年知识分子工资偏低的问题。1981年调整的人员是：中小学教职工，医疗单位护士等中级卫生技术人员，体育系统优秀运动员、专职教练员及部分从事体育事业的人员。这部分属于事业单位和国家机关工作人员的工资管理工作，按原来的分工是归国家人事局管的，但由于企业中有部分人员如企业办的中小学教职工和企业医疗单位的医务人员，也属这次工资调整范围，为此，1981年调整方案时，受总局任命管理工资工作的我和于光汉都与国家人事局及有关部门（如教育部、卫生部）共同研究制订。这一年调整工资比较省事，也都皆大欢喜，却创下了以后"普调"的先例，使工资方面的平均主义未能消除。

（五）总结和交流工资改革经验

党的十一届三中全会以后，在农村实行的家庭联产承包责任制的启发下，城市中各行各业也先后实行了各种形式的经营承包责任制，这种改革又推动了工资制度的改革。为了探索改革的路子，1981年夏，我与工资司的李惟一、胥世华、吕乾然几个人到了无锡、上海、杭州、绍兴、宁波等处进行调查研究。所到之处，都有一些企业在试行浮动工资制，即把职工的劳动报酬同企业的生产经营和职工的劳动贡献挂钩浮动，挂钩指标有与产量挂的（联产），有与利润挂的（联利），有与其他经济技术指标挂的。挂钩的程度不一，有的只与奖金挂，有的是拿出部分标准工资与奖金一起挂，有的把全部劳动报酬包括标准工资、津贴、奖金等同一定的经济指标挂钩。

按照挂钩深度不同，各地谓之小浮动（奖金浮动）、中浮动（部分标准工资加奖金）、大浮动（全部劳动报酬浮动）。浮动工资制，打破了那种不问企业经济效益，也不管职工劳动贡献都照拿工资的"大锅饭"办法，对调动企业和职工的积极性、提高企业经济效益都有一定的积极作用。但是由于企业的经济效益好坏取决于多种因素，浮动工资的作用也是有限的。

在调查研究的基础上，1981年的冬天，总局在山东烟台市召开工资工作会议，会议重点是探索改革工资制度的路子。康永和主持会议，他讲话的主题是把工资工作转移到提高经济效益的轨道上来。我做会议的总结发言时，提倡把职工的劳动报酬与企业经济效益和个人劳动贡献密切联系起来，并指出浮动工资是一条可供选择的路子。在这方面的探索之后发展到浮动升级、浮动职务工资、职务津贴等，总的来说，就是随着企业经济效益的变化，能升也能降。

（六）职工住房分配

总局办公室方面的事，除日常行政事务外，我主要负责职工住房分配。这次的住房来源，一是在和平里四区新建一栋四层楼房，二是在东直门"统建"分配的若干间房。分配对象是无房户和缺房户（依照住房面积、本人职务并适当照顾家庭人口）。由于供需差距大、"僧多粥少"，只能在有分配条件的人中，按积分的多少排列分房的先后顺序以及所分房屋的质和量，而积分是按工龄、职务、学历、家庭人口等来定的。为了使住房分配做到比较公平合理，由各单位选派代表组成分房小组，小组先拟订分房方案，再向群众公布，并反复征求意见才最后核定。采取这个办法虽然麻烦些，但总的来看能做到比较合理地分房，群众也较为满意。

三、在劳动人事部劳动科学研究所

（1982年5月—1983年12月）

（一）劳动人事部的机构及领导人

1982年5月，根据国务院的决定，国务院原有的四个直属总局一级的机构：国家劳动总局、国家人事局、国家科技干部局和国家编制局合并组建劳动人事部，中央宣传部原副部长赵守一任部长，原劳动总局的负责人康永和为部的顾问，原劳动总局副局长何光和原劳动总局办公室主任严忠勤被提为副部长，我被任命为部党组成员兼劳动科学研究所所长，徐公民被任命为部劳动保护局局长。原劳动总局副局长于光汉、王炯、章萍、许发、魏恒仓、王钧等都没有继续任用（于、魏在全国老龄委员会尚有职务）。

　　劳动人事部成立不久，部里曾发了个文件公示部党组成员的业务分工，其中我分管工资和保险福利工作（我当时出差在外）。据说这是由于当时准备调严忠勤到国家机关党委工作而做出的决定。后来严并未调出，但我还是协助严管工资和保险福利方面的事。例如，继1981年调整部分事业单位工作人员的工资之后，1982年又继续调整工资，这次的调整范围是：国家机关、党派、团体的职工，科研机构、高等院校和文化艺术等事业单位1981年未列入调整范围的人员。此项工作原属国家人事局主管，劳动人事部成立后自然承管此事。我除了参与调整方案的讨论外，在调整工资时涉及的应由劳动人事部备查或审批的公文（一般是例行性的），也由我签批。

（二）关于劳动科学研究所

　　劳动部曾经有个劳动经济科学研究所，是劳动问题的科学研究机构，"文革"期间被撤销。"文革"结束后，国家劳动总局成立政策研究室，也做一些理论问题的研究。劳动人事部成立之后，决定组建劳动科学研究所（简称"劳科所"），并把它作为部的"智囊"机构。劳科所成立后，原政研室的工作人员，除年老体弱离退休者之外，都作为劳科所的工作人员，政研室也随之撤销。劳科所的机构设置，大体分工资、劳动力和劳动法（含社会保险和福利研究）几个室，另外还有个办公室（包括管理图书和对国内外资料的收集保管，国外资料还有个翻译出版的事）。劳科所各室的负责人有：工资室孙桢、劳动力室唐云岐、劳动法室夏积智、办公室贺天中，副所长是悦光昭。劳科所组建之初，曾拟订了一些工作制度，如所内工作会议制度，参加外单位会议和对外发表文章的制度等。从1980年开始，我国又恢复评定科技人员职称的制度，为此，我们曾多次派人外出了解中央各部门的有关评定职称的情况，并草拟了初步方案，但直至我离休时，所内职称评定工作都因部里其他单位未启动而被搁置。

从劳科所成立到我从劳科所离休，为时一年半。其间，劳科所各部门研究的主要问题分别是：劳动力室研究就业问题（承担国家"六五"计划期间劳动力安排的科研课题的研究），劳动法室继续研究和提出《中华人民共和国劳动法（草案）》，此草案曾提交国务院讨论过。

（三）工资改革研讨会

1982年10月，中国劳动学会在武汉市召开工资问题研讨会，会上讨论了由劳科所起草、由我做说明的《关于改革我国工资制度的设想》。讨论这个设想时涉及以下很多问题：①当前工资存在什么问题？②到实现党的十二大提出的"两个'翻一番'"、人均国民生产总值达到800美元、人民过上小康生活的时候，工资水平应如何安排？③职工收入结构和工资结构如何安排才算是合理的？④如何理解按劳分配原则的"劳"？⑤如何改革工资制度的模式？对于这些问题，与会同志各抒己见，虽然没有统一认识，但对进一步研究工资问题，还是有积极意义的。

（四）赴湘赣考察和瞻仰圣地

武汉会议结束后，我趁着部里所里的事情不多，借此机会去湖南、江西两省考察，同时也瞻仰了当地的革命圣地。与我同行的有孙桢和吕小平。

在湖南长沙，主要是参观毛主席上过学的湖南省立第一师范学校、新民学会会址、烈士公园、岳麓公园，看了湘江上的橘子洲头。毛主席词《沁园春·长沙》提到这个地方："独立寒秋，湘江北去，橘子洲头……"在毛主席家乡湘潭县韶山冲，参观了毛主席故居、毛主席当年在家乡搞农会时的会址以及韶山冲革命纪念馆。我们还参观了离湘潭二三十里地的一处叫作滴水洞的地方。这里曾经是毛主席在"文革"期间的一个临时指挥所，是一个十分隐蔽（鲜为人知）又十分安全（戒备森严）的地方。在株洲（湖南省的一个工业比较集中的城市），我们召开过两次座谈会，参观了两个重工业工厂，然后便乘火车到了江西省省会南昌市。

在南昌，应省劳动局局长的要求，我向全局工作人员就工资问题发表了一次讲话，随即又开了个工资问题的座谈会，听取了与会同志（包括若干个行业的管工资的干部）的意见。之后参观了八一南昌起义纪念馆、朱德故居、八一公园和一处叫作青云谱的道家寺观。唐朝王勃写的《滕王阁序》中的滕王阁就在南昌，此阁遗迹尚存，但当时正在修复，我们只是在外边看了看。在南昌停留了三四天之后，省劳动局根据我们的要求，派人开车送我们去井冈山和庐山。

井冈山位于江西省西南部的与湖南省交界的宁冈县境内。从南昌去井冈山，汽车得走两天。第一天到吉安（专区所在地），在这里歇了一夜。第二天上午与专区劳动科的同志座谈，了解劳动部门的工作情况；吃了中午饭才向井冈山进发。进入井冈山区，我们看到路旁立着一块刻着"黄洋界"三个字的大石碑，这里便是毛主席在《西江月·井冈山》一词中讲到的"黄洋界上炮声隆，报道敌军宵遁"的"黄洋界"了。离石碑不远处有间房子，里面住着个50来岁的老人。我们到这里时天空正好下起毛毛细雨，这一段路又崎岖，因此便在这里歇息了一会儿，趁便也向主人打听当年红军战斗的情况。但此人语焉不详，看来他对当年的事也是听别人说的，所知并不多。

井冈山是个特别市,大概主要是为方便接待参观的人而设的。由于周围是崇山峻岭,人烟稀少,交通不便。井冈山市区范围不大,只有几条街,居民也不多,但街道宽敞,也很清洁整齐。建在山坡上的宾馆相当高级,吃得也不错。到了这里,在导游的带领下,我们参观了井冈山革命历史纪念馆和一些有纪念意义的革命遗迹。想起埋葬蒋家王朝的"星星之火"就是在这个山冈点燃的,更感到毛主席当年断言井冈山的"星星之火,可以燎原",那是多么英明的预见啊!井冈山不仅是革命圣地,也是个天然的博物馆,在这里的一个展览馆中,我们看到本地生长的多种林木和动物,包括一些珍稀禽兽的标本和图片。

从井冈山去庐山,仍须返回南昌(庐山在南昌的北方,井冈山则在西南方),但回程不经吉安而经泰和。泰和以盛产乌鸡闻名,是"乌鸡白凤丸""乌鸡酒"的产地。我们到了这个县,负责接待的同志请我们品尝"乌鸡酒",还安排我们参观饲养乌鸡的鸡场。我们当晚在泰和歇息,第二天返回南昌后歇一天。这天我去拜访我在广东南路工作时期的老战友、当时在江西省交通厅工作的王建涵,他盛情留我吃了晚饭。王曾是江西共产主义劳动大学的负责人,"文革"结束不久才调回南昌的。

我们从南昌去庐山,先到景德镇,在这里参观访问了陶瓷企业,然后到了彭泽县。彭泽是晋朝那个写《归去来兮辞》和《五柳先生传》的陶渊明当过县令的地方。陶渊明不满现实，不愿"为五斗米折腰"而辞职不干，两文都是写他回家过田园生活的情景和他的理想。我们到彭泽县当天听取了县劳动局的汇报，第二天到离县城二三十里地的"龙宫洞"参观，随即起程往湖口县。湖口即鄱阳湖进入长江的口子，湖口县也因此得名。这里有座石钟山，此山中空，并且有很多窟窿，受湖水进进出出的冲击，发出像钟鸣一样的声音。宋代大文豪苏轼写的《石钟山记》就是记述他考察此山的经过。湖口还有座石钟山寺，寺内陈列不少文物，还有太平天国时期留下的一些遗迹。

离开湖口县到了九江市，没有多逗留，便与市劳动局的同志驱车上庐山。庐山除了风景秀丽外，还有不少文物古迹，光在山石上刻的诗词就不少。1959年党中央在这里召开的庐山会议的场地、当年蒋介石夫妇在庐山的别墅、宋庆龄居住过的地方等，都保存完好，现在都成为庐山的景点。我们在庐山只住了两天，便接到北京来电话催我回京，说是要我去西安参加调整工资的会议。我们只好遵命立即北归。到西安开的会由严忠勤主持，我除了参加编写研究1982年调整工资的具体方案外，还就工资改革问题做了个专题发言。

（五）赴美考察

1983年4月底5月初，应美国布兰迪斯大学（Brandeis University）的邀请，我率劳动人事部代表团去美国访问，同去的有劳科所孙桢、工资局局长陈少平、工培训局局长张亚群和一名翻译。我们乘坐波音757大型客机，从北京起飞经上海（下机办理出境手续）到美国的旧金山（下机办入境手续），然后飞抵纽约，随即换乘飞机（这里几乎随时都有飞机可乘）去布兰迪斯大学的所在地波士顿。从北京到波士顿究竟花了多少时间我记不清了，只记得我们是在下午两三点钟飞离北京的，在上海停留一个小时左右，飞了不久便是黑夜。到达旧金山是大白天，在那里停留一个多小时，到纽约又是黑夜，再到波士顿已是午夜时分了。由于东西半球有时间差，加上在飞机上睡了一觉，我的时间观念就更模糊了。

1. 在波士顿

我们在美国停留10天，到过3个城市：波士顿（教育、科研中心）、华盛顿（政治中心）、纽约（经济中心）。我们在波士顿住了5天左右。第一天安排活动日程和休息。第二天与布兰迪斯大学的教授们座谈（主要由我介绍中国劳动工资和劳保福利的状况），以及参观布兰迪斯大学教学楼等处。第三天到麻省理工学院座谈，我代表团与美方教授、学者互相介绍情况和讨论，主要谈工资形式及工资支付方面的问题。对方对职工工资是公开的这一点表示不好理解。座谈后，一行人到哈佛大学参观。第四天访问马萨诸塞州政府。该州州长向我们介绍该州劳动就业和工资福利的管理情况，然后安排我们参观位于该州的前总统肯尼迪（被暗杀身亡）纪念馆。第五天参观一个港口，在那里吃了海鲜（鱼、虾和海螺）。去华盛顿前，由布兰迪斯大学校长出面设午宴欢送。在波士顿的几天里，有两三个晚上，布兰迪斯大学的学院负责人邀请我们到他们家出席晚宴。晚宴都比较丰盛，并且都同时请他们的一些同行、亲友共餐，很是热闹。

从波士顿去华盛顿时，由于欢送午餐时间过长，加上去机场的路上塞车，到机场时，我们乘坐的班机起飞时间已到。在此情况下，陪同我们去华盛顿的舒尔茨教授（此人从我们到纽约时起，一直陪我们到处走）立即与机场联系，要求让飞机等我们办妥手续登机后再起飞，使我们避免了等坐下一班飞机的烦恼。

2. 在华盛顿

在华盛顿，我们到了美国联邦政府劳工部，听取了他们介绍美国的就业情况和工资情况（主要是谈政府官员的工资情况）；我们还到了一个贫民较为集中的区，在那里参观了一所培训学校和职业介绍所。这个所运用计算机贮存劳动力供需方面的资料，我们对此颇感兴趣，要求他们给我们演示。我们在华盛顿商学院和一处忘记名称的××基金会进行过座谈，两次座谈的主题都是社会保险，参加座谈的大都是财政方面的专家学者。座谈中牵涉到有关美国的财政预算和参众议院争论的问题时，我们就只能"旁听"而已。我们在华盛顿还参观了白宫、国会大厦、林肯纪念堂等处。白宫是美国总统办公的地方，这里除总统办公室和总统家庭生活的地方外，其余都对外开放，据说每天有上万人到此参观（我们在此排队多时才能进去）。国会大厦开会的时候也对外开放。我们参观的那天，碰巧众议院开会，我们在旁听席上看到的情况是：参加会议的人稀稀拉拉，座位空出很多，会议主持人不时敲钟，大概是提醒发言已超时，发言者侃侃而谈，有的人则在聊天，有的走来走去根本不听。那种松散情况，真是不可思议。

林肯纪念堂是一座比较简朴的建筑物，这位南北战争时的英雄、美国总统的纪念馆，比同样是被刺身亡的肯尼迪的纪念馆差多了（后者的纪念馆阔绰得多）。在华盛顿的最后一个晚上，美中友协举办了晚宴，兼有欢迎和欢送我们的意思。友协主席叫罗森，参加晚宴的二三十人，多数是美国人，也有几个是美籍华人，都对我们很友好。

3. 在纽约

纽约是我们访问的第三个城市。我们到过的三市各有特点，波士顿高等院校和科研单位多，许多尖端技术都是从这里诞生的，它是全国的科教中心。这里的市区店铺很少，各个院校和科研单位分散各处，更显得人口稀少。华盛顿是联邦政府所在地，这里没有多少工厂，高楼大厦也不多见。街道整齐清洁，也很安静，我们在街上走，不时看到路旁有小鸟和松鼠跳跃。华盛顿是全国政治中心，而纽约是金融寡头集中的经济中心，高楼林立，汽车又特别多。街上不但有跑着的汽车排队，还有停着的汽车排队，因此更显得这里的街道狭窄，空间很小。

我们在纽约访问过一个工会组织，了解工人与资本家之间有关工人劳动条件如何协商及发生争议如何处理等问题。在纽约，我们参观了华尔街市容，也了解了这里的证券交易所进行交易的情况；参观了设在纽约长岛的联合国大厦；我们还登上纽约市中心的100多层的摩天大楼；乘游艇参观了哈德逊河沿岸的风光，观看了竖立在纽约港口的自由女神像。

在美国10天的食宿情况是：在波士顿，住在布兰迪斯大学职工宿舍，早上在职工餐厅用餐。到了餐厅，每个人各自去拿盘子、刀、叉等餐具，想吃什么就只管要，有人帮盛帮拿，冷饮则自己取用，费用都由接待单位负责。在华盛顿，我们住在一间中级旅店，午餐和晚餐则几乎都在外面吃（一边吃一边座谈，称为工作午餐/晚餐。有时有人请晚宴），统一要了主副食之后算总账付款。在离我们住的旅店不远的地方，有座名叫希尔顿的高级饭店，听说80年代美国总统里根就是在这里遇刺的。在纽约住的是中国驻美国纽约总领事馆，总领事姓曹，50年代初，我与当时任外交部科长的他陪同来华访问的缅甸劳动部部长到各处走过，算是老熟人了。我们住在这里很方便，吃的是自取饭菜的中国餐。吃了几天西餐，再吃中餐胃口大开。在结束美国访问的时候，我们代表团回请布兰迪斯大学的院长和陪同人员，在广东饭店吃了顿广东餐，花钱相对不多，主客皆大欢喜。

在美国10天感受颇多，主要一点是，这个高度发达的资本主义国家，不仅有先进的科学技术值得我们学习，在管理上包括劳动工资方面的管理，也有一些值得我们研究和借鉴的东西。但借鉴的内容必须符合我国的国情，即符合社会主义原则和中国的其他特点，而不能照抄照搬。过去照搬了苏联的一些经验，使我们吃了亏。当然，美国也不是什么都好，清洁整齐的华盛顿也有贫民区，到处堆满垃圾却没人去管；最富有的纽约，也有不少蹲在街头或沿街乞讨的穷人。美国的治安情况也不佳。我们代表团刚到纽约，我的一个钱包就在机场取行李的地方被扒手扒走了，幸好里面只有几元钱和一张照片。

（六）郑州社会保险研讨会

1983年秋，中国劳动学会与劳动人事部保险福利局在郑州联合召开社会保险研讨会。会址在离市区三四十里地的一处乡间宾馆（党中央50年代召开的郑州会议的会址也在这里）。会议由我主持，保险福利局局长傅华中做了关于改革保险制度的设想的发言后，与会同志进行讨论。所议的问题有：①对我国劳动保险制度的评价；②关于保险的概念（劳动保险、社会保险、商业保险）；③关于保险基金的筹集（国家、集体、个人）；④劳动部门管理保险工作的范围及管理机构的设置；⑤关于养老保险。研讨会结束后，有关同志又移师郑州市区，接着召开保险工作会议研究解决具体工作的问题。两次会议都由我做总结，但前一个会是以中国劳动学会副会长的名义，后一个会是以劳动人事部党组成员名义。工作会议的总结发言，在会后以劳动人事部的名义发各省市研究执行。

两次会议后，部分与会同志去距离郑州70多公里的位于中岳嵩山的少林寺（在河南登封县境内）游览。少林寺以武术闻名于世，我们来此参观前不久，全国正放映一部讲述少林寺僧人救唐太宗李世民的电影（《少林寺》），一时兴起"少林热"。来此旅游的人络绎不绝,但这里的公共设施没有跟上。这一带的道路本来就坎坷不平,我们去的那天,天空不时下着毛毛雨,道路更是泥泞难走。嵩山除少林寺外,还有嵩阳书院、中岳庙等景点,我们也都去看了。据说除唐太宗外,汉武帝、武则天也都到过这些地方。我们还去了开封参观。开封是我国古代几个朝代的都城,这里的名胜古迹不少,最著名的有相国寺、包公祠、铁塔、龙庭(北宋故宫遗址)。

(七) 申请离职休养

1980年,中央下发了老干部离职休养的规定。这个规定没有明确离职休养的年龄条件,只笼统地说新中国成立前参加工作的领导干部,年老体弱不能坚持正常工作的,都可以离休。1982年4月国务院发布的干部离休办法规定了干部离休的年龄:部(省)级干部为65岁,副部(省)级及其以下的干部为60岁。1982年劳动人事部成立时,我已63岁,当时留我继续工作,实际上是一个过渡。

我于1983年7、8月间第一次向部党组提出离休申请,但是未获批准,赵守一部长答复我说过些时候再统一考虑。同年10月,我再一次提出申请。在一次党组会上,赵守一说可以同意我的离休申请,但要我承担主持编写《当代中国的职工工资福利和社会保险》一书的任务,以及继续参与中国劳动学会的领导工作，我自然表示同意。这样，1983年12月底，中央组织部批准我离休。同时得到批准的劳动人事部干部还有王炯、王榕等几个人。

从1938年2月入党时算起（参加革命工作的工龄也从此时算起），至此已有45个春秋。从1952年到劳动部工作时算起，我从事国家劳动事业已整整31载。

第八章 在中国劳动学会发挥余热

离职休养，既表明一个人进入了晚年，也标志着将开始一种新的生活。这个新的生活，对不同的人来说是有区别的。与劳动部大多数离休的同志不同，我离休以后没有立即与过去的工作脱离关系，而是在相当长的一段时间里，仍然从事与劳动工资有关的学术性活动。但既然是离休了，我当然和其他离休的人一样，也过着"无官一身轻"的"员外"生活。按照中央的规定，享受"政治待遇不变，经济上略为从优"的生活。

一、编书和审稿

（一）编写《当代中国的职工工资福利和社会保险》

这本书是"当代中国丛书"若干卷中的一卷。"当代中国丛书"是经党中央批准、由中央宣传部负责组织编写的大型丛书。丛书要求把新中国成立以来的历史经验分门别类地加以总结，要求本着实事求是的科学态度，不溢美，不掩过，用可靠的事实资料，如实地写出新中国成立以来各行各业各地区的建设史，为后人和世人留下一部科学的、可信的历史。

我离休之前，大概就在1982年冬或1983年春，中央宣传部召开有各部参加的布置编写丛书的会议，我和悦光昭代表劳动人事部参加。根据中宣部要求和我们部的情况，我和悦光昭商议，劳动人事部需要写四本书，即《当代中国劳动管理》《当代中国人事管理》《当代中国工资福利》和《当代中国劳动保护》。编写任务，分别由各业务局承担，由负责主管的副部长领导。这一意见报部党组同意后，由于各业务局和负责主管的副部长忙于日常事务无暇顾及，工作进展缓慢。1983年底，赵守一在一次部党组会上宣布组织同意我离休的决定的同时，要我继续负责主持编写《当代中国工资福利》一书（其后书名改为《当代中国的职工工资福利和社会保险》），该书出版时署名的主编为严忠勤，因为他是主管工资福利和社会保险工作的副部长，我是副主编。

1. 组建编写班子

由于丛书规格要求高，这本书的编写工作也进行得比较费劲。首先是组织工作班子。我商请工资局和保险福利局局长抽调人员，组成编辑部的基本队伍，然后由编辑部的同志分别约请撰稿人。编辑部工作人员除工资、保险两局调来的王继华、吕乾然、康颖、叶子成、任和、邱善圻、潘朴生、赵端仁等人之外，还约请了部外的一些人参加，计有中国人民大学的孙光德、北京经济学院的袁伦渠、轻工业部的郭晖，加上劳科所王禾棣、原劳动部的刘涤尘等共16人。撰稿人就更多了，他们当中有搞实际工作的，有搞理论研究和理论教学的，有在中央部门工作的，有在地方工作的，都具有较为丰富的实践经验或较高的理论水平。包括一部分编辑部人员在内，撰稿人共有46人。

2. 拟订提纲及确定撰稿人

在编辑部班子基本组成后，我们即着手起草写作提纲。提纲拟好后，编辑部在雅宝路附近北京军区政治部的一个招待所（曾为北洋政府外交总长曹汝霖住宅，是五四运动震惊中外的"火烧赵家楼事件"的遗址，现改名为赵家楼饭店）开了个会，到会的有京内外的撰稿人40多人，会上讨论和修改了写作提纲，确定了写作题目和撰稿人的分工，会期三天，基本上达到预期目的。1984年夏，为了博采众长，也为了了解新的情况，我带领编辑部的几个同志去东北征求编写意见。到过的地方有大连、沈阳、抚顺、鞍山、丹东、四平、吉林等市，还到了长白山林区，观察了林区伐木工人的操作。

编辑部在组织编写的过程中遇到了一些难题，主要是现在正处在改革时期，人们对历史和现状都有很多不同看法。以职工住宅问题为例，长期以来，职工住宅被看作是职工集体福利的重要组成部分，而当前却强调住宅商品化，我们曾请主管住宅的城建部写稿，却遭到拒绝，原因是他们不同意把住宅问题写进我们这本反映职工福利的书中。那么，我们这本书该不该涉及职工住宅问题呢？经反复研究，我们认为住宅商品化虽然是当前的大方向，但职工住宅过去毕竟是职工集体福利的重要内容，今后相当长的一段时期，它仍将具有相当程度的福利性质，因此，我们仍然把它作为本书的一节来写，其中也谈到住宅商品化的试点情况和改革低房租制的情况。职工工资和社会保险方面也都有一些难点。我们处理这类问题的原则是，如实反映历史真实情况，积极而又恰如其分地肯定当前改革。现在回过头看，还未发现什么问题。

经过半年多的时间，分头写的初稿已写成，编辑部于1985年春在天津市蓟县召开了审稿会，会上大家对初稿提了很多修改意见。根据大家的意见，撰稿人又做了修改。修改后的稿子齐集后，编辑部又组织分章统稿。此时大家需要更多的时间集中议论，而我离休后临时安排的在劳动人事部七号楼的办公室不便活动，于是便在和平里南口租了两间房子办公，每天抽出半天时间分章分节讨论。分章统起的稿子，最后由我统纂。

1986年夏，我们带着全书的初稿到一些地方征求意见。我和康颖、邱善圻、王禾棣、郭晖先后到天津、沈阳、上海，刘涤尘、吕乾然、潘朴生到四川、武汉。两队人马回京后，又做了一次修改，然后送严忠勤审阅，他提了几处小的修改意见，便定了稿。我又请原劳动部部长马文瑞为本书作序。这样，全部书稿于 1986 年秋完成，全书分 3 编、15 章，共 34 万字，并附有多幅插图，随即交中国社会科学出版社指定的本书责任编辑陈季东（此人一直同我们保持密切联系）做出版编辑工作。此书于 1987 年 6 月出版，是原劳动人事部确定写的 4 本书中出版最早的一本。

3. 节约受表扬

在编书过程中，由于我们比较注意节约经费，劳动人事部办公厅财务处对此甚为赞赏。他们经过调查研究，整理了一份资料——《庞自及其编写组精打细算、事事注意节约》，送国家机关事务管理局，这个资料又以部机关党委办公室"简报"的形式，加按语发部内各单位。"按语"说："庞自同志带领的'当代中国'编写组，在编写《职工工资福利和社会保险》卷的各个环节中，处处精打细算，少花钱，多办实事，不但按期完成了任务，而且节省了不少开支，这种艰苦朴素、不讲排场的优良作风，是值得大家学习的，应该大力提倡。"

办公厅财务处整理的材料中说："兄弟单位编写一卷书需要经费 5 万至 10 万元，有的高达 20 万元，而这部书的编写经费只用了 3 万元。"具体事例有：①出差，以身作则，不住高级宾馆，不住单间。充分利用时间，去上海出差，上午到达，下午就开会；离开沈阳时，晚上八点上火车，下午六时还在开座谈会。②收集资料尽量用摘抄办法，以节省复印、打印经费；所用照片，尽量请各地各部提供，以减少自己拍照的开支。③全书通纂，许多部门一般集中部分同志，租用旅馆、宾馆进行编纂工作。庞则组织编辑部同志在办公室和自己的家里完成。庞经常夜间工作，但从不计报酬，不要加班费。（见1987年3月14日部机关党委"简报"）

（二）主编《中国社会主义劳动工资问题》

这是1988年以中国劳动学会的名义编的一本有关改革劳动工资制度的论文集。选编本文集的目的是检阅中国劳动学会成立以来的学术研究成果，也是检阅我国劳动工资制度改革进入第十个年头的理论与实践。

选编这本书不像编写"当代中国"丛书那样吃力，但也需花相当工夫。首先是组织编辑班子，先确定由我和原劳科所贺天中、方光宇两位离休同志负责编辑，随着工作的开展，又吸收在职干部唐云岐、田小宝等参加。其次是征集稿件，方法是由中国劳动学会秘书处给各地各部的劳动学会发出通知，请他们推荐优秀论文或组织写作论文；还请《中国劳动科学》杂志社推荐在该刊发表过的有代表性的文章；仍有不足时，再由编辑组约稿，例如约请工资局负责人陈少平写1985年机关、事业单位工资制度改革方面的文章《浅析国家机关和事业单位的工资制度改革》，约请劳动力管理局负责人华荫昌写劳动服务公司方面的文章《充分发挥劳动服务公司在培训就业中的作用》，等等。

收到的稿件，先由贺、方两人分工筛选，然后交我审定，遇有疑义，三人再从多种角度来决定取舍。稿件选定后，再从编辑角度上对稿件进行加工整理，如引文使用、注释位置、数字写法及标点符号等，都要统一规范。从1988年夏开始进行此项工作，到同年秋定稿交出版社，历时三四个月，共选文章51篇，40.9万字。该书于1989年3月出版。

（三）审阅《劳动行政管理知识大全》书稿

《劳动行政管理知识大全》是中国劳动学会编、夏积智（劳科所副所长）主编、我任顾问出版的一部大中型工具书。这部书内容涵盖劳动、工资、劳动保护、社会保险方面的有关知识。除词条式的知识外，还有事典式的历史概述，内容比较丰富。我不参与该书组织编写方面的事，只负责稿件审阅。对明显差错的地方，能直接改写的就动手改写，有些则建议作者或主编修改。需修改的地方不多，但由于全书词条多，总量大，又需逐条逐句逐字审阅，工作也不轻松。初稿送我看时是分批送的，看完一批再送一批。定稿则一次性送来，这就让我感到压力大。好在稿件都是打印稿，又是过目了的，再看一遍时，除有个别新的情况和新的观点需做修订外，一般只是多花点时间看看就行了。此书稿于1991年交出版社，1992年6月收到书和1000元审稿费。

（四）审阅《劳动经济学概论》《现代企业劳动人事管理》书稿

《劳动经济学概论》《现代企业劳动人事管理》这两本书，是轻工业部组织编写的干部教育读本，1990年春交我审阅。对其中不妥之处，我都按我的认识提出了修改意见。根据留存的记录，我主要提了以下一些意见。

1. 对《劳动经济学概论》稿的意见

（1）关于劳动经济学的定义和对象。本书稿对劳动经济学的定义和对象是分开说的，表述也不一致。定义说的是"劳动经济学就是从经济学的角度分析和研究劳动关系的一门学科"；研究对象说的是"劳动经济学……研究生产关系中与劳动有关的部分，即生产关系中的劳动关系部分"。对劳动经济学的定义，目前还众说纷纭。但比较上述两种说法，我倾向于后一说法，并且把定义和对象统一起来。按研究对象下定义，这与本书主要讲两种不同的生产关系决定两种社会制度的劳动关系的根本区别,更显示出一脉相承的关系。认为劳动经济学除研究生产关系中的劳动关系外,也研究有关的生产技术(生产力)问题,这是对的。不仅如此,我认为它的研究对象还应包括上层建筑的有关部分,即党和国家有关劳动方面的方针政策和法律、法令,因为劳动关系在相当程度上要依靠劳动法来实现和调整。

(2)关于社会主义所有制。除讲两种公有制和"还有少量劳动者个人所有制"外,应该讲的还有实际存在的私营经济、中外合营企业、外商独资企业等;两种公有制内部也有多种形式。同时应该指出,公有制在多种经济成分中占有主体地位。

(3)关于社会主义劳动者与生产资料是否直接结合的问题。对这个问题目前还有不同看法,本稿对此持肯定说法,并有明确论点。我以为,本书可以把它作为一种意见。同时,要回答现实中存在的问题,即社会主义社会的劳动者与生产资料还存在一定程度的分离,如一定时间的待业(失业)、通过市场分配劳动力、非公有制企业的雇佣劳动制问题等。

(4)关于资本主义社会劳动者失业的原因,不能认为是生产无计划的结果,而应该说是资本主义追逐利润和最大利润的必然结果。若生产不能为资本家提供利润或最大利润，资本家就裁减工人或停业，因此，失业是与资本主义生产关系同时存在的。

（5）关于按劳分配的所谓历史局限性。本稿提到马克思《哥达纲领批判》一书中讲到的按劳分配的"缺点"和"弊病"，并提出"采取必要措施来弥补"，这个说法不妥。所谓"缺点"和"弊病"，这是相对于共产主义高级阶段的按需分配来说的，它指的是人的能力大小和赡养人口多少所带来的"事实上的不平等"。但在现实的社会主义社会里，如果"弥补"了这个加引号的不平等，那哪里还有什么按劳分配呢？

（6）关于按劳分配是否由满足基本需要和满足全面发展及享受需要两部分组成的问题，这个说法值得商榷。因为从本来意义上说，按劳分配就是等量劳动相交换，即多劳多得、少劳少得、不劳不得。至于所得部分能满足劳动者及其家属的何种程度的需要，则取决于生产力水平等因素。如果说凡是劳动者都应该满足其基本生活需要（不管其劳动好坏），那是另外一个原则。按劳分配在具体执行中，也可以分解为若干部分，如目前机关、事业单位实行的结构工资制，但它的基础工资也不能说就能满足劳动者及其家属的基本需要。

（7）关于资本主义国家也有保险福利的原因何在，书稿说这是与资本主义"生产目的格格不入的"。这个说法不妥。资本主义国家实行社会保险，固然是工人阶级斗争的成果，说这不是由于资本家发善心也对，但实行社会保险与资本家生产经营是为了获取利润和最大利润这一目的还是一致的。因为没有社会保险，就不能保障劳动力的再生产，从而也就不能保证资本家的利润。因此，资本主义国家也需要社会保险来缓和阶级矛盾，社会保险被它们称之为"社会震荡的减震器"。

2. 对《现代企业劳动人事管理》稿的主要意见

（1）关于劳动管理的范围。原稿使用劳动条件、劳动报酬、劳动关系这几个概念欠妥。劳动报酬是劳动条件，也是劳动关系的一个重要方面。如果写法不变，我主张劳动管理的范围应指劳动力管理、劳动报酬，再加上职工培训、劳动保护和职工社会保险、职工福利，这样就较为清楚了。

（2）关于行为科学。行为科学把以事为中心的管理发展为以人为中心的管理。这是企业管理在理论上的一大突破，有些做法也是我们可以学习和借鉴的。但西方国家提倡的这种理论，是同资本主义生产关系相联系的，以个人主义思想体系为基础的（如强调个人需要、个人成就和利己动机等），它与社会主义的集体主义，与我们提倡的兼顾国家、集体和个人利益是不相符的。同时，它以超越阶级观点和离开社会实践谈抽象的人性,也是不科学的。无批判、无分析地介绍西方的观点,既不符合社会主义原则,也不符合我国实际。50年代我们照搬苏联的一套办法吃了亏,今天绝不能照搬西方一套(只能借鉴符合我国需要的某些做法)。

(3)关于优胜劣汰原则。应该说明的是,我们社会主义的优胜劣汰与资本主义的竞争是有区别的,不是你死我活的关系,而是以优促劣,使优的更优、劣的向优的看齐。在职工队伍中搞劳动组合时,不能把"劣者"都排斥出企业,而是帮助"劣者"提高,使之适应生产发展的要求。

(4)关于介绍国外职工培训实例。建议也同时介绍我国搞得好的企业实例,如首钢就有较为完整的职工教育培训体系。

(5)关于介绍西方的工作研究法。建议也同时介绍我国行之有效的经验,如张兴让的"满负荷工作法"等。

(6)建议在适当地方加上德才兼备和任人唯贤的用人之道。在干部标准上,应该提到"革命化、知识化、年轻化、专业化"以及领导干部必须坚持四项基本原则,反对资产阶级自由化;在培训干部意义上,应该提到培养千百万又红又专的革命和建设事业的接班人。

(7)关于按劳分配,原稿的结构需要做调整,建议写三点。

第一,正面阐述按劳分配的理论,即按劳分配的必然性、主要内容和它的伟大意义。

第二,马克思设想的按劳分配与现实生活的重大区别:①马克思提出按劳分配的时候,他设想的社会主义不存在商品生产和货币交换,而现实的社会主义却存在。②马克思设想的劳动量以自然时间计量,劳动者凭证明书(劳动券)领取与其提供的劳动量相当的消费资料,现实生活则不是简单地按时间计算工作量,按劳分配也不是通过证明书来领取消费品,而是通过商品交换、货币、工资等形式来实现。③马克思设想的按劳分配,是在全社会范围内由社会直接进行分配,而在商品经济条件下,主要是通过单位(企业)来进行(国家只做宏观调控)。④马克思设想的按劳分配,是等量劳动相交换,而在商品经济条件下,等量劳动往往拿不到等量消费品。⑤社会主义初级阶段的个人消费的分析,除以按劳分配为主体外,还有其他分配原则(形式),如按资金投入分配,按拥有科学技术及专利权分配等。

第三,按劳分配的实现途径,主要讲清楚个人劳动要通过集体劳动产品(指企业)在交换中实现了价值,才能计算个人的劳动量,进行按劳分配。

(8)关于劳动市场问题。

第一,概念问题。现有三种提法:劳务市场、劳动市场和劳动力市场。本稿用的劳动市场，按西方的说法是劳动力市场。目前见于我国政府文件的是劳务市场，建议在介绍西方的观点和做法时，就按他们使用的概念，即劳动力市场；在要说明我国可以学习和借鉴西方某些做法时，可以说明我国通过劳务市场来调节劳动力的供求关系，但与西方的劳动力买卖有本质的不同，至少在全民或集体所有制单位是这样。我们把西方的劳动力的市场调节叫作劳务市场。不这样处理会产生很多复杂问题，例如劳动力是不是商品、劳动力价格、按劳分配问题等。

第二，实际问题。我国实行的是有计划的商品经济，劳动力计划仍然是国家计划的重要组成部分。因此，尽管市场调节劳动力的供求关系是必要的，但绝不是唯一的手段，至少在相当长的一段时期，还应以计划调节为主。招工还应以1986年国务院发布的《国营企业招用工人暂行规定》的办法为主要依据，无计划的盲目招收并不适合我国的国情。

（9）关于劳动保险即社会保险问题。有同志认为两者是有区别的，但所谓区别，无非是说两者的实施范围大小不同、项目多少不同，保险基金筹集和使用的社会化程度不同。其实，叫劳动保险或社会保险，都有一个逐步发展的过程，是实施范围由小到大、项目由少到多、社会化程度由低到高的过程。新中国成立后实行的劳动保险，应该说范围还是比较宽广、项目比较齐全的社会保险，当时规定的长期支付的保险费用是全国统筹的，就是说社会化程度是很高的，只是"文革"以后被改坏了。现在要逐步改回来，如从一个地区到全省以至全国统筹。所以两者没有本质的区别，现行《中华人民共和国宪法》第四十五条讲的社会保险，主要也是指现行的劳动保险。

（10）关于职工福利的概念问题。在讲到职工福利的性质和作用时，建议补充下面的意思：职工福利是个人消费分配的一种形式，它与社会保险一样，对保障职工生活起着辅助作用，它或者补充职工的收入，或者减少职工的支出。

以上意见，均及时送交负责组织编写该书的郭晖同志。一个月后，负责联系这件事的王禾棣送来审稿费300元，但迄今为止，我仍未见到这两本书。据王说，已出版一本，郭晖对王说等书出齐后再送我。

（五）承诺担任《劳动经济管理百科全书》主编

1991年10月底，我刚参加完在北海举办的首届国际珍珠节回京没几天，劳动出版社社长兼主编王建新和编辑余炳荣还有一位女编辑，三人来我家找我，说他们出版社第八个"五年计划"期间要出版两本有分量的书，一本是

《劳动经济学》，一本是《劳动经济管理百科全书》，前者请悦光昭主编，后者请我主编，并说此计划已经过新闻出版署图书管理司同意，将其列入"八五"期间国家重点规划图书。从劳动出版社报送出版总署的报告看，编辑《劳动经济管理百科全书》是一项大计划。

这是一个突如其来的"袭击"，主编这么大分量的一部书，我怎么能承担？我再三推却，但来者再三劝说，非要我承担不可，还搬出"部长已经批准了这个计划"来说服我。最后达成的协议是，我只负责审阅书稿（把关），编辑和其他的事我都不管，都由出版社负责处理。

事有凑巧，出版社来人找我谈的第二天，中国劳动报社也来了三个人访问我，他们是为撰写"劳动战线人物"来的。他们这篇题为《皓首丹心》的访问稿，刊载于1991年11月28日出版的《中国劳动报》上，把我允诺担任《劳动经济管理百科全书》主编一事也给写上了。实际上由于计划改变，我后来没有管这件事。

（六）参加《马文瑞回忆录》的撰稿

1993年冬，我承担了为原劳动部部长马文瑞写回忆录的工作，主要撰写马文瑞从1954年至1958年在劳动部工作期间的一段经历。其中对劳动部在初创时期的工作任务和职责范围的确定，对两次全国劳动局长会议及1956年周恩来总理直接领导的工资制度改革，以及1958年"大跃进"对劳动工作的冲击等历史情况做了较为详细的叙述。撰写马文瑞部长的这段经历，也有助于我对自己在劳动部这几十年经历的人和事做一番梳理。

二、参与中国劳动学会的领导工作

（一）参加咸阳换届会和年会

1981年中国劳动学会成立，我是学会副会长。1985年学会换届，我仍当选为副会长，继续参与学会的领导工作。当年的换届会和年会在陕西咸阳市合并召开。年会的热门话题有劳动力流动问题、劳务市场问题、工资与经济效益挂钩等问题。会议由康永和主持，我做了会议小结。会议期间，全体同志参观了咸阳显像管厂（会议就是在这个厂的招待所开的）。会后，与会同志参观了秦兵马俑及武则天墓等处。

我因曾参观过秦兵马俑等处，这次便没有再去，而是另请省劳动局派了部车，送我去两处看望亲人。首先去看我二女婿朱俊杰的姐姐朱立新、姐夫徐修安。立新家就在咸阳市郊茂陵附近，俊杰妈妈恰好也在，大家能在此处见面都很高兴。由于此前已与朱电话联系，说我在此逗留时间不多，我到后不久即吃午饭，饭后由修安陪同到茂陵参观。此处有汉武帝刘彻之墓，还有卫青、霍去病墓碑。汉武帝墓是我见到的地面墓中最大的一个，气势极其雄伟。陈列馆有不少西汉时期的出土文物，我们在这里大约转了一个多钟头。与修安告别后，便驱车去耀县国防科研所，看望我外甥女谈珠如和她爱人周国才。

从茂陵到耀县百多里地，到珠如家已是晚上七八点钟了。也是由于事先联系过，到此地后食宿都安排好了。我住在珠如家，司机和陪我来的一位同志住附近招待所。到此了解到，珠如夫妇一家1965年参加"大三线"国防建设，从北京转到这山沟沟里后，最艰难的"文革"岁月也在这里度过。他们这些年看来过得还不错，珠如现在是会计师，仍在工作；国才在"文革"时期患脑出血，但后遗症已基本消失；珠如夫妇的三个儿女都已工作，大女小妍还有一个三岁大的儿子，长得很机灵可爱。歇了一宿，第二天吃过早饭，即到夫妇所在单位参观飞机强力测试研究室和测试现场。参观毕即与珠如一家告别，驱车到耀县县城东几里地的药王山参观，这里是唐代有名的医药学家孙思邈（人称药王）隐栖之处。药王山石刻很多，造像都很生动，碑石林立，令人目不暇接。参观后回到咸阳，已经是晚八九点钟了。

（二）参加南昌职工福利研讨会

1984年冬，中国劳动学会在江西省南昌市召开职工福利问题研讨会，讨论的主要问题有职工福利的定义、意义和作用，福利分配（享受）的原则以及今后的发展方向（主要是职工福利社会化即社会办福利问题）。这次会议总结也由我来做。

会议期间，我们部里的几个同志抽空到了鄱阳湖边的共青城参观。这里是胡耀邦同志50年代主持共青团工作时倡议建立的一个国营农垦场，当年在这里创业的都是响应党的上山下乡号召的知识青年（以上海、江苏的居多），经过多年奋斗，现在这里已建成一个农工贸一体的大型国营垦殖场，并以场为中心形成了具有相当规模的一个小城镇。这里生产的羽绒服远销全国各地和国外许多国家。我们在这里听取了农场负责人的介绍，又吃了独具特色的午餐（所有原材料全都是本农场所产），有些同志还买了羽绒服，然后返回南昌。

会议结束后，我们由南昌返北京。火车途经长沙停站时，湖南省劳动局派人到站接我，说劳动人事部通知省局转告我，要我代表劳动人事部去醴陵参加李立三同志故居落成典礼。于是我当晚住在省委一处花园式招待所。第二天有人陪我乘车去醴陵，当晚住醴陵县招待所（一个旧式大宅院），李立三的俄国裔夫人李莎接见了我，她是李立三在苏联工作时认识的，虽历经磨难，但对李立三矢志不渝。她的中国话讲得不错，见面时谈到李立三在劳动部工作时，我曾到过他们家，她也出席过劳动部举办的春节联欢会，这些事她说她都记得很清楚。

到醴陵的翌日，我参加了一个在县城小礼堂举办的纪念会。记得主要发言的是全国总工会的一位同志，他比较详细地介绍了李立三在全总工作时为中国工人运动所做的贡献。第三天，与各地到此参加故居落成典礼的人一道乘车到醴陵县阳三石镇的福建围村。此处离县城大概只有十来里，但道路凹凸不平，加上那几天正下雨，道路泥泞难行，走了一个多小时才到。参加典礼的人不少，故居周围都是种了庄稼的田地。故居落成剪彩后，湖南省的一位副省长发表讲话，大意是李立三对中国革命的贡献和他的优良品德，讲话结束后人们还参观了李立三事迹陈列馆。了解了他一生事迹后，我对这个虽有过重大过失但仍不失为伟大的人物深表敬意，对他遭遇到的不公正对待和非正常死亡深感愤慨和痛惜。

（三）参加北京市劳动学会年会

1985年春，我应邀出席北京市劳动学会第二届年会，在会上做了题为《谈谈工资改革问题》的发言，该发言稿刊登在会后不久出版的一期《中国劳动》① 上，后又收进北京市劳动学会主编的《劳动工资制度改革探索》一书中。

（四）参加沈阳租赁企业研讨会

1987年，我参加《中国劳动科学》杂志组织的工业企业租赁条件下的劳动工资问题研究研讨会，并担任这个课题的顾问。同年8月，中国劳动学会和轻工劳动学会在沈阳召开这个课题的研讨会，我做了会议总结发言，该发言刊登在轻工学会的会刊上。

（五）参加首钢调研及首钢改革研讨会

1987年夏秋，我协助康永和到首都钢铁公司调查研究该公司改革劳动工资制度的情况，并与该公司的同志共同写出份两个调查报告稿：《关于首钢改革试点及建立新工资制度的调查报告》和《关于首钢劳动管理制度改革的调查报告》。以上两稿分别刊登在《中国劳动科学》1987年第12期和1988年第1期上，署名作者是康永和、庞自、王国培（冶金工业部劳动工资司司长）。

1987年10月，中国劳动学会和首钢联合召开首钢劳动

---

① 源自1950年创刊的《劳动》杂志，1966年起停刊。1979年复刊并更名为《劳动工作》，1983年更名为《中国劳动》，1986年更名为《中国劳动科学》，1997年更名为《中国劳动》。

工资制度改革研讨会，我做了会议总结，该总结发言刊登在《首钢报》（月刊）1988年第3期。后来，中国劳动学会将这篇总结发言及上述两篇文章编入《首钢劳动工资制度改革》一书中。

（六）参加马鞍山配套改革研讨会

1988年4月，我参加中国劳动学会和安徽省劳动学会联合在马鞍山市召开的企业劳动工资配套改革研讨会，我做了会议小结。会议主要研究劳动工资和社会保险改革配套的必要性及如何配套改革（相互关系及突破口的选择等问题），讨论较多的是关于优化劳动组合的问题。这次会议是为下一年规模较大的研讨会做准备的，因此只有部分省市劳动学会的代表参加。

安徽是华东地区我唯一没有去过的省份，参加这次会议是补这个缺的一个好机会。安徽名胜很多，这次到这里，无论会前、会中和会后都参观了一些名胜古迹。会前即从合肥去马鞍山途中，就参观了位于合肥郊区的包公（包拯）庙，在和县参观了楚霸王（项羽）庙。会议期间，利用休会间隙参观了离马鞍山不远的李白纪念馆（在当涂县采石矶），还看到了李白墓（在采石矶江边的山脚下）。大概是为了保持原貌而没有对墓地做过多的修葺，墓周长满荒草，这与1000多年前白居易诗《李白墓》所描写的差不多：

"采石江边李白坟,绕田无垠草连云。可怜荒垅穷泉骨,曾有惊天动地文。但是诗人多薄命,就中沦落不过君。"诗中所说"绕田无垠草连云",似指李白墓旁有庄稼田地,而今天墓地周围并无可耕地;但所说"草连云""荒垅",则在千年后的今天看来,还是很形象的。

研讨会结束后,部里的少数几个同志在马鞍山钢铁公司(会议就在公司招待所开)的安排下去黄山游览。黄山是我国几大名山之一,以雄伟秀丽、多奇松怪石著称。明代旅行家、地理学家徐霞客曾在登临黄山时赞叹道:"薄海内外之名山,无如徽之黄山。登黄山,天下无山,观止矣!"被后人引申为"五岳归来不看山,黄山归来不看岳",所以到此一游真是令人大饱眼福。从马鞍山去黄山,沿途经过繁昌、南陵、泾县(此处宣纸闻名遐迩,我们参观了制作宣纸的作坊,也买了一些宣纸)、旌德、太平,回程又经过芜湖。转了这一大圈,我们对安徽的地形、地貌、城市、古镇、村落、房舍建筑特色等都有了一点感性认识,更是不虚此行了。

顺便提一下,从安徽返京不久,适逢《人民日报》经济部等单位在首钢召开全国第二次承包制理论与实践研讨会,这个会主要也是研究配套改革问题。我由于刚从安徽会议上了解到一些情况,便应邀参加,并提交了题为《实行承包制与劳动工资制度改革》的论文,此文收录于会后汇编的《论承包制的配套完善、深化、发展》一书中。

（七）为"二汽"提供咨询

1988年6月，位于湖北省十堰市的第二汽车制造厂（简称"二汽"）邀请劳动人事部派人为他们改革劳动工资制度提供咨询，我代表劳动学会参加这次活动。1973年夏，我从河南干校返京恢复工作不久，即带了个工作组去湖北考察，其中也到了"二汽"。那时"二汽"还是个烂摊子，生产未走上正轨。"文革"结束后，特别是改革开放以后经过整顿，"二汽"已步入生产经营方面的先进行列，对劳动工资制度的改革，"二汽"也是态度积极、成效显著的。我们这次看到的"二汽"在劳动管理、工资分配方面的改革方案，总的思路是正确的。我和咨询组的同志，包括陈少平、邢赞勋、庄静、俞树芳等，都提了一些供他们参考的意见。咨询活动结束后，东道主安排我们去参观武当山这个道教圣地，回程又安排我们参观神农架原始森林保护区。到了襄樊，参观了"二汽"在此扩建的工程，还就近参观了诸葛亮故居，一路上收获甚丰。

（八）参加佛山社会保险研讨会

1988年12月，我参加了劳科所在广东佛山市召开的社会保险问题研讨会，并在会上就有关问题发表了自己的意见（印在该会会刊上）。会后，我顺便去顺德看庞琨（侄女）、于洪杰夫妇。顺德县县长招待我和庞琨、洪杰等共进午餐，然后我和陪同人员，即劳科所石美遐、佛山市劳动局的一位同志驱车去珠海，在珠海住了一宿。翌日，珠海市劳动局局长请我们吃了早茶后，向我们介绍工作情况，之后，我们便又动身往回走。当晚住在中山市，中山市劳动局局长热情接待，晚上陪我们参观中山夜市。第二天吃过早茶即返广州。途经顺德时，庞琨、于洪杰夫妇请我到饭馆午餐，饭后又送了我不少东西，其中有大筐水仙花，因我不会养，都送给石美遐了。

（九）参加深圳市工资管理研讨会

1991年1月，深圳市有关单位召开深圳市工资管理研讨会，我应邀参加。在此以前，我都是以劳动学会副会长的名义参加这类活动的。1990年冬劳动学会召开换届会议时，我提出不再当学会副会长了。我原想自己年逾古稀，应让年轻的同志干，我不再干了，因此那次会（在四川攀枝花开的）我也没有去参加。事后听说，会上除同意我不再担任副会长外，还选我为学会顾问。我参加深圳这次研讨会，参加者名单上，我的职务名称就是中国劳动学会顾问。参加这次会议的，许多都是劳动战线上的已经离退休或即将离退休的老人。会议除了听取大家的意见外，可能也是提供机会让老同志们在一起见见面。深圳市劳动局局长张文超也是将要退休的老同志了。

研讨会开得不错，市劳动局准备的材料基本上是好的，大家除了予以肯定外，也提出了各自的看法。会后，到大亚湾核电站和珠海市参观。核电站当时尚未建成，但据介绍，再有一两年便可投产运行，与香港并网发电的工程也在积极施工中。

（十）参加中国劳动学会上海换届会

1994年9月，我参加在上海召开的中国劳动学会换届会，受聘为学会高级顾问。

（十一）参加温州社会保险研讨会

1995年8月，中国劳动学会与中国社会保险研究会在浙江省温州市召开研讨会，我以两会顾问的名义应邀参加。这次研讨会的主题是再次肯定社会统筹与个人账户相结合这一养老保险模式。会上讨论的主要问题是，社会统筹与个人账户各占多大比重为宜，以及将来如何把五花八门的做法统一起来。1997年7月，国务院发布《关于建立统一的企业职工基本养老保险制度的决定》，对实现制度的统一并轨做出原则性的规定。

温州市是我国带头搞改革开放的城市之一，以大力发展个体经济、私营企业著称。该市经济发展很快，市场繁荣。会议期间，我到过一些从事批发贸易的市场参观，感到温州市在经济发展方面的确有自己的特色。

三、参加革命历史回顾活动

（一）参加电白县边纵五支队军史座谈会

1984年夏，我应广东省茂名市委的邀请，参加在电白县城水东镇召开的粤桂边区纵队第五支队军史座谈会。第五支队是解放战争时期在原茂（名）电（白）信（宜）三县活动的一支队伍。这支队伍也是在原三县地下党打下的基础上逐步发展起来的。正是由于这个原因，尽管我在解放战争时期不在这个地区活动，我仍然受到邀请。会议期间，我见到一些熟人，还认识了一些闻名但未见过面的老同志，彼此都感到快慰。

由于我对五支队的情况不了解，除需要参加大会外，开小组会时我便与熟人如严子刚、陈东等到县城郊区进行访问。其中有两处地方印象深刻，一处是很多村民外出搞建筑的一个村庄，村民的收入比较高，建了不少新房。有个包工头盖了一栋三层楼的住宅，花了十多万元，听说此人发了财还能为乡村做些好事，如捐款办学、每逢年节给五保户送衣送物等。另一处是个搞海产品加工的村庄，一些个体户雇工数以百计，帮他把鱼产品进行分类、翻晒、收集……雇工中不少是小孩子。从中可以看出，我们过去概念上的"包工剥削""雇工剥削"都出现了，但农村经济也由此大大活跃起来。

座谈会结束以后，我与严子刚到了湛江，住市委招待所。在湛江见到的熟人也不少，叶平、陆锦西、宁德棠、伍日新还请我到他们家吃饭，庞昭要请一顿饭还安排不上时间。其间，庞昭和陈东也常陪伴游玩。在湛江住了三四天，防城籍沈鸿周建议，组织几个人去钦、防转转，由宁德棠向湛江市商业局要了部面包车（宁离休前是该局局长），这样，我和沈鸿周、宁德棠、叶平、刘瞿塘等5个人便从湛江出发，到了合浦县、北海市、钦州市、防城县、灵山县等两市三县。由于各县市都还有熟人在党政机关工作，沈鸿周又是打游击时期他们的领导人，因此我们所到之处都受到热情接待和宴请。在合浦和防城两处，还参加了座谈会，主要是研究如何处理"文革"遗留问题。

此行收获甚丰。一是旧地重游。自从1942年我离开家乡这块土地后，此前只回过北海和合浦，这次返乡，则旧称钦廉四属都旧地重游了。二是见到很多老熟人和新相识。三是了解到一些情况（"文革"及如何"处理遗留问题"）。四是沿途受到热诚接待很感快慰。唯一遗憾的是，家乡山河面貌未改，人民温饱问题还未完全解决。离开湛江进入广西之后，驱车走过的几个县市的许多村庄，见到的还是几十年前的老旧房子，几乎见不到新建的房屋，与全国其他省市相比发展很慢，更不用说与广东比了。

从灵山回到北海，我应北海市委党史办的要求，回答他们提出的有关北海党史的若干问题。党史办按照我的提议，还邀请十来个有关同志参加座谈会，主要由我发言，其他同志补充。我的发言记录，刊登在《北海党史资料（第三辑）》上。

（二）纪念合浦白石水武装斗争

1984年冬，我应邀参加合浦县白石水武装斗争45周年纪念活动。1940年的白石水武装斗争的起因是：白石水人民在我党领导下，武装拦截奸商资敌（日寇）的粮食，对此，执行降日反共路线的国民党合浦县政府，不但不加以鼓励，相反，由县长亲自带兵去镇压人民，白石水人民被迫进行自卫，"围剿"与"反围剿"斗争持续了一年多的时间。后因广东省委负责人（张文彬）错误地把"在统一战线时期，在国民党统治区不搞武装斗争"绝对化，错误地命令合浦县委把白石水的武装斗争转变为政治斗争（实际上是取消斗争），致使白石水人民遭受到严重摧残。1944年，广东南路特委书记周楠到重庆向董必武请示工作，在谈及白石水斗争时，董肯定白石水进行武装自卫是正确的。董说："官逼民反，民不得不反嘛！"从此，对白石水武装斗争一事才恢复了正确的认识。

纪念白石水武装斗争不是一般的纪念会，主要是为合浦县也是为钦廉四属中共党组织平反的一次盛会。因为直到"文革"结束已经多年的这个时候，广西的"文革"遗留问题还未彻底解决，合浦县几个大案的平反还有遗留问题，为此，这次会议以北海市委和合浦、浦北县委的名义联合召开，一市两县的党委负责人以及广东省委党史研究室负责人温焯华（也是原广东南路特委负责人），广西壮族自治区党委党史研究室负责人陈岸也到会讲了话。会议先是在浦北县城小江召开，然后到合浦县城廉州开，最后到北海市开。在合浦和北海开的会，我都在会上发了言，在合浦的发言刊登在纪念会的会刊上。

回京途中，我还到了桂林，原想到在桂林能见到杨江、谢森、黄炳等，遗憾的是杨江、谢森那时都不在桂林，只与黄炳、庞光琦一起去游览了桂林的一些景点。返京时因买不到飞机票和火车卧铺票，只好乘坐火车硬座回到北京。

（三）纪念那良起义

1985年应邀参加防城县召开的那良起义50周年纪念活动。这是一次偶然遇上而参加的会议。当时，我与罗英离休后第一次到外地旅游，从北京到广州、黄埔、深圳、顺德、湛江等处。到了湛江后接到邀请我们参加会议的通知（罗英因行走不便没有去）。从湛江到防城，吉普车走了一整天，主要是有两处地方要坐渡船过江，把时间给耽误了。

防城县那良镇位于中越边境。1945年广东南路地区全面起义后，此处于1945年6月组织人民武装开赴越南打击日伪军，开辟了中越边境越南一侧的一些游击区。这次纪念会也牵涉到一些地方党史的问题，例如关于防城县重建党组织以后的第一个特别支部是什么时候、在什么地方建立的，防城县党史研究室认定的时间、地点与我和宁德棠的记忆就不相符。按照我和宁的记忆，特支应该是1941年春在防城县东兴镇建立的，当时的特支书记是李健甫，组织委员是我，宣传委员是宁。而县党史办却认定特支是1942年在防城县城的防城中学建立的，其主要根据是李健甫的说法。此外，自1941年底起领导防城党组织的谢王岗和领导钦廉四属党组织的杨甫，都记不起宁德棠是特支委员。虽然我一再向党史办的同志（张贤负责）陈述了我的意见，但特支的纪念碑仍立在防城中学里。这样，历史事实也就被这块石碑改变了。

参加那良起义纪念活动的同志中，不少是越南独立中团的指战员，趁此机会，独立中团的同志也开了个座谈会（去电邀请未参加那良起义纪念活动的黄炳、方野与会，黄未到,方到),商议写一篇独立中团团史的资料。这次座谈会为翌年钦州地委党史研究室召开独立中团团史座谈会做了必要的准备。

(四) 参加独立中团团史座谈会

1986年春,钦州地委党史研究室召开独立中团团史写作座谈会。会前,经过与我商量,党史办一方面收集同志们写的回忆录印发给与会同志,一方面将草拟的写作提纲也印发与会同志。有了这些准备工作,会议进行得比较顺利。参加这次座谈会的,有独立中团大队以上干部(个别是中队干部,有的大队级干部未及邀请),还请了地委党史办顾问王文比,中团前身越南华侨自卫团领导余明炎、谢森参加(谢因事未到,余只参加一天)。会议对写什么、怎么写(抓住中团特点、正确划分发展阶段)等问题做了研究。会议最大的收获还在于弄清了不少情况,包括某些战斗情况和组织人事情况。这次会议还使曾经在一起战斗过的同志聚首一堂畅谈往事,大家都感到快慰。

遗憾的是,此时越南当局实行反华政策,使过去以鲜血凝成的中越人民的友谊蒙上了阴影。越南排华所造成的众多难侨目前处境维艰,有的独立中团老战士还未得到党中央有关政策的落实,牺牲了的同志更是未得到应有的褒恤。

钦州地委党史研究室的刘瞿塘、黄七德根据会议精神，执笔草拟了中团团史初稿，并发给有关同志提意见，几经修改才算是定了稿。这份文稿刊登在《钦州地区党史资料》1989年7月的期刊上。

（五）为有关党史部门写稿和审稿

1988年，应电白县党史研究室约请，我写了题为《抗日战争中期电白党组织的活动情况》的文章，此文刊登在电白县党史办编的《电白风雷：电白党史资料汇编（第三集）》上。

在此期间，我应越老柬归侨联谊会副会长张俞的约请，写了一篇题为《越南华侨一支抗法部队的创建和结束——记越南独立中团》的文章，此文刊登在中国华侨历史学会编的《侨史资料》1989年第8期上。

1994年4月，我参加电白县委党史办召开的《电白县党史资料汇编（新民主主义时期）》审稿会，其间听取县委书记介绍本县建设情况，并到虎头山参观游览。

1996年3、4月间，我为《六万山的烽火》大型党史资料写了四篇回忆录：《忆"静励斋"》《赵世尧与北海党组织的重建》《爱国无罪——记北海合浦一中学生被捕事件》《争取实施抗战教育——记合浦一中同学反对叶天一当校长》。六万山包括现在的广西北海、合浦、浦北、灵山等市县，以及钦州、横县、玉林、贵港一部分地区。《六万山的烽火》这部书全景式地反映了这一地区解放前革命斗争的历史。

另外，这几年我还为一些地方和单位提供相关资料和修改意见。

（1）为合浦、钦州、防城、电白等县和北海市的党史研究室核实某些党史问题和提供修改意见。

（2）为《北海市党史（稿）》和《北海革命烈士纪念碑碑文》提出修改意见。

（3）为撰写《李灏家交通站》一文提供资料，写了《掩蔽所》一文。

（4）为庆祝电白县师范学校建校60周年撰写《回忆与祝愿》一文。

（5）为越南难侨中的原独立中团指战员写历史证明材料。

四、参加老干部集体活动

（一）过支部生活

截至1992年6月末，劳动人事部离退休干部已有100多人，编有5个支部，支部下分小组。我和罗英编入第一支部。

支部活动一般每月举行一两次，每月 8 日到部老干部活动室开支部会（40 多人），支部会内容一般是传达文件或学习。因先后发生 1989 年"政治风波"及东欧剧变、苏联解体，支部于 1990 年对党员进行重新登记，1991 年进行党员评议、登记，我都顺利通过。支部大会在对我的鉴定中，肯定了我是拥护党的十三届四中全会和五中全会决议、拥护党的基本路线和改革开放基本方针政策、在政治上同党中央保持一致的。在离休后还积极主持和参加《当代中国的职工工资福利和社会保险》等书籍的编写、审订工作，做出较好的成绩，而且严以律己，平易近人，能以普通党员的身份积极参加党的活动。在离休后仍按党员标准严格要求自己，积极发挥余热，做了许多有益的工作。

1995 年评选优秀党员，我被推荐为劳动人事部和中央国家机关的优秀共产党员。支部整理了一份材料《庞自同志的先进事迹》，概括为下述四点："①坚持四项基本原则，反对资产阶级自由化，在政治上同党中央保持一致。②具有较高的革命事业心，离休后一直情绪饱满地继续参加劳动工资政策、理论方面的研究工作，并做出了一定贡献。③宽宏大度，作风正派，遵守纪律，维护团结，密切联系群众。④精心照顾生病多年的老伴，是一位周围群众公认的好丈夫。"

评优后，我分别参加了劳动人事部和中央国家机关工委的评优表彰大会，与部领导和中央领导同志合影，领了部和中央国家机关工委发的荣誉证书，后者发的证书上写的是："庞自同志认真贯彻执行新时期党的基本路线，在学习工作和社会生活中，积极发挥先锋模范作用，成绩显著，被评为中央国家机关优秀共产党员，特发此证。"发证时间是1990年6月29日。

（二）参观游览和休养

劳动部主管老干部工作的老干部局每年都组织离退休干部到郊区一些名胜景点参观游览，我记得去过的地方有：京郊圆明园，老宛平城卢沟桥（中国人民抗日战争纪念馆），门头沟区潭柘寺，房山县石花洞，密云县白龙潭和"天下第一瀑"，怀柔县慕田峪，延庆县龙庆峡；较远的地方如河北省易县的西陵（清代前几个皇帝顺治、康熙、雍正等的墓园）也去了。以上所到之处，都是当天去当天返，只有游览密云县两处，因是从休养地去的，算是一个例外。

1985年夏，我与罗英到两广旅游休养，享受报销路费的待遇（每人320元，当时足以购买机票、车票）。1986年起，外出休养需要集体行动（罗英因腿疼加剧去不了）。我去过的地方有：青岛（1986年），当时休养结束后，还与王广义顺便自费到了泰山、曲阜（孔子故里）参观游览；无锡（1987年），其间还参观访问了一些富裕乡镇，到了苏州、宜兴游览；密云（1990年）；承德（1991年），去了避暑山庄等名胜景点参观游览；山西大同、五台山（1994年）。

（三）参加咨询活动

1992年4月底5月初，老干部局组织了几个同志，有文源、贺天中、吕乾然、邢赞勋、党晓捷、李克林和我，由我领队，到广州珠江啤酒厂（简称"珠啤"）进行咨询活动。珠啤虽然起步晚（1985年投产），但发展快（投产时4万吨年产量，1991年达到10万多吨），在全国800多家啤酒厂中，获得四项主要经济指标（产销量、利税率、人均利税、销售利润）的第一。但该厂在劳动管理方面还存在一些问题，我们在肯定该厂成绩的同时，提出进一步改革的意见，该厂领导对此颇为重视。其间，我们除在广州活动外，还到了珠海、深圳两市。

我因要参加劳科所建所10周年纪念活动，先行返京，其他同志还到了从化和顺德访问。

（四）与北大学生座谈家庭美德

1996年9月，《中国妇女》杂志编辑部为组织宣传精神文明、家庭美德的稿件，与劳动部老干局联系，老干局推荐并安排我和罗英与北京大学哲学系两位学生座谈婚姻与家庭问题。这次谈话的内容，刊载于《中国妇女》1996 年第 12 期，题目是《两代人共话家庭美德》，文章附有我夫妻俩与学生合影的照片。这是一次颇有意义的社会文化活动。

五、省亲会友

我十几岁离家参加革命，新中国成立后又忙于繁杂的日常工作，多少年来难得有机会回家乡探望亲人和友人。直到 1983 年底组织上批准我离休之后，因无官一身轻，我才有机会无拘无束地重返故里，享受亲朋故旧之间的温馨与情谊。关于省亲会友，有三次较大的活动值得一记。

（一）离休后的第一次探亲

1985 年 5 月 19 日至 7 月 15 日，我和罗英离休后第一次回乡探亲，首站广州、深圳，然后经湛江返北海，一路探访亲朋好友，行期将近两个月。

在广州，先住在位于黄埔的广东省电力一局宿舍罗英弟弟永琪家。然后在莫平凡、宁乃娟家下榻，在此接待老同学、老战友多人。老同学耿宪修请我们游白云山，陪同的有同学刘禹燔、黄安迪。在白云山下的沙河镇品尝了闻名已久的炒沙河粉。

5 月 24 日，去顺德探望侄女庞琨一家。庞琨在县饮食服务公司，侄女婿于洪杰在县房管局工作。他们育有一男二女，男孩于强在广州中山医学院上学，女孩于文、于敏在当地上班，一家生活比较富裕。我们在此住了几天，得到庞琨一家的盛情款待。

到广州后得知罗英的妹妹罗永莹和母亲以及我侄女庞莹要来深圳看望我们，于是立即办了去深圳特区的通行证。我们在永琪妻陈倩明的陪同下到了深圳，住在深圳市劳动局招待所，局长张文超热情接待了我们。翌日，永莹陪同84岁高龄的老母亲和庞莹及她的儿子念震来到深圳，下榻白云酒家。罗英和倩明到酒店陪母亲和莹妹住了两天，畅叙别情。此时，永琪从海南岛赶来，他的儿女罗燕、罗智、罗卫也从广州赶来深圳团聚，还去香蜜湖度假村游玩，尽享天伦之乐。在深圳期间，遇上电白县县长蔡智文，与他一起陪同香港亲人到蛇口开发区游览。此次深圳之行，得见阔别近30年的岳母及永莹、庞莹、念震等居住在香港的亲人，是一大快事。

从深圳返广州后，我和罗英、倩明又从广州乘飞机去湛江。抵湛时天下大雨，到机场迎接我们的有庞昭、陈东、叶平、苏翠眉等。在湛江住昭侄家。侄女昭在保险公司赤坎办事处工作，侄婿詹曙生在农业银行工作。他们育有两男一女，大儿建平、小女建华都已结婚，建平还有个孩子；二儿患病尚未工作。在湛江住的十多天，得到昭侄一家无微不至的关怀，得到陈东、叶平的多方照顾。陈东还陪同我们到了电白县，吃了可口的荔枝，游览了电白的名胜。

从湛江回到老家北海，住在中山中路86号老屋，得到仍在老屋居住的庞熙侄一家无微不至的关怀。其间，亲友们络绎不绝地来看望，侄儿、外甥等亲人，除外出工作的都见到了，有请到家吃饭的，有陪伴到各处游玩的。我们兴致勃勃地游览了海滨公园、中山公园、银滩、港口码头等处。罗英表弟傅嘉纲还陪我们去访问地角、南环等地。

自从北海成为沿海开放城市之后，百业俱兴，市区向南扩展，新建区街有取代老街的趋势，发展前途未可限量。1985年7月13日，我们结束了将近两个月的省亲之旅，乘火车北返，于15日安抵北京。

（二）亲人邀请故乡行

1993年3月30日至6月15日，我和罗英应北海亲人的热情邀请，在庞林陪同下，返家乡北海探亲访友两个半月。其间，除北海（包括合浦县）外，还到了广东的湛江、电白、化州。从化州回北海后，又到了广西南宁。所到之处受到亲友的热诚接待，或陪游自然景观、历史名胜，或介绍市政建设、经济腾飞的情况，或请饮早茶、共赴午餐晚宴。这一路所见所闻，使我们对1992年邓小平南方谈话后家乡北海改革开放的大好形势有了更多切身的感受。现分述如下。

1. 在北海

到了北海，我们先后下榻侄女庞清和罗英妹妹永瑶家，两处食宿安排都十分周到。到北海的头两三天，庞、罗两家的亲人基本上都见到了，大多是在庞清家会面，有的则是我们去看望。

我们是清明节前几天到北海的。4月5日，我们一行3人，再加上永瑶、庞晟侄去罗英祖家合浦县营盘乡老鸦笼村拜祖坟。扫墓毕，我们顺便参观了白龙珍珠城，这里是闻名于世的合浦珍珠的主要产地。4月11日，去马鞍岭拜扫我父母及哥哥嫂嫂的坟墓。同去扫墓的亡人子、孙、曾孙辈有好几十人。墓地都在山坡上，我和侄儿侄孙们在亲人墓前除草培土，鞠躬致哀，缅怀已故尊长对我的养育之情。

此次回北海探亲的老同志，除我和罗英外，还有云南的冯德、南宁的卢传义、武汉军区的吕敬芬。4月8日，北海市老干部局为欢迎我们几个老同志召开了座谈会。当日晚，市人大常委会主任林宝光、副主任庞亮宴请我们几个回乡老人。

在北海的这段时间，主要是参观游览。亮侄陪我们参观海滨公园、水族馆、银滩以及北海新港码头等处；庞清、马国陪我们去冠头岭；永瑶、仲桐常与我们去中山公园；庞辉侄的女儿林小燕、女婿黄华平陪我们参观侨港镇。去各处参观的同时，我们也了解到了北海的海港、公路等基本设施的建设情况。

4月30日，在庞亮侄陪同下，我和罗英、永瑶及从北京来北海的庞松，一起去合浦西场野狸水村探访我祖家亲人。在西场，镇党委书记、镇长向我们介绍了该镇经济发展情况，并与我们共进午餐。在祖家，我见到我堂嫂及堂侄。回程到廉州，合浦老干部局领导请吃晚饭，陪同的有刘仲曼、陈龙师。

2. 访湛江

4月13日，我和罗英、庞林乘庞昭侄单位的车去湛江，同去的有永瑶、冯德。除冯德住叶平家外，我们都下榻庞昭家。到湛江后，经常陪伴我们的，除庞昭一家外，主要是陈东和叶平。在湛江，我们接受了陈东女婿、邓家贞女婿、湛江市副市长和罗英的学生李郁的宴请，还承陈东安排到当地著名风景点湖光岩游览。

3. 访水东

电白县人民政府邀请我们参加5月28日开始举办的荔枝节活动；与此同时，电白县老游击战士联谊会邀请我们参加该会年会暨换届改选。我和罗英（永瑶陪同，此前庞林已返北京）应邀前往电白。

电白县盛产荔枝，荔枝节是政府招商引资的一种形式，邀请我们参加也是想借北京来的老同志壮壮声势吧。开幕式那天，我们品尝了许多名为"贵妃"的上品荔枝。开幕式过后，与会代表开始洽谈贸易，县里安排我们到南海虎头山旅游区参观游览，到热水（地名）泡温泉。

6月5日，老游击战士联谊会开幕。这里的联谊会搞得不错，在宣传党的方针政策、发挥老同志的余热、为家乡建设出谋划策方面都做了不少工作。会议总结了这方面的工作经验，并进行了换届选举。我和罗英被请上主席台就座，我还在会上发了言。

4. 访化州

利用荔枝节与联谊会两项活动的间隙，我和罗英决定去化州（原化县）寻访故地。抗日战争期间，罗英曾在化县中垌镇经正中学当教师，以后在化县县城官办的妇女新生活运动促进会任总干事。叶平是化州人，得知我们要去化州，便与化州老干局联系。6月1日，化州老干局苏副局长乘车来接我们，当晚参观了化州市容。6月2日，苏、谢两位副局长陪我们去寻访原化县县妇运会旧址。这里原来是文庙，罗英曾在这里办公和居住，现在则成为县警卫部队的驻地。

6月3日，苏、谢两位副局长，还有县委组织部一位副部长陪同我们去中垌访问原经正中学（现名中垌中学）。在这里，罗英见到了她的学生翁源芳（前任校长）和李林老师（时任数学老师）。相见之余，谈起半个世纪以前的往事，都有诸多感慨。离开中垌中学，我们到了叶平老家柑村。我们当年的启蒙老师、我的入党介绍人赵世尧，曾在这里的桔山小学教过书。他教过的学生中许多人成为当地革命斗争的骨干，有的已经长眠在当地的烈士陵园永远受人们怀念。1943年我和罗英送庞森回广州湾托岳父母抚养时，途经这里住了一宿。追忆往事，不胜感慨。

5. 南宁会友

从化州市返电白县，参加老游击战士联谊会之后，我们经湛江回到北海。6月10日，我乘坐庞清的车去南宁，当晚住衡阳路吴林扶家。第二天一早，我们到了红星路大板楼，拜访了谢王岗、李英敏、王克、李凌、朱伟等同志。

中午，20多个南宁的同志请我们到自治区安全厅招待所会餐。参加的除上述几人外，都是当年在南路工作时期的老战友，有卢传义、王文昆、黄翠玉、岑月英、余明炎、陈源明、张贤、陈华、吴林扶、沈季英、潘敬业、周荷生、林中等。席间大家谈笑风生，有回忆往事，有褒贬时事，还引吭高歌，十分高兴。

从南宁回到北海，即准备归程。其间，傅嘉纲、熙侄、小燕侄孙女请我们吃饭。6月15日，满载亲人的情谊，我们依依告别了北海，安返北京。

（三）赴香港、广州、北海探亲观光

1995年8月3日至9月18日，我和罗英应永莹妹和庞辉侄邀请和资助，由大儿媳方振敏陪同，从北京去香港探亲观光。在香港停留一个月，又赴广州住了一周，于中秋佳节返故乡北海与亲人团聚，前后历时一个半月。

1. 香港一个月

8月3日12时30分，我们由北京抵达深圳，然后乘汽车经罗湖出境到了香港。我们下榻在香港太古城夏宫阁庞辉侄所在公司的宿舍。

在香港一个月的活动主要是：

（1）会亲友。当晚一到下榻的夏宫阁，庞莹侄女和她的女儿念虹，以及庞琨女儿于文来看我们。第二天，永莹、达才、四姐、钟英、吴秀源也来夏宫阁看望我们。以后陆陆续续来此看望我们的有永瑶、仲桐、陈犇、陈苏以及从北海来旅游的陈森、颜辉夫妇和他们的儿女陈颜、陈辉。8月15日以后，永琪和倩明从广州来，罗英姐弟四人久已盼望的大团聚终于实现了。在这里还见到罗英堂侄女罗定华和罗定华的丈夫张志德、父亲罗家益以及张志德的姑姐等。倩明的妹妹倩菲也来夏宫阁见面。8月30日,我的老同学兼老大哥苏觉民(苏翰彦)驱车到夏宫阁,接我和罗英到西贡竹洋路他家会面叙谈,并在他家吃饭。

(2)受款待。在香港一个月,备受亲友盛情款待,三两日请一次。罗家的永莹、永琪及永瑶儿子陈鑫,罗定华及她丈夫和姑姐,都请过早茶和饮宴(吃大餐);庞莹一家,钟英及她儿女秀源、洁源、思源和思源的女儿红龄都请过早茶,每次宴请还都有相关人作陪,洋溢着浓郁的亲情。

(3)逛商场。亲友们常请我们饮茶的太古城中心商场,就是一个很大的商场,上下好几层,看来比北京西单商场或王府井商场还大;经营品种数不胜数,仅餐饮业就名目繁多,有中餐、西餐、快餐等,中餐又有北京风味、广东风味、上海风味等等。8月13日是星期天,辉侄有空陪我们去太古城广场商场(不是中心商场)游览。进入商场中央,有一块篮球场那么大的开阔场地,置身其间令人心旷神怡。场地四边是琳琅满目的商品,买东西很方便。商场有好几层楼,上下有传送带式扶梯。我们走了三层,买了些T恤、鞋袜,还拍了些照片。

(4)观景点。香港的景点虽比不上北京的多,但也是有不少可看的。一个月来，我到过的景点有深水湾、浅水湾、海洋公园、扯旗山、大屿山（主要是看大佛）等。参观市容也是一大乐事。8月6日，成达才带我和振敏参观市容，坐电车先往西到坚尼城，然后往东，参观汇丰银行、渣打银行、纪念花园、大会堂、文娱中心、皇家码头，又从码头乘船往九龙尖沙咀，参观海运大厦。8月9日，达才又领我们游香港公园、动物园、植物园等。

23日，罗定华和她姑姐张金美带领我们乘缆车登太平山观夜景。26日是日本对香港三年零八个月的占领结束的纪念日，庞辉休假陪我们去大屿山游览，看天坛大佛。罗英因腿脚行动不便，许多景点未能前往观赏，她的乐趣在于与弟妹们边聊天边打麻将，尽享亲人团聚的欢乐。

（5）拜祭亲人。罗英父母亲先后长眠于香港大帽山，辞世时均在90高龄之上，应可瞑目九泉了。9月2日我们离开香港前一天，张志德开车送我们到大帽山罗英双亲墓地，向双亲亡灵祭拜祷告，缅怀他俩老人家对我们家的帮助和养育之恩。在这之前，8月9日即农历七月十四日盂兰盆节，我们到永莹家，罗英在摆有供品、点燃蜡烛的父母亲遗像前行三跪九叩礼，我和振敏三鞠躬致哀。

在香港一个月，印象颇深的有：①香港经济繁荣。到处高楼大厦林立，商场购物的人流络绎不绝，茶楼酒馆座无虚席。②市政建设管理好。地铁上下方便、运行平稳，公寓住宅规划有序、居住安全，马路清洁，无人乱扔垃圾、随地吐痰。③香港人精神文明意识不错。罗英坐轮椅遇到障碍时，总有人主动帮助排除障碍；过马路时，汽车主动停车让路。④港人对1997年香港回归祖国、实行"一国两制"缺乏足够信心。电视、广播、报纸有不少内容是有碍祖国统一的。但相信随着香港回归那一天的临近，这种情况会有所改善。

这次能在香港回归祖国前夕一睹香港风貌以及探访亲人，是我们晚年的一大幸事。这次来港得到辉侄和弟妹们、儿女们的大力支持，还得到在香港的其他亲友的热诚关照，过得很愉快。

2. 广州一周

9月3日，我们乘九龙至广州的广九线列车离开香港，火车走了2个小时左右便到广州。永琪和智、卫侄接车，并送至天河区体育东横街永琪寓所下榻。此处是永琪弟几年前购买的住宅，有两厅两房，厨房、卫生间齐全。永琪位于黄埔区省水电一局的宿舍则留给儿女住。我们到后，在永琪寓所会见的亲人，除永琪的儿孙外，还有庞琨的儿子于强、儿媳吴林东，战友何斌、陈醒亚、李惠霞、庞玉琼、耿宪修、黄安迪等。

9月4日，罗英的学生张粤汉请我们和罗家弟妹与倩明到附近酒家吃筵席，陪同宴请的还有罗英在化县经正中学（现化州中垌中学）时的学生吴月珍。9月7日，十多位战友请我们和罗家弟妹与倩明到福苑酒家午餐，他们是庞玉琼、王琼儒、毛碧儒、莫平凡、宁乃娟、何英、王霞、陈军、杨扬、刘信汉等。

9月7日晚，于强侄外孙夫妇在他们寓所中山医学院附近的饭店请我们二老晚餐，于强岳父同席。9月8日晚，为表示送别，又是欢度中秋节，罗智、罗卫兄弟请我们到广州酒家用晚餐。

在广州的一周间，由于天气炎热，加上身体不舒服（离开香港前一天感冒，至广州一直未好），我就不便去欣赏广州的美景。同学战友中，也只是去探望过不久前开颅取出鸡蛋大肿瘤的同学邓济莲和她的丈夫陈冠庸；与方野夫妇去看望李平，并与李、方同去广州军区白云山干休所看望原南路和滇桂黔边区纵队的主要指挥员唐才猷。9月9日中秋节，我们与永莹、永瑶一行5人乘飞机离开广州去北海。

3. 北海一旬

我们乘9月9日下午4时05分的飞机，仅50分钟即飞抵北海。来接机的有亮、昭、晟、清、熙诸侄和侄孙光琦，还有罗家的陈森、嘉芹等，浩浩荡荡共6部车。把行李统统拉回永瑶家之后,我们一行5人和庞家各人都到外沙桥庞光宁开的大排档晚餐。那天正是中秋月圆时,参加大团圆聚餐的亲人坐满4张桌子,庞家上至80多岁的我三姐,下至第四代亮侄和孙女贝贝,可谓四世同堂了。

在大排档吃的多是海鲜,有虾、蟹、沙虫、海螺、海蜊子、鲜贝等,海鲜之外还有鸡、鸭、虎皮扣肉等,尽是美味佳肴。大家边吃边聊天,有说有笑,还有贝贝唱歌助兴,开心极了。吃过大排档晚餐,又到庞清开办的面包店吃月饼赏月。一家人度过一个乡情浓郁、难以忘怀的中秋之夜。

同在香港一样,在北海,会见亲友同时也接受亲友的款待。为了避免邀请重复,亮侄专门与庞家弟妹们商量安排宴请日程,就像他在市人大办公那样一丝不苟。即便这样,也不得不一天两宴才能了却亲人们的盛意。

这些天,亲人们差不多都见到了,同学战友则见得不多。本应多逗留一些时日,但我因感冒未痊愈,身体不适,加上北海天气热、蚊子多,于是决定早日返京。离北海前一天,我和罗英在庞亮、光琦父子陪同下,到冠头岭拜谒从马鞍岭迁葬于此的我的双亲和两对哥嫂的坟墓。我们在坟前放上鲜花,鞠躬默哀。

18日上午,永莹、永瑶在我们老宅美新商行门口与我们告别,亮、昭、晟、清诸侄和光琦等送我们到机场。飞机腾空而起，这次盛大的省亲访友活动遂告一段落。当日中午12时飞抵北京。我们心中都留下了对家乡和亲人深深的祝福和美好的回忆。

我和罗英一向有"五同"夫妇的称誉：一是同龄，同于1919年农历己未出生；二是同乡，都是原广东合浦（现为广西北海市）人；三是同窗，是合浦县第一中学（现北海中学）初、高中时的同班同学；四是同于1938年加入中国共产党；五是同于1938年脱产参加革命队伍。我们自1940年5月离开家乡北海，至此已过去了半个多世纪，时光荏苒，如白驹过隙。但无论是革命战争时期在广东南路从事地下工作，后又赴越南进行抗法斗争，还是社会主义革命和建设时期先在云南接着长期在北京工作，我们魂牵梦萦的，始终还是生长于斯、养育于斯的家乡——北海！

八 附录

中国劳动学会召开
首钢劳动工资制度改革研讨会[①]

中国劳动学会 1987 年 10 月 21 日至 24 日在京召开首钢劳动工资制度改革研讨会。出席会议的有中国劳动学会在京的部分常务理事和有关部门的同志 60 余人。会议采用口头和书面介绍情况、实地参观考察、与职工座谈和专题讨论等多种形式,使大家对首钢的承包制和劳动工资制度改革有一个较全面的认识和了解,从理论与实践结合上对首钢经验进行了研究讨论,探讨了大中型企业在实行经济承包责任制的同时,深化劳动工资制度改革,加快经济发展的途径。

代表们一致认为,首钢实行上缴利润递增包干 9 年来,生产和经济效益持续高速度增长,其中一批主要经济技术指标创出了国内外的一流水平,在企业内部逐步建立起自我发展、自我完善的经营管理机制,实现了生产与生活、积累与消费的良性循环。在分配方面,正确处理了国家、企业、职工三者之间的分配关系,企业内部打破了平均主义、"大锅饭"的老办法,建立起一套较为合理的工资分配制度,真正做到奖优罚劣、奖勤罚懒,调动了职工的积极

[①] 本文载《中国劳动科学》1987 年第 12 期。

性，促进了生产的发展。在安排企业富余职工和开展职业技术培训等方面，他们也都有独到的经验和做法。到会同志对于首钢取得的成就和成功的经验，给予充分的肯定。

社会上对首钢的高工资有些议论。到会同志认为，首钢的工资虽然高些，但工资的高水平是建立在高效率和高效益基础上的，是经过严格的考核，按照实际劳动和贡献计发的，对于这样的高工资不仅不应指责非议，还应该提倡、鼓励，使更多的企业走这条路。要引导企业和广大职工群众进行全面的比较，既比工资、奖金、福利，也要比生产、劳动和对国家的贡献。应该允许一些生产经营搞得好的企业和辛勤劳动的职工通过多劳多得先富起来。

有的同志说，国家对首钢有一些特殊政策，他们的经验虽然好，但我们学不了。参加会议的同志认为，首钢改革的成功固然有一些特殊因素，但关键是他们有一个思想解放、锐意改革、勇于创新的领导班子，有一支有理想、有道德、守纪律、敢打硬仗的职工队伍，有一套严格、科学的管理制度。例如，企业承包以后，他们把企业的经营目标和各项技术指标层层分解，落实到每一个基层单位和每个职工。对于担任不同职务的干部和在不同岗位工作的工人应负什么责任、需要具备哪些条件都有明确的要求。每个职工都清楚自己所负的责任和奋斗的目标，把个人的前途和企业的兴衰连在一起，使职工的主人翁积极性得到了很好的发挥。如果没有这些扎实的基础工作，即使有了较好的外部条件，也难以达到预期的目的。

首钢改革的成就是多方面的，它为大中型企业深化改革提供了很多好的经验，走出了一条企业自我发展、自我完善的路子。如果全国有更多的企业走这条路，经济效益将会有更大的提高，社会经济生活的面貌将会有很大的改变。当然，首钢的经验在某些方面还有待于进一步补充、完善和提高。学习首钢的经验也应该结合企业的具体情况，而不能照抄照搬。

（中国劳动学会秘书处供稿）

在首钢劳动工资制度改革研讨会上的总结发言

中国劳动学会副会长　庞　自

（1987年10月24日）

首钢劳动工资制度改革研讨会开了4天，今天就要结束了。会议期间，大家听了首钢同志的介绍，看了工厂的生产情况，参观了集体福利事业，还访问了职工家庭，实际上，这是一次调查研究学习讨论会。经过这几天的学习讨论，我们对首钢的改革情况、对首钢改革取得的成就及其重要意义有了进一步的了解和认识。

首钢是我国工业企业最早实行承包制的单位之一。从1982年起，实行上缴利润递增包干及与此相配套的一系列改革措施。如果说首钢是改革试验田的话，那么，这块试验田现在已经是硕果累累，美不胜收。首钢改革取得的成果是多方面的：产品产量、实现利润和上缴利税的成倍增长；经过技术改造以后，一批主要经济指标创出了国内外的第一流水平；建立起自我发展、自我完善的经营管理机制，实现了生产与生活、积累与消费的良性循环，从根本上保证了经济效益能够持续大幅度增长，职工生活能够稳定地逐步提高。首钢改革的成果，既表现在生产出越来越多的物质产品方面，又表现在培养出一支文化技术、业务水平和思想觉悟越来越高的职工队伍方面。首钢改革成果最根本的一条是职工真正当家做了主人，主人翁积极性得到了很好的发挥。

首钢在物质文明和精神文明建设中取得的光辉成就、它的高速发展社会生产力的实践，体现了社会主义公有制和按劳分配的优越性，充分证明社会主义劳动生产率可以而且终将超过资本主义。首钢的同志们在党的十一届三中全会路线、方针指引下，艰苦奋斗，开创出一条办好社会主义企业的新路子。这条路子正如有的同志说的，是一条把国家富强、企业发展、职工富裕融为一体，把物质文明和精神文明建设结合起来的具有中国特色的社会主义现代化企业之路。现在，全国各行各业都在推广承包制，首钢的经验对于这些企业的振兴将起着重要的作用。

我们这次研讨会，主要是研究首钢实行上缴利润递增包干条件下改革劳动工资制度的经验。劳动工资是企业生产经营管理的一个重要方面。有什么样的生产经营方式，就有什么样的劳动工资制度与它相适应。随着生产经营方式的改革，特别是实行承包制以来，首钢不失时机地改革了劳动工资制度。劳动工资制度的改革，对完善企业经营机制、促进生产的发展和经济效益的提高起了极其重要的作用。

一、关于工资制度的改革

首钢工资制度的改革，是从改革奖励制度开始而逐步展开的。1970年至1989年，首钢试行利润分成和利改税的时候，曾实行过"一条龙全优冠军奖"和"干部职务奖"，开始打破奖金分配上的平均主义，打破干部奖金低于工人、领导干部奖金低于一般干部的传统做法。关于这方面的经验，1981年国家劳动总局在烟台召开的工资奖励经验交流会上曾做过介绍，引起了各地同志的关注。从1981年起，经国务院批准，首钢先后实行上缴利润包干和上缴利润递增包干办法，开始把职工工资、奖金同经济效益挂起钩来。

最初实行的办法是：①实现利润比上年每增加2%，增发0.1个月标准工资的奖金；②在实现企业经营目标、完成上缴财政任务的前提下，每年给20%的职工实行浮动升级。1983年又初步实行了干部职务工资制和工人岗位工资制。说是"初步"，是因为当年搞的"自费工资改革"，允许用于改革的奖金平均每人只有1.50元。首钢虽然有钱但不能随便挪用，允许用的钱，只能解决一些突出的工资问题，主要是工资同职务、岗位、贡献严重倒挂的问题。1985年，经国务院批准，首钢实行工资总额与实现利润按0.8∶1的比例挂钩浮动的办法。国务院批准的这个办法，是对旧的工资管理体制和工资制度的重大突破，它从根本上改变了过去企业吃国家大锅饭的做法。自此以后，首钢职工工资的增长，不再是等国家给、向上级要，而是靠企业经济效益的提高、靠企业全体职工自己创造。有了承包制又有了工资总额与实现利润挂钩的政策以后，首钢就不但有了钱，而且有权进行改革。在这种情况下，首钢实行了如下四种较好体现按劳分配原则的工资制度：①实行干部职务和工人岗位工资制；②实行承包考核奖励制度；③建立正常的浮动升级制度；④实行随经济效益提高而增加基本工资的工资挂钩制度。这些制度把责、权、利进一步结合到每一个职工身上，使职工在企业中的主人翁地位和作用更加巩固，社会主义优越性更加看得见、摸得着了。首钢改革以来取得的光辉成就，固然是多方面工作的结果，但同真正贯彻按劳分配原则、激发职工主人翁精神是分不开的。

首钢工资制度的改革是成功的。这主要表现在以下五个方面。

（1）兼顾了国家、企业和职工个人三者的利益，做到了国家多收，企业多留，个人多得。在分配问题上，我们党历来提倡兼顾三者利益，但在实际执行中，往往顾此失彼。在过去相当长的一段时期里，更多的是以牺牲职工利益来保护国家利益，结果是高积累、低消费、低效益，国家利益并没有保住。首钢在利益分配包括改革工资制度上切实做到了三兼顾。下面一些数字可以说明。

从"国家多得"方面看，1986年与1987年相比，首钢实现利润从2.99亿元增加到11.21亿元，增长了2.75倍；上缴国家财政由3.6883亿元增加到8.8158亿元，增加了1.39倍。1949年至1978年30年间，首钢上缴利税36.29亿元；从1979年至1986年的8年，首钢上缴利税49.2亿元，改革后8年超过改革前30年。从企业多留方面看，由于实行上缴利润递增包干以后经济效益大幅度提高，企业创利多了，留利也多了，1986年首钢留利占利税总额的34%，这样，企业就有更多的资金用于技术改造（改革后，首钢用自留资金增加的固定资产就有10亿元），也有可能较快改善职工生活。从"职工多得"方面看，从1978

年至 1986 年，职工月平均标准工资从 47.74 元增加到 100.67 元；包括奖金等在内，职工月平均工资收入由 61.15 元增加到 162.07 元，增加了 1.64 倍。职工福利的增长也较快：改革以来，首钢建设职工住宅 106 万平方米，有 1 万多职工迁入新居；职工人均住房面积，从改革前 1978 年的 2.7 平方米提高到 1986 年的近 6 平方米；其他集体福利事业也有发展，如兴建和发展托儿所、幼儿园，改善职工医疗卫生条件，丰富职工文化生活，为职工供应和代购主副食品等，大大方便和改善了职工生活。

有一种说法是，首钢留利多了，上缴国家的就少了。这种说法是不正确的。诚然，同承包以前企业利润 90% 以上都上缴国家财政相比，企业现在留利的比例是多得多了。但那个时候实行的是统收统支办法，国家把企业利润的绝大部分收走以后，还要拿出一部分返还企业投入。现在企业虽然留多了，但是，第一，国家并没有少收，与承包前相比钱还成倍地增加了；第二，国家多收之后，不再返还企业再投入；第三，企业留利的大部分（60%）用于扩大再生产，新增的固定资产仍然是国家的，用于职工集体福利的设施也是国家的。把首钢改革 8 年上缴的利税加上用自留资金增加的固定资产，等于原来的 5 个首钢（1978 年首钢固定资产净值 11.09 亿元），改革 8 年为国家挣出 5 个首钢，怎么能说上缴国家的少了呢？

还有一种说法是，首钢职工工资过高，对左邻右舍有影响。针对这个问题，1987年10月20日人民日报《首钢巨变话承包》一文，引用康永和同志的话做了答复："首钢职工工资确实较高，但高得对，高得合理。要比，应该既比工资，又比生产劳动，比对国家的贡献。"这次会上，康永和同志又从人均利率等七个方面，进一步说明首钢工资较高的合理性：①首钢人均利税从1978年的4717元提高到1986年的14396元；②每增加1元工资多创利税7.99元；③工资总额与实现利税的比例，由16.02%降为13.69%；④平均工资的年增长速度（12.96%）低于净产值增长速度水平（15.45%）；⑤工资总额增长速度（0.8%）低于实现利润增长速度（1%）；⑥留利按6∶2∶2的比例分别用于发展生产、集体福利和职工工资奖金，也是国家拿"大头"，加上上缴利润，国家拿的更是"大头"，从另一方面看，在投资主体转到企业以后，国家应不应该拿大头还是个值得研究的问题；⑦物价上涨了，工资也应该增加。讨论中，同志们都赞成这个观点。对一部分企业工资较高应该怎样看，这是长期以来困扰人们的一个大问题。最近国务院领导在全国计划会议、全国经济体制改革工作会议上说："这几年，我们年年注意控制消费基金，但没有多大效果。因为基本上是平均主义的办法。平均主义的办法，控制严了，生产消极；控制松了，财政吃不消。今后，我们基本上要推行计件工资、定额工资，推行工资总额和经济效益挂钩等。这样有一些企业虽然奖金可能高一些，但这是效益高、劳动生产率高带来的。实行这种办法，可以避免平均主义，国家、企业、职工都从挖掘潜力、增加收益中得到好处，社会财富也会大大增加。"

（2）实现了职工工资随着生产发展和经济效益的提高而有计划地按比例增长。在旧的"大锅饭"式的经济体制条件下，企业职工的工资与企业经济效益是脱节的。职工工资的增加，靠国家统一安排，全国职工都吃国家安排的"大锅饭"。有些时候，国家年年安排增加工资；有些时候，三年五载安排一次，"饱一顿，饥一顿"。每增加一次工资，都像搞运动一样，花费很多时间。职工为了挤上增加工资这趟"车"，思想波动很大。有些做工资工作的同志反映，不增加工资时想增加，真的要增加工资时又怕增加。由国家统一安排增加工资的办法，还必然是不管企业先进与落后、不管职工贡献大小，要增加大家都增加，"一二三，齐步走"。这就是喊了多年反对平均主义而总是反不掉的根本原因。

首钢实行工资总额与经济效益挂钩以后，一举解决了这个问题。按照国务院批准首钢实行的办法，实现利润每增减1%，工资总额相应增减0.8%，职工增加工资的前提是实现利润必须超过甚至大大超过逐年递增7.2%的上缴利润。事实上，首钢已经连续8年实现利润增长20%，这是职工工资能够大幅度而又有计划增长的物质基础。职工工资实现了有计划按比例增长以后，不但激励人们上进，而且激励人们不断追求高效益利润，多创了还要再多创。在这种情况下，增加工资也不再像吃"大锅饭"时期那样，大家争上增加工资的"列车"了。因为这趟"车"赶不上，下次"车"又快来了，只要好好干，总是可以增加工资的，正如职工说的："榜上无名，脚下有路，只要努力干，增加工资有盼头。"

（3）职工个人的工资收入，取决于企业总体效益和个人劳动贡献。在旧的工资管理体制下，职工工资包括基本工资（标准工资）升级、津贴、奖金限额等，都是由国家统一安排和规定的，职工的工资收入既与企业经济效益脱节，也与个人劳动贡献的联系不密切，甚至完全背离。首钢改革后实行的新的劳动工资制度，把职工个人的工资收入与企业总体效益和个人劳动贡献密切联系起来，较好地贯彻了按劳分配原则，克服了平均主义。从首钢增加工资的几个渠道即浮动升级、日常奖励和工资挂率[①]来看，职工个人工资收入的增加，无不是在企业总体效益增长的前提下，才给一部分技术业务水平和劳动贡献突出的职工升级。增加工资挂率，必须是在企业的效益增长目标实现以后，

---

① 工资挂率，即职工基本工资随同企业经济效益的提高而浮动增长。

职工个人和他所在单位又都完成了承包任务，才能在他的基本工资基础上增加工资挂率。奖金分配，既根据不同岗位在企业生产经营中的重要性以及所在岗位的技术复杂程度和劳动繁重程度来确定奖金的不同系数，又按照承包任务完成情况记分计奖。这种把系数和分数结合起来的分配办法，更是体现了企业总体效益和个人的劳动贡献之间的关系。

首钢这个办法好就好在把职工的积极性引导到实现企业的经营目标和完成所在单位的承包任务上，不会出现过去那种个人拿了所谓超额劳动的奖金，单位生产任务却没有完成的现象。同时，各种增加工资收入的渠道，都一律同总体效益和个人贡献挂钩，不像过去那样，工资一套办法，奖金又是另一套办法，有的人就可以钻空子。例如，你规定请假超过5天不给奖金，我就来个"歇五不歇六，歇六歇个够"。首钢实行的办法，虽然增加工资的渠道不同，但目标一致，只要干得好，就可以同时在奖金、工资挂率和升级等几个方面得到好处，增加工资收入；干得不好，几个方面都受到损失，叫作"一枪打几个洞"。这样就有利于促使大家千方百计地去完成任务，力争为增加总体效益多做贡献。

（4）体现劳动差别，理顺工资关系。改革以前很长一段时间，首钢工资方面存在的问题同全国一样，都是"低、平、乱、死"四个字。首先是低，直到1978年，首钢的平均标准工资仍只有47.74元，相当于当时三级工的工资。高炉炉长、厂的党委书记，有的也只拿二、三级工的工资。与低工资联系在一起的是平均主义。武汉柴油机厂请来的一位联邦德国专家说得很直接，他说："我看职工名册，只要知道那个人是什么时候入厂的，不看别的也知道他的工资多少。"话虽然具有挖苦意味，但多少年来基本上按工龄长短调整工资却是事实。乱是标准太多，工资关系不合理。首钢改革前有30多种工资标准，3300多个工资等级。关系不合理主要是职务高低、劳动轻重、贡献大小与工资背离、倒挂。首钢通过改革工资制度，在解决工资低和平均主义的同时，也把工资关系理顺了。首钢实行的职务工资制和岗位工资制，是根据职务岗位的责任大小、技术复杂程度和劳动繁杂程度以及工作条件等来确定的，增加工资又是取决于企业总体效益和个人实际劳动贡献，这样就能充分体现各种劳动差别，解决了各种各样的倒挂现象。如首钢二号高炉炉长这个岗位，对钢铁生产的好坏起着关键作用。改革前，一位干了多年的炉长，工资才45元；1983年初步改革时，调整到115元；现在工资加奖金的收入在200元以上。在首钢总体效益大幅度提高的前提下，这个收入与这个岗位的重要性、艰苦性及本人贡献就较为匹配了。实行职务工资和岗位工资以后，职务、岗位变动了，工资也跟着变动，该加的加，该降的降，这就在制度上保证了理顺工资关系。

（5）严格考核，坚持"四个百分之百"。这是首钢建立和实行新的工资制度的又一条成功的经验。大工业生产要求有严格的管理。工资制度除体现各种劳动关系差别之外，还要求充分体现奖勤罚懒、奖优罚劣。有了好的制度，还要通过严格考核来贯彻执行，不然的话，制度再好也没有用处。首钢的考核严格坚持两条原则：一是严格按照有关规定逐级考核，反对"好人主义"、平均主义、本位主义；二是坚持"四个百分之百"，即必须坚持百分之百完成岗位承包责任制规定的任务，必须百分之百执行规章制度，违规违制不管是否造成损失必须百分之百登记上报，必须百分之百扣发当月的全部奖金。我曾查看了一些违规违制扣发奖金的事例，有的是工作不负责任，给工程留下隐患的，扣发三个月奖金；有的是伪造病假不上班的，也扣发三个月的奖金。有个轧钢工，因工作调动问题到车间办公室无理取闹，妨碍生产工作秩序，不但扣发三个月奖金，还取消了1986年度的浮动工资。有奖有罚，奖罚分明，才能促进职工更加尽心竭力去完成任务。像这样严格的管理、严明的纪律，现在已经成为首钢绝大多数职工的自觉行为，并且形成了风气。

以上是对工资制度改革的看法。

二、关于劳动制度的改革

正如承包制要有与之相适应的新的工资制度一样，承包制也需要新的劳动制度和劳动组织与之相适应。首钢改革以后，企业的各项工作都要转移到以提高经济效益为中心的轨道上来，这就迫切要求工厂不断提高劳动效率，降低劳动消耗，根据新的情况调整组织，制定和修订编制定员和劳动定额，合理配置劳动力和提高职工素质，等等。在这方面首钢也取得了显著成绩，具体体现在如下三个方面。

（1）调整了首钢机构，强化了经营职能。为了适应管理机构从单纯生产型向生产经营型转化的要求，成立了负责统一指挥的生产部，统筹、组织、协调、控制全公司经营生产活动；成立"实业公司"和"民用产品公司"，强化新产品的开发。同时将职能相近的一些工作机构合并起来。管理机构的调整不仅提高了劳动效率，扩大了经营范围，还精简了管理干部2356人，占干部队伍总人数14032的16.79%。

（2）大力开展定员工作，加强定额管理。改革以来，首钢很注意根据先进合理的原则制定定员标准，并把挖掘劳动潜力纳入承包制，实行定员包奖，增人不增奖、减人不减奖的办法。现在，首钢按照"满负荷，高效率"的要求确定岗位定员水平,已经全部达到或超过国内同行业最好水平;相当一部分主要生产岗位定员,已接近或达到国际先进水平。

改革以来,首钢还多次补充、修订了劳动定额,1986年又进一步加以完善。目前,已建立矿山采选、焦化、炼铁、炼钢、轧钢、自动化仪表、机车车辆、铁路工程等12个专业、1800个项目、58000个子项目的劳动定额。设备检修、加工制作、单机台作业、运输装卸和基建施工等部门的工作,已全部纳入定额管理。新的定额标准水平,在国内同行业中也是最先进的。

先进的定员定额,大大节约了劳动力,提高了劳动效率。1979年至1986年共挖掘劳动潜力24959人,占工业生产职工91594人的27.25%。首钢精简下来的人数以万计,说明首钢职工能够根据生产、工作的需要,做到能上能下。同时,这么大数量的人精简下来以后,都通过开辟新的生产线、生活服务门路,妥善安排到新的工作岗位上去,不仅使精简职工各得其所,也使企业做到了增产增事却不增人或者少增人。

(3)广泛开展技术业务培训,提高职工素质。首钢把提高职工素质看作建设具有中国特色的社会主义现代化企业的一项战略任务。因此,他们非常重视职工的培训。现在,首钢已经形成一套较为完备的职工教育体系:一是面向社会招生的全日制的首钢大学。首钢大学设置大学本科和专科10个专业，并附设7个专业的中专部和32个专业的技工部，已培养毕业生8557人。二是以在职业余培训为主的首钢职工大学。该校也附设中专部和中学部，并负责组织职工参加社会上举办的电大、函大、刊大以及各种短期训练班的学习，现参加业余学习的职工有12000人。三是组织万人脱产培训，学员都是各部门、各单位在职的业务技术骨干。已开办17个专业、36个班，有1800人从岗位上抽出时间来参加学习。此外，各部门、厂矿、单位，也都按照"干什么学什么，缺什么补什么"的原则，广泛开展多种形式的职业教育和岗位培训。现在首钢基本上做到了职工队伍的文化、技术素养的提高和技术更新同步进行，造就了一大批既有丰富实践经验，又有一定理论知识的建设人才。

三、劳动工资制度改革成功的原因

首钢劳动工资制度改革之所以成功，主要是首钢在党的十一届三中全会以来的路线、方针、政策和中央关于经济体制改革决定的指引下，实行了承包制，并且有一个坚持改革、勇于开拓创新的领导班子，再加上扎扎实实的基础工作。

（1）包干挂钩是前提。首钢劳动工资制度改革的前提条件有两个：一是实行上缴利润递增包干，包干基数和递增率都是包死的，超额部分全部留给企业，企业留利按照一定比例用于积累和消费；二是工资总额同实现利润挂钩浮动。首钢实行的承包，不是个人的承包，而是全体职工对全民企业的承包。首钢承包不光是上缴利税，而是包括对企业的发展和职工生活的改善都要承担责任的全面承包。承包把责、权、利结合在一起，权力是承担责任的保证，利益则是完成责任的动力。三者结合起来，企业职工就可以当家做主，充分发挥主人翁的积极性，为国家创造越来越多的财富；首钢也就有资金和自主权来进行工资制度的改革，使职工的工资收入能随着经济效益的提高而有计划、按比例地增长，能够把职工工资收入同企业的总体效益和个人的劳动贡献密切联系起来，真正做到按劳分配。实行承包制，减少了上级主管部门对企业的干预，企业在机构设置、人员配备等方面有了自主权，这也为劳动制度的改革提供了条件。

（2）领导班子坚决改革，勇于开拓。首钢领导班子坚决执行党的十一届三中全会以来的路线方针和中央关于经济体制改革的决定，勇于开拓和创新，决心把首钢建设成为具有中国特色的社会主义现代化企业，赶超世界先进水平。为实现这个宏伟目标，他们不怕冒风险。实行承包后，针对过去妨碍生产力发展的弊端进行大刀阔斧的改革。虽然改革过程中遇到了种种阻力，但首钢同志以振兴中华为己任，坚信改革不可逆转，不断排除困难，取得了胜利。职工能当家做主，领导班子深得职工的理解和信任，改革的办法就多，并且得以一丝不苟地贯彻执行。

（3）扎扎实实的基础工作。首钢从1979年实行改革以来，一直重视企业的基础工作，层层建立岗位责任制，有一套较为完整的、先进合理的定员编制和劳动定额。实行承包以后，对企业的经营目标和各项技术业务指标全部层层分解，落实到每一个基层单位和个人。对于担任什么职务的干部和在什么岗位工作的工人有什么责任、需要具备什么条件都有明确要求，并且确保每一个职工都知道。这样，严格考核就有了依据。现在职工对自己能否得奖、得多少以及能否得到工资挂率，都能做到心中有数，因为这是可以用数据计算出来的，根本不需要评议。由于每年只能安排一部分人岗位升级，因此，还需要考评结合。据反映，自从建立了新的工资制度以后，几乎没有人到劳动工资处闹工资问题，这显然与此前做了扎扎实实的基础工作是分不开的。

首钢改革的成就是多方面的。有的同志说，首钢是综合效益、长期行为，这是非常恰当的说法。首钢改革的经验也是极其丰富的。这里主要从劳动工资的层面来考查，但就是这个层面也还没有看全，有些也可能没有看准。会后，我们还要继续学习研究，以便更系统地总结这方面的经验。会上，我们提供了几份初步的调查报告，会后将根据会议讨论的精神和对调查报告本身所提意见进行修改。另外，中国劳动学会打算今冬明春召开大中型企业劳动工资配套改革研讨会，首钢经验也准备拿到这个会议上做进一步的研讨。对于这次研讨会，首钢党委书记周冠五同志非常关心，公司副总经理赵蕙同志亲自安排和指导，首钢各方面的同志特别是研究开发中心、劳动工资处、招待所的同志给我们介绍情况，提供资料，为我们提供了很好的服务，使我们了解了情况，学习到了经验，顺利地完成会议任务。对此，我代表与会同志对他们表示衷心感谢。

关于首钢改革试点及建立新工资制度的调查报告[①]

康永和　庞　自　王国培

城市企业是社会生产力发展和经济技术进步的主导力量，搞活企业是整个经济体制改革的中心环节。为了深入总结党的十一届三中全会以来企业改革的经验，探索如何

---

① 本文载《中国劳动科学》1987年第12期。

建立具有中国特色的分配制度，我们从1987年2月开始对首钢的改革试点情况，特别是工资制度改革情况进行了全面的考察、剖析。

首钢是拥有12万名职工的大型企业，又是我国最早进行工资制度改革试点的单位之一。自1970年以来，通过不断的改革、探索，在承包的前提下实行报酬与贡献挂钩，建立起一整套体现按劳分配原则和适应社会化大生产特点的新工资制度，使职工收入的增长不再等国家"给"或伸手向上"要"了，而完全取决于自己的劳动创造，因而极大地调动了企业职工的积极性和创造力，推动企业经济效益持续地大幅度增长。

现将首钢改革以来的深刻变化和工资制度的改革情况以及我们的一些体会简要介绍如下。

一、首钢改革以来的巨大变化

首钢改革以来发生了巨大变化，取得的成果是多方面的。首钢改革以来，在主体设备基本没有增加的情况下，产品产量大幅度提高，其中，成品钢材产量从1978年的116.9万吨增加到1986年的255万吨，翻了一番还多。实现利润（包括1983年并入的原北京市冶金局所属黑色冶金厂矿）由1978年的2.99亿元，增加到1986年的11.21亿元，增加了2.75倍。上缴国家财政由1978年的3.68亿元，增加到 1986 年的 9.01 亿元，增加了 1.45 倍。

　　首钢依靠自己的力量，通过挖掘内部潜力和进行技术改造，不但提高了经济效益，而且把老企业改造成为具有七八十年代国际水平的现代化企业。已经改造过的二、三、四号高炉和第一线材厂，都实现了由计算机控制生产过程，达到了国际一流水平。1986 年，在全国重点钢铁企业 55 项可比技术经济指标中，首钢有 32 项名列第一，其中标志着钢铁生产水平的生产指标一直保持国际先进水平。如精矿粉品位稳定在 68.5%，超过了美国、苏联同类矿山精矿粉质量，高炉利用系数和入炉焦比高于日本五大钢铁公司中的最好水平；三座转炉一年冶炼 5 万多炉钢，利用系数超过世界各国大中型转炉的水平，被外国专家誉为"世界上最快的转炉"。在提高效益、增加产量的同时，产品质量普遍提高，品种结构不断改善，原材料消耗量大幅度下降。

　　首钢也通过对主体设备进行现代化改造治理了重大污染源。工业粉尘和烟尘排放量、外排污水含酸量和含氮量等全部符合国家规定的标准。几年来，全公司还大量种植树木、铺栽草坪、培育花卉，环境治理和厂容绿化、美化方面已达到工业发达国家的先进水平。首钢在企业对国家承包的前提下，还不断完善了内部承包制，按照责、权、利相结合的原则，运用"包、保、核"的基本方法，建立起一套适应社会化大生产的现代化科学管理体系。承包制的实行，推动了计算机在管理中的应用。目前，全公司通过18台管理主机、201个终端，把公司生产调度、财务、计划、供应、销售、技术、机动、人事、工资等10个大业务系统和16个主要厂矿的生产过程控制机及中间管理机连接起来，形成了包含157台管理计算机在内的"公司—厂矿—车间"三级计算机管理网。计算机的应用，大大提高了工作效率，加快了生产建设进度。

随着生产的发展和经济效益持续的大幅度增长，职工的工资收入有了较大提高。1986年比1978年，职工月平均标准工资由47.74元增加到100.67元，包括奖金等在内的职工月平均收入由61.15元增加到162.07元，增加了1.65倍。职工福利增长也较快。改革以来兴建的各种集体福利设施达120万平方米，有一万多职工迁入新居，职工家庭人均住房面积，从改革前1978年的2.7平方米提高到1980年的近6平方米。

首钢非常重视提高职工素质，并把它看作建设具有中国特色的社会主义现代化企业的一项战略任务。现在，首钢已形成一套较为完整的职工教育体系，首钢职工的文化、技术素质已有很大提高，具有中等以上文化程度的职工占职工总数的比例由改革前的20%提高到目前的40%以上。科研队伍中，具有大专以上文化程度的占84.2%。处级领导干部中具有大专以上文化程度的占70.4%。

首钢改革以来取得的成果中,最根本的是实现了职工当家做主。首钢实行承包制后,通过层层承包,把企业经营自主权层层落实到全体职工上,使职工真正成为国家和企业的主人。现在,首钢编制长远发展规划和年度计划、制定"包、保、核"方案以及决策每项重大改革,都经全体职工充分酝酿、讨论。企业职工把企业决策看成自己的事情,主动献计献策。正是这种共同理想、共同利益,把全体职工凝聚成一个奋发向上的战斗集体。一支有理想、有道德、有纪律、能打硬仗的职工队伍在首钢正在形成。

二、首钢是怎样改革工资制度的

首钢的分配制度改革是随着经济体制改革的进程而逐步深化的。1979 年开始改革时,首钢试行利润分成,1980 年又试行利改税。这期间首钢内部分配制度的改革,还只限于搞活奖励制度,先后实行过"一条龙全优冠军奖"和"干部职务奖",开始打破了干部奖金低于工人、领导干部奖金低于一般干部的传统做法,这在当时刚刚恢复奖励制度的情况下,对于促进生产的发展是起了积极作用的。1981 年,在中国钢铁行业限产、财政困难的情况下,首钢实行了上缴利润 2.7 亿元包干,这个包干基数比上缴利润历史最好水平 1980 年的 2.48 亿元高 8.87%,比改革前 1978 年的全部利润高 42.47%。1982 年,经国务院批准,首钢在此基础上实行上缴利润递增6%包干，第二年又把递增率提高到7.2%，并规定国家不再向企业拨款、投资，企业在完成上缴递增任务后多创可以多留。留用利润按6：2：2的比例分配使用，即60%用于积累、再投入，20%用于发展集体福利事业，另外20%作为职工奖励基金。当时，控制奖励基金使用的办法，一是实现利润比上年每增加2%，可增发0.1个月标准工资的奖金；二是在实现企业经营目标、完成上缴财政任务的前提下，每年可给20%的职工浮动升级。1983年，首钢作为国务院工资改革试点单位开始试行"调改结合，以改为主"的自费改革，初步实行了干部职务工资制和工人岗位工资制（因允许用于改革的奖金有限，平均每人仅1.50元，当年只重点解决了工资与职务、岗位责任严重背离的突出问题）。这就把职工收入的增长同企业经济效益和个人劳动贡献初步联系起来了，为进一步改革工资制度提供了有益的经验。

1985年，经国务院批准，首钢承包的前期实行了工资总额与实现利润按0.8：1的比例挂钩浮动。即在企业留利中奖励基金有支付能力的条件下，实现利润每增加或减少1%，工资总额相应增加或减少0.8%。这是对旧工资管理体制和工资制度的一项重大改革，其实质是在保证国家增收、企业多留的前提下，使职工收入的增长完全取决于自己的劳动创造。在企业对国家承包、挂钩的基础上，企业内部也层层落实承包、挂钩，不但和经济指标挂，而且和技术业务工作挂，一直挂到每一名职工。在工资分配上，他们按照充分体现多劳多得、少劳少得的原则，充分体现脑力劳动与体力劳动、复杂劳动与简单劳动、繁重劳动与轻便劳动之间的差别，充分体现奖勤罚懒、奖优罚劣的原则，建立起一整套适应社会化大生产特点的新的工资、奖励制度。

（一）实行干部职务工资制和工人岗位工资制

（1）改革干部制度，实行定编定员。坚持干部能上能下和先进合理的定编定员，是建立和执行职务、岗位工资制的前提条件。这几年，首钢按照提高经营管理和生产技术水平的要求，不断对干部队伍进行调整。从厂处级单位调下去的共有415人，新提拔上来的有426人，调整面达83.86%，科级干部调下去的共有1744人，新提拔的有2524人，调整面达84.81%，使干部队伍更加年轻化、专业化。调下来的干部中有的处长当了科长，有的厂长、科长当了一般干部，也有的当了工人。基层班组长虽然不是干部，但他们是"兵头将尾"，企业各项工作是否真正贯彻下去，班组长的作用十分重要。首钢按照"一要勤奋，二要会干，三要严格"的要求，对班组长也进行了多次调整。调整后，基层班组长由11614人减少到8743人，减少24.72%；班组长的管理幅度由1∶8提高到1∶11.7，提高46%。

同时，首钢一直坚持按照"满负荷、高效率"的要求，不断精简机构、压缩定员。1979年至1986年，首钢共挖掘出劳动潜力24959人，占原有企业生产职工总数91594人的27.25%。这些人员都分别充实到基建施工、修理单位，以及新增项目和厂容绿化等单位。

（2）按照生产技术发展的要求，补充、修订各类人员的技术业务等级标准。企业各类人员的技术业务等级标准是衡量每一名职工是否胜任职务、岗位工作和能否晋级的重要依据。首钢改革以来，已经对各类人员的技术业务标准进行了三次全面的补充、修订。目前，全公司已建立起13762份等级标准，其中干部的9315份，工人的4447份，每一个职务、岗位、工种都有了明确、具体的等级要求。职工上岗、晋级前，都必须按规定的技术业务等级标准的要求经过培训、考试和考核，合格后才能纳入岗位工资等级线或晋级。

（3）干部和工人都实行企业内部统一的工资标准。过去，首钢内部同时存在着几百个工资标准，各类人员之间的工资关系十分混乱，矛盾重重。1985年工资改革后，干部和工人都实行了企业内部统一的工资标准。干部工资按职务划分等级，包括公司正副经理、正副处长、正副科长、一级科员、二级科员和助理科员等九职，每职又分3～6个工资级别，上下有交叉。工人工资则根据不同岗位的劳动复杂程度和贡献大小，划分不同的等级线。如高炉炉前工岗位为3～9级，茶炉工为2～6级。此外，为了鼓励工人向更高的技术水平发展，他们还在一些主要工种的最高等级线上增加了技师级。首钢的职务（岗位）工资标准，采用"一条龙"模式。干部工资共18个等级，工人包括技师工资共10个等级。工人1～10级的工资与干部9～18级的工资相同。

首钢新的最低工资定为48元，比原来一级工工资36元提高33%，其他等级也相应提高。目前，首钢已经做到工人上什么岗位就拿那个岗位的工资，干部担任什么职务就执行那个职务的工资标准。职务、岗位变动时工资也随之变动，该升则升，该降则降，能上能下，级职相符。1986年，全公司科级以上领导干部中有113人，由于职务变动，工资也跟着降了下来。其中，有一名公司副总经理改任处级职务后，工资也降到处级标准。另外，还有457人被提拔到领导岗位，工资也相应提高。

（二）建立正常的浮动升级制度

首钢实行的职务工资制和岗位工资制，在同一职务（岗位）中有若干个工资级别。为了更好地体现按劳分配原则，除了职工提升职务或从低工资岗位调整到高工资岗位相应提升工资外，首钢还建立了正常的升级制度，即在企业总体效益增长的前提下，每年都给一部分技术业务水平和劳动贡献突出的职工升级。首钢1986年实现利润增长20%，根据工资总额与实现利润按0.8∶1的比例挂钩办法，工资总额可增长16%，他们用新增工资总额的一部分给30%的职工浮动升级。

关于浮动升级面的分配，主要是根据各厂矿、各单位在钢铁联合生产中的地位和技术复杂程度，以及全年完成承包任务的情况，坚持适当拉开差距，不搞平均分配。据对35个生产厂矿的统计，1986年，升级面在32%以上的有6个单位，占17.14%；升级面在29%～32%的有23个单位，占65.71%；升级面在29%以下的也有6个单位，占17.14%。其中，炼钢厂升级面最高，达38.19%；密云铁矿最低，仅25.78%。升级条件有两个：一是经过严格考核、考试，全面达到上一等级技术标准规定的应知、应会的要求（干部还要求技术业务上做出突出贡献）；二是所在单位完成了承包任务，本人在完成岗位责任承包制上又有突出贡献。

职工升级后，浮动三年。三年内如果完不成承包任务，或违规违制、出了事故，就取消浮动工资。若每年考核都合格，第四年起，将浮动工资纳入本人的基本工资。

浮动升级制对鼓励职工上进作用很大。升了级的职工更加努力，没升级的职工也有盼头，他们说："榜上无名，脚下有路，今后好好干。"实行浮动升级制以后，职工学文化、学技术、学业务的热情十分高涨，经常坚持业余学习的职工占职工总数的78%，职工的文化、技术素质显著提高了。

（三）实行承包考核奖励制度

奖金是企业贯彻按劳分配原则不可缺少的辅助报酬形式，是企业在正常生产中鼓励超额劳动、体现赏罚严明和执行纪律的一个重要手段，它比工资具有更大的灵活性。奖金额少了，不起作用；多了，又会造成工资构成不合理。所以，首钢全年实发奖金额控制在工资总额的1/3以内。

首钢的奖金分配办法包括两个相辅相成的环节：一是根据不同单位、部门、岗位在企业经营生产中的重要性、技术复杂程度以及劳动环境、劳动强度的差别，确定不同的奖金分配系数。比如，炼铁厂是钢铁联合企业的一个关键生产部门，奖金分配系数为1.35；炼钢厂、初轧厂等主要生产厂矿为1.25；动力厂、运输部等辅助单位为1；民用产品公司和地质勘探、厂容绿化以及其他后勤服务单位的系数仅为0.5～0.8。在一个单位内部，不同岗位的奖金分配系数也不同，以炼钢厂为例，转炉炉长为1.6，一助手为1.5，火车工1.1～1.2，后勤工人在0.8左右。二是对各单位、部门和岗位，按承包制规定的考核办法逐项进行严格考核，计分、计奖。严格考核是按劳分配的关键。主要坚持两条：一是坚持反对好人主义、平均主义、本位主义，严格按照规定的标准逐条进行考核，不强调客观原因，该加则加，该扣则扣，如果没完成任务就不能得奖；二是坚持"四个百分之百"，即承包任务必须百分之百地完成，规章制度必须百分之百地执行，违规违制必须百分之百地登记、上报，违规违制无论是否造成损失都要百分之百地扣发当月奖金。几年来，首钢每月奖金的分配都出现一批"冒尖户"，每月也都有一部分一分钱奖金拿不到的单位和个人。

这种在严格考核基础上的系数与分数相结合的承包制考核奖励分配办法，既承认不同单位、岗位劳动者技术高低，贡献大小的差别，又保证了企业总体效益的增长，使奖金分配合理地拉开了差距。以矿山、炼铁、炼钢、轧钢等十个主要厂矿1987年1月份奖金分配情况为例，这十个单位的职工总数为20076人，其中得奖在80元以上的占1.65%，得奖在60～80元的占13.81%，得奖在40～60元的占54.25%，得奖在20～40元的占19.97%，得奖在20元以下的占1.43%；还有1782名职工因未完成岗位责任承包制规定的任务，或违规违制等，当月没有得奖，占职工总数的8.88%。

（四）实行工资挂率制度

企业的利润增长目标实现以后，从增加的工资总数中拿出一部分用于工资挂率。只要职工个人和他所在单位都完成了承包任务，就可按规定在原有基本工资上增加一定的比例。比如，首钢的八级工月基本工资是144元，在企业总体效益增长的前提下，如果他完成了承包任务，他所在的单位也完成了承包任务，假定他的工资挂率为10%，就在144元基础上增加14.4元，基本工资变为158.4元。而且，如果年年具备上述条件，年年都可以挂。这就把职工的基本工资同企业的经济效益以及每个人的贡献直接挂起钩来。

首钢1986年的工资挂率安排为职工标准工资的11.6%，挂率幅度的大小按各单位、部门在企业经营生产中所处地位的重要程度、技术业务复杂程度和贡献大小进行分配。1986年挂率最高的炼钢厂为15.92%，最低的密云铁矿为8.98%。职工个人挂率多少，则以每月完成承包制考核分数的全年累计为主要依据，最高的22.22%，最低的5.17%。另外，全公司有12386名职工，其中因为没有完成承包任务或严重违规违制而没有挂率的，占职工总数的10.02%。

三、首钢经验的启示

首钢自改革以来发生了巨大变化，持续 8 年实现利润平均每年递增 20%，在企业现代化建设上迈出了一大步；职工工资收入有较大幅度的增长，企业内部的分配越来越符合按劳分配原则。实践证明，这是一次成功的尝试。它给我们的启示主要有以下几个方面。

（1）实行承包前提下的"挂钩"，为企业提高经济效益、实现按劳分配开辟了道路。在以增强企业活力为中心的城市经济体制改革中，怎样才能把企业搞活、把经济效益搞上去？根据首钢的经验，实行承包、挂钩是个路子。首钢实行上缴利润递增包干的承包制，包干基数和递增率都是包死的。完不成承包任务，必须用自留资金补足；承包任务超额完成了，超额部分全部留给企业，并按照一定比例用于扩大再生产和改善职工生活。与实行承包制相配套的，是实行职工工资总额与实现利润挂钩浮动，实现利润增加得越多，工资总额也增加得越多，反之，工资总额也相应减少。实行承包制、工资与利润挂钩浮动，把企业和国家之间责、权、利相结合的关系确定下来以后，首钢内部也层层实行承包，把承包指标分解落实给每一个基层单位和每一个人，形成了首钢 12 万职工共同对国家承担应负的责任。职工的工资收入，也同企业的总体效益和个人承包任务完成的情况挂起钩来。这是首钢高速提高经济效益的根本原因。经济效益提高了，首钢就有钱，也有自主权进行工资制度的改革、较好地体现按劳分配原则。

（2）正确处理国家、企业和职工三者的利益关系，是实现生产与生活、积累与消费良性循环的关键。在分配问题上，我们党历来提倡兼顾三者利益，但在实际执行中，往往顾此失彼。在过去相当长的一段时间里，更多的是以牺牲职工个人利益来保护国家利益，结果是高积累、低消费、低效益，国家利益并没有真正保住。党的十一届三中全会以来，情况有所好转，但问题并未完全解决。首钢实行承包制和挂钩办法形成的利益机制，确实做到了三兼顾。

从国家多收方面看，1979—1986年八年间，首钢实现利润增长了2.75倍，上缴国家财政部分增长了1.45倍。首钢改革八年共上缴利税49.2亿元，比1949—1978年将近三十年间共上缴利税36.29亿元还多出将近13亿元。从企业多留方面看，由于经济效益大幅度提高，1986年首钢留利占利润的40.6%。这样，企业就有较多的资金用于技术改造（改造后，首钢用自留资金增加的固定资产达10亿元），也有可能较快改善职工生活。从职工多得方面看，1986年比1978年，职工月平均工资收入由61.15元增加到162.07元，增加了1.65倍。职工集体福利也有较快增长。

利益分配上做到了国家多收、企业多留、职工多得，也体现了兼顾眼前利益和长远利益的原则，这是实现生产与生活、积累与消费良性循环的关键所在。从首钢的实践看，把上缴利润递增包干的超过部分留给企业，国家才能长期得到逐年递增的利润。企业留利多了，才能在投资主体转移到企业的情况下，以留利的大部分用于积累，投入扩大再生产。企业积累多了，创利就多，职工生活就能较快改善，这反过来又会激励职工创造更多的积累。

有些同志担心企业自主权大了、留利多了，会导致行为短期化、消费膨胀等。但首钢的经验说明，与这种担心相反，实行承包制、工资与利润挂钩浮动以后，企业有了自主经营、自我发展、自我改造的权力，也就形成了内在的自我激励、自我调节、自我控制的机制，不会出现只顾本位、不顾整体，只顾眼前、不顾长远的现象。而一些企业缺乏自我约束机制，以致产生行为短期化，反倒造成一无权、二无钱的结果。

（3）把职工个人的工资收入同企业总体效益和个人劳动贡献紧密联系起来，才能较好地实现按劳分配。社会主义个人消费品的分配原则是按劳分配。但在社会主义商品经济的条件下，劳动者个人并不直接同社会进行劳动交换，只有通过企业联合劳动提供的商品，经市场置换才能确定劳动者的劳动是否为社会所承认及其价值大小。因此，离开企业的经济效益，按劳分配就会失去依据。我国原有的工资管理体制，其主要弊病除了集中过多、管得过死以外，就是没有把职工的工资收入同企业的经济效益挂起钩来。职工工资收入的增加，不是靠自己的劳动创造，而是靠国家"给"，这样势必难以区分企业的先进落后、职工的贡献大小。不改变这种由国家给企业统一安排增加工资的办法，平均主义是永远也反不掉的。

首钢实行了承包制、工资总额与实现利润挂钩以后，进行了工资制度的改革。通过改革，不但依靠自己劳动创造提高了工资水平，而且较好地克服了平均主义，实现了按劳分配。特别值得指出的是首钢实行的几种工资分配形式，即职务（岗位）工资制、浮动升级、承包考核奖励以及工资挂率等，都是以职工个人的岗位责任承包和其所在单位和企业总体效益完成情况为客观分配的依据。每个职工的收入都同这几个方面挂钩，干得好可以从几个方面增加收入，干得不好几个方面同时受到影响。这种分配形式，总的来看是多功能的。这种多功能分配形式是一个新创造，它更适合大工业生产的需要，有利于保证企业总体协调性和最终效益的提高。同时，这种在承包前提下的挂钩分配办法又使企业形成了自我约束的机制，调节着生产与生活、积累与消费的比例关系，这就保证了企业不会出现消费失控的现象。1986年同改革前的1978年相比，首钢职工的平均工资增长1.65倍；而人均创利税由4717元增长到14396元，增长2.05倍。同期工业企业的工资总额由6037.1万元增长到18306.8万元，增长2.03倍；实现利税由37692万元增长到133693万元，增长2.55倍。平均每增加1元工资多创利税7.80元。

（4）有扎实的基础工作和严格的考核，按劳分配才能落到实处。首钢改革以来，一贯重视企业的基础工作。层层建立岗位责任制，有一套较完善的、水平先进的编制定员和劳动定额。实行承包制以后，企业的经营目标和各项技术业务指标，全部层层分解落实到每一个基层单位和每一个人。落实到岗位和个人的指标达139万个，形成23126个实行责任承包制的岗位。有了扎实的基础工作，考核就有了依据。

严格考核是首钢实行承包制、工资与利润挂钩浮动和贯彻按劳分配原则的一个重要环节。没有考核，再好的制度也没有用处。首钢考核坚持"三个反对""四个百分之百"。对于没有百分之百完成岗位责任规定任务的职工，扣发当月全部奖金；对于违规违制的职工，一般也不发当月奖金，情节严重的，除不发奖金外，还取消上年的浮动工资，绝不姑息迁就，坚决反对"好人主义"。有了严密的、坚实的基础工作，又有严格的考核，该奖的奖，该罚的罚，奖罚严明，这就保证了体现按劳分配原则的工资制度得以贯彻执行。

首钢的严格管理、严格考核、严明纪律，还有利于培养锻炼出一支忠于职守、严守纪律、能打硬仗的职工队伍。1986年6月的一个深夜，由于外部电源发生故障，全厂漆黑一片。在这种情况下，一万多名职工坚守岗位，保证了设备的安全，并且不到两小时就恢复了生产。这个事实说明，职工真正当家作主以后是能够克服一切困难去争取胜利的。正如《中共中央关于经济体制改革的决定》指出的，"当劳动者的主人翁地位在企业的各项制度中得到切实的保障，他们的劳动又与自身的物质利益联系的时候，劳动者的积极性、智慧和创造力就能充分地发挥出来"。

（作者单位：中国劳动学会）

关于首钢劳动管理制度改革的调查①

康永和　庞　自　王国培

首钢自实行承包经营责任制以来，企业从高度集中的管理体制束缚下解脱出来，有了用人、分配等自主权。在此前提下，首钢以提高企业经济效益、发展生产力为中心，对旧的劳动管理制度进行了一系列改革，建立了较为科学

---

① 本文载《中国劳动科学》1988年第1期。

的、有特色的劳动管理制度。首钢的劳动管理制度是从实际出发，按照现代化大企业发展的要求设计的，它有效地促进了劳动效率的不断提高。1986年同改革前的1978年相比，企业实现利润增长2.74倍，净产值增长2.14倍，总产值增长1.09倍，而工业生产职工人数仅增长6.95%，若扣除安排在厂容绿化公司、民用产品公司的职工，实际从事工业生产的职工人数仅增长1.83%。

现将首钢劳动管理制度改革的一些做法和情况，简要介绍如下。

一、以有利于提高工作效率和经济效益为原则进行机构改革

过去，在高度集中的体制下，企业是国家机关的附属物，管理机构是主要部门的延伸，企业管理往往脱离生产实际。这造成的问题有：忽视经营职能，强调上下对口；机构臃肿庞大，互相扯皮，不讲效率和效益。实行承包制后，首钢针对这些弊端，从企业实际出发，以有利于提高工作效率和经济效益为原则，对原有的机构和职能业务从以下几个方面进行了调整和改革。

（一）强化企业的经营生产指挥机构

过去，首钢的生产组织指挥机构是分散设置的。生产

准备、生产组织、调度指挥、作业计划的编制与实施等业务分属于不同的部门，机构重叠、业务断裂、产销脱节。实行承包制后，首钢成立了统一的生产指挥部，把有关方面的业务合并，统筹、协调、控制全公司的经营生产活动，并通过"经营日报"及时、准确地将每天的生产、销售、预实现利润的情况反映出来，一旦发现问题，就迅速进行调整和决策。在机构调整中，他们坚持以生产需要为准绳，力求避免因人设事和"大而全，小而全"的现象发生。比如，把职能作用相近的技术、质量、能源、科研和新产品试制等部门合并，成立了技术部，加强了技术部门的综合管理。又把设备维修、动力、生产、备品配件的供应和技措工程管理业务合并，成立机动部，加强了设备和动力系统的综合管理。

（二）建立联营、技术引进和经销机构

为了发挥大企业资金、技术的优势，发展横向经济联合，首钢成立了"实业公司"，统一组织公司内部机、电修理和机械加工厂的生产活动，除完成企业内部非标准件生产任务以外，还承揽外部成套设备的加工制作，并对外进行联营和提供技术服务。为加强对引进先进技术设备的管理，首钢成立了技术引进办公室。1981—1986年已从国外引进先进工艺、技术53项，成交总额1.35亿美元。同时，为加强产品推销,还专门成立了经销部。这一系列的改革调整,大大提高了企业的市场开拓能力和竞争能力。

(三) 兴办新产品开发机构

首钢成立了电子公司,承担公司内部计算机信息系统开发和仪器仪表的维修任务,成功研制 PC–SG 可编机、TK–80 计算机以及智能仪表、累计仪、电子秤等一批电子产品,现已批量生产和外销。通过调整和改革,企业的经营职能大为强化,劳动效率和经济效益大为提高。标志着企业经营水平的资金利税率(按固定资产净值加流动资金平均占用额计算),1978 年只有 25.67%,1986 年提高到 62.44%,增长 1.43 倍。职能机构和管理干部进一步精简。改革以来精简干部 2356 人,占原有干部总数 14032 人的 16.80%。

二、按照现代化生产需要,调整和改进劳动组织

首钢改革以来,现代化改造步伐大为加快,一批具有世界先进水平的技术设备陆续投产,自动化程度大幅度提高。烧结、炼铁、炼钢和轧钢等主体设备,已基本上实现了电子计算机控制。旧的劳动组织和班组建制已不适应这一变化的需要,因此对其进行了调整和改革。

首先，首钢根据生产工艺、技术装备和经营管理的要求，对车间、工段、班组建制进行了调整。比如，烧结厂第一烧结车间经过改造后，绝大部分岗位的体力劳动和简单操作已被电子计算机代替，工人的劳动方式发生了很大变化。为适应这种变化，首钢扩大了车间的管理职能，减少了工股和班组建制，精简了人员。经过改革，全公司生产班组由8157个减少到6416个，精简21.34%。班组长由11654人减少到7841人。精简32.49%。班组长的平均管理幅度由1∶8提高到1∶11.9，提高48.75%。同时，按照"一要勤奋，二要会干，三要严格要求"的标准，建立班组长选拔、培训、考核、任免制度，使班组长的素质得到提高。

其次，为克服修理工种划分过细，基建工人施工中互相等待的现象，按照生产的实际需要，修理工人实行混合编组制、基建工人成立综合作业队。统一改革大大促进了工效的提高。以高炉大修为例，实行混合编组后，炉顶和机械设备安装由原来的1961个工日减少到1263个工日，节约35.59%；炉体机械设备和结构的拆除与安装由19715个工日减少到12788个工日，节约35.14%；炉体砌筑由3963个工日减少到3547个工日，节约10.54%。

最后，广泛开展多技能活动，提倡生产工人"操检合一"，修理工人"一专多能"。基建工人按施工需要合并工种。为此，进行了有计划、有组织的培训，几经严格考核，考试合格的，由劳资、教育部门发给合格证书，记入本人档案。取得合格证书、工作上又有成绩者，可优先浮动升级，成绩突出的还可以突破原工资等级线。目前，全公司已有64653人通过了多技能考试，兼学技能达到二级工以上技术水平的，占工人总数61%。工人掌握了第二技能后，不但提高了技术操作水平，而且对加强设备的维护，提高利用率发挥了重要的作用。

三、从基础做起，扎扎实实地搞好定员定额工作

先进合理的定员定额，是搞好劳动管理的基础。改革以来，首钢非常重视定员、定额工作，一直坚持采用先进合理的定员定额标准，并把挖掘劳动力潜力的任务纳入承包制，推行定员定奖、减人不减奖、增人不增奖的制度。经过几年努力，首钢已建立起一套系统的、科学的定员定额制度和先进合理的定员定额标准。目前，已建立了矿山采选、烧结、焦化、炼铁、炼钢、轧钢和自动化仪表、机车车辆、铁路工程等12个专业，共计1.8万个项目，5.8万个子项目的定额。同时，设备检修、加工制作、单机台作业、运输装卸和基建施工等部门的工作已全部纳入定额管理。新标准的定额水平比冶金部最近颁发的《冶金设备检修劳动定额》高12%，是国内同行业水平最高的。以冶

金行业有代表性的主体设备为例，初轧机岗位定员人数比国内同行业少8%，高炉少33%，转炉少88%，烧结机少50%。其中相当一部分主要生产岗位的定员已接近或达到国际先进水平。

首钢定员定额的方法大体为四种情况：一是对关键生产岗位采用动作研究的方法，提高工时效率。比如850初轧机操作台岗位，是整个钢坯生产线上的"咽喉要道"。工人们为了改进技术操作，把轧制过程中的推床、压下、咬入、抛出等操作分解成78个动作，多次用示波照相和秒表计时，逐项分析、优选，删除不合理的动作，总结出一套最佳操作法，使平均每轧一块钢锭的时间消耗由90秒缩短到65秒，比过去缩短25秒。年平均人机时产量由过去的155.78吨提高到256吨，提高64.3%。二是对区域分工性岗位采用工作日写实的方法，分析工时消耗结构，适当合并岗位，实行兼职作业。比如高炉本体各岗位过去普遍负荷不满，因此首钢把喷煤与看水、地沟与卷扬、供变电与除尘风机等岗位合并，使人员减少一半。首钢的高炉与国内同类型高炉相比，少用了1/3的人员。三是对效率定员岗位采用测时方法，且按照满负荷、高效率的原则确定岗位定员。比如中型钢厂冷拔车间在开始承包时，年产钢材需提高一倍，人员也需增加一倍。经过对这个车间的退火、锻尖、酸洗、拉拔、矫直、抛光、精整等各工序的作业时间，以及对每一个拉拔道次的单位工时消耗进行细致测定分析后，取得288个标准数据，并绘制出工时利用和作业图表，在此基础上确定的设计定员人数比原计划减少37.8%。四是对于作业流动性强、工作负荷不均衡的修理工人采用数理统计方法进行抽样调查，计算工时利用率，制定定额定员标准。比如矿山公司大石河选厂选矿车间的修理工人，过去分散在破碎、磁选、过滤、尾矿四个生产工段。抽样调查表明，破碎工段修理工人的工时利用率最低，仅为27.18%，磁选工段工人最高，但也只有49.43%。根据抽样调研结果，他们把四个生产工段的修理工人全部集中到修理工段，使破碎工段修理工人员减少50%以上。

首钢实行先进合理的定员定额，促进了劳动效率的提高。如在基建系统，1978年全员劳动生产率只有4725元/人，1986年达到9350元/人，增长97.88%。其中近三年，在技术装备率和动力装备率基本没变的情况下，全员劳动生产率增长87.86%，平均每年递增23.39%。

四、广泛开展培训，提高职工队伍素质

企业现代化改造步伐的加快，新工艺、新技术、新设备的大量采用，迅速改变着人们的劳动方式。同1980年相比，1986年首钢的主要钢铁生产工序中，靠人工操作的工序下降12.5%，机械化工序增加8.18%，电气化工序增加

17.14%，自动化工序增加了2.5倍。特别是烧结、炼铁、炼钢和轧钢等主体设备，已经基本实现了由电子计算机控制。在企业的总劳动中，体力劳动的比重逐步减少，智力劳动的比重显著增加。生产工序从"工人机器体系"向"智能机器体系"的过渡，对职工群众的文化技术素质提出了更高的要求。

重视职工素质的提高，这是首钢腾飞的重要原因和动力。目前首钢的培训、教育工作还在不断向前发展。他们培训、教育的原则主要是：第一，普遍性原则。即为每一个职工提供学习提高的机会和创造学习条件。各部门、厂矿按照干什么学什么、缺什么补什么的原则，广泛开展多种形式的职工教育和岗位培训，基本做到了职工队伍文化、技术素质的提高与技术装备更新同步进行。第二，提高的原则。为了培养与现代化生产相适应的人才，他们举办超前培训，如抽调生产中的骨干班组长到"万人培训中心"脱产学习，以提高适应现代化生产需要的技术、管理水平。第三，针对性原则。为了使每项经过改造、引进的现代化装备正常投产，在设备改造或引进技术前，就有针对性地进行培训，使设备能够按时投产运转。

五、按照生产发展需要，合理使用和调剂劳动力

首钢每年都有一批新项目投产，技术装备水平逐步提高，因此需要不断地选拔培养、配备生产骨干。同时，随着企业劳动组织的改善和定员工作的开展，每年都有一批不适应原岗位工作要求的人员从生产岗位上精简下来，重新安排适当的工作。如何既保证按各生产岗位发展的需要选配劳动力，又能使精简的人员各得其所、发挥作用，这是劳动制度改革的重要内容，也是搞活企业、提高劳动生产率的大问题。目前，就全国而言，这个问题仍没有得到很好的解决，而首钢已基本上解决了。在首钢，合理调剂、配备劳动力已成为良性循环的运转机能，基本做到了固而不死、活而不乱、人尽其才、各得其所。首钢劳动力管理的经验是十分重要的，我们建议有关部门要很好地研究一下。

那么，首钢是如何使劳动力管理活起来的呢？我们认为，是由于他们有健全的劳动力培训、安排、使用、调剂的运转机制。这个机制可以这样概括：岗位竞争、择优上岗、岗位工资。在首钢，职工到哪个岗位上去，不是职工本人说了算，也不是领导说了算，而是通过考核，按照岗位要求择优，适应干什么就干什么，该上则上，该下则下。首钢的这套做法，克服了目前全国用工制度的三大弊端：

一是生产工人严重不足,后勤服务人员冗余;二是生产岗位中条件好的岗位人员冗余,而条件差的岗位人员不足;三是岗位终身制问题。首钢不存在这些问题,干什么就要有什么条件,干什么就要有什么标准。比如,电子计算机控制室工种好、工作环境好,愿意去的人多,但谁能够去,必须通过考核竞争,择优上岗。又如,首钢最近从比利时"赛兰钢厂"引进210吨转炉,全部生产过程需采用电子计算机系统进行自动控制。这一大套具有国际先进水平的设备对生产工人的技术要求是很高的,主要岗位的生产工人必须熟练掌握炼钢技能,还要具备一定的电子计算机知识。因此,他们就从原炼钢厂30吨转炉操作工人中择优调剂了一批骨干,使劳动力得到了合理的使用、各尽其能,引进的转炉很快投入生产。首钢能够根据主要生产岗位的需要及时调剂、配备劳动力,还有一个重要的原因,那就是精简下来的人员都给予适当安排。从生产线上精简下来的人员,凡是尚能顶一般岗位工作的,都通过开辟新的生产门路,安排他们到力所能及的岗位上去,充分发挥他们的作用。如生产多种生活用品的民用产品公司,从事导轨加工、电梯制作和安装的电梯厂,生产各种中型钢材的400/500轧钢车间等,除调剂配备一定的管理干部、技术人员和生产骨干外,安排的绝大多数都是超编人员,对于提高企业经济效益发挥了显著的作用。

通过上述改革、精简，首钢自1979年到1986年共挖掘劳动力潜力21050人，占工业生产原有职工总数91594人的27.25%。其中干部挖潜2356人，占干部总数14032人的16.79%，工人挖潜22603人，占工人总数77562人的29.14%。这部分人员调出原工作岗位以后，不仅减少了活劳动的"内耗"，使企业经营管理职能和劳动组织显著强化，而且还通过内部培训、平衡和调剂，把节约下来的人员充实到新机构、新项目中去。据统计，首钢改革以后增加的新机构、新项目共存423项，这些项目实际使用人员37581人，其中通过内部挖潜调剂的人员比例为66.41%。

六、大力兴办集体经济，充分发挥劳动服务公司安置职工子女就业的作用

劳动就业是关系经济发展和人民群众切身利益的一件大事。就业问题解决不好，不但影响社会的安定团结，也影响职工所在单位的劳动管理。为解决就业困难，过去曾实行过内招、顶替等制度。一些企业一方面人员富余，而另一方面还要内招，或者上级硬塞人，根本谈不上提高职工队伍素质问题。首钢通过劳动服务公司兴办集体经济，妥善解决了这一问题。

首钢是一个拥有12万名职工的大企业，加上职工家属后就有几十万人，每年有2000余名职工子女需要就业。为了妥

善安置待业青年，首钢积极主动想办法，充分发挥劳动服务公司兴办集体企业安置职工子女的作用。目前，由劳动服务公司兴办的各类集体企业有60多个，不仅较好地解决了职工子女的就业问题，而且为企业生产和职工生活提供了服务。

首钢在兴办劳动服务公司、发展集体经济的过程中，坚持了两条方针：一是积极支持、扶植。在人力、物力、财力和管理经验、技术知识以及产品销路等方面，为集体企业提供必要的条件，协助他们广开生产门路和生财之道，使这些集体企业迅速提高经济效益，尽快走上健康发展的轨道。二是坚持不包办代替。首钢在集体企业职工进厂后不和他们混岗，财务上也不混账，不吃"大锅饭"，而是"扶上马，送一程"，让这些集体企业独立经营，自负盈亏，自主分配。首钢的劳动服务公司同集体企业之间不是行政隶属关系，其工作方针是扶植、指导集体企业的发展。主要做法是：

（1）派出人员协助管理。在兴办初期，他们选派一批有丰富实践经验的管理干部参加集体企业的组建，并担负起领导责任，开展经营管理工作，以打开局面。同时进行传、帮、带，发现、培养经营管理人才，放手让他们独立开展工作。

（2）提供技术支援。为了提高集体企业从业人员的文化、技术、业务素质和生产产品的质量，首钢从专业培训、技术咨询、工艺操作、产品检验等多方面提供了技术支援。

几年来，仅各种专业训练班就举办了 30 余次，参加学习的人员达 4432 人，培养出一大批技术、业务骨干，有力地保证了集体企业各项管理工作和技术水平的提高，产品和服务的质量也不断得到改善。

（3）提供资金、物质支援。首钢向集体企业提供资金和生产资料都不是无偿划拨的。在兴办初期，首钢向其提供无息贷款 200 万元，随着经济效益的提高和留利增多，集体企业分期归还，预计 1987 年底以前可归还 140 万元，1988 年可全部还完。集体企业占用的废旧厂房和少量设备，其产权仍属首钢。此外，首钢还向集体企业提供一部分生产项目。但是，首钢坚持凡是企业自身通过挖潜能干的项目，都不能让给集体企业去干。如烧结台车上的箅条，过去一度由集体企业生产，现在首钢自己能够制造了，原来生产这种产品的集体企业已经转产。

首钢对集体企业坚持既积极扶植又不包办代替的做法，在实际工作中遇到了很多困难，人们对它也需要一个加深认识和逐步适应的过程。但是，这种做法避免了全民企业生产资料的简单割让和效益转移，避免了大包、大揽、大锅饭，体现了国务院规定的企、事业单位扶植集体经济的原则精神，有利于发挥集体经济的优势，因此它有力地促进了这部分集体经济的发展。

（作者单位：中国劳动学会）

别开生面的金婚家庆会[①]

我家楼下住着一对幸福的古稀夫妇。老两口一年四季除刮风下雨和数九寒天外，每天清晨老爷子总是用轮椅推着老奶奶到地坛公园去遛早。

老爷子姓庞名自，离休前任劳动人事部党组成员、劳动科学研究所所长。他高高的个头，腰板挺直，仪表端庄，待人和气，是一位受人爱戴的老同志。老奶奶姓罗名英，也是一位离休老干部，看上去仍是一位有文化、有修养的知识女性。她现在由于双腿疾病，生活不能完全自理。

这两位老人的结合很有点传奇色彩。他们之间凑巧有"五同"：一是 1919 年同年生；二是同乡——都是原广东合浦（现为广西北海市）人；三是合浦县第一中学（现北海中学）初高中时的同班同学；四是同在 1938 年加入中国共产党；五是 1938 年同年脱产参加革命队伍。不过，他们的感情从恋爱结婚到巩固发展和升华到越老越亲密无间，并不在于这"五同"，而是在长期的革命战争年代中经过千锤百炼陶冶出来的高尚品德和纯洁爱情起了决定性作用。

1991 年 8 月 1 日，是他们结婚 50 周年纪念日。早在 6 月的一个清晨，天刚麻麻亮，老两口躺在床上说开了知心

[①] 本文载《婚姻与家庭》1992 年第 9—10 期。作者侯荻。

话。"阿罗，你还记得今年8月1日是什么日子吗？""这怎么能忘记呢，是我们结婚50周年。""咱们是否也该庆祝一番？""那还用问？"

采取什么方式呢？光老两口没意思，还是把儿女们都叫来参加金婚家庆，大家一块欢乐欢乐。庞自说："我看这样吧，为了把这个特殊的日子过得既红火热闹又有点意义，咱们一不聚餐，二不破费，讲一点我们在战争年代的所见所闻和感人的事情，向儿女们进行点传统教育，就算这次家庭聚会没白过。"

金婚的日子到了，儿女们买了大红纸。小儿子写了"庆金婚"三个大字贴在南墙壁中间。大字下面是一横列阿拉伯数字：1941.8—1991.8。两位老人用诗一般的语言相互写了祝词。一首是庞自写给罗英的，题目是《赠老伴阿罗》；一首是罗英写给庞自的，题目是《赠老伴阿庞》。两首祝词如同老两口手拉手，亲亲热热并排而坐。墙上还贴着二老自撰的对联，上联是："忆当年，风华正茂，比翼齐飞闹革命，艰辛备尝，力求民族解放"，下联是："看今朝，年逾古稀，并肩同座庆金婚，壮志犹存，喜迎中华振兴"。儿女们也精心撰写了贺词和对联。上联是："肩道义，历磨难，风雨同舟倏忽五十载"，下联是："信人生，贵相知，含饴弄孙安度古稀年"。室内的桌子上摆着二老的合影近照，合影的两侧摆着象征他们爱情之树常青的两盆花——

万年青和兰花。

上午9时左右,各路"诸侯"都带着自己的"小天使"来为爸爸妈妈、爷爷奶奶庆金婚。大家一见面,个个欢天喜地,真比嫁姑娘娶媳妇还热闹哩!别看这小小的金婚家庆,开得还真有板有眼有味道:有司仪、有程序、有主持人,有管摄影的,有管录音的。家庆的开场由老两口的小女儿代表儿孙们致辞。然后,两位老人相互致辞,互赠礼品。他们的致辞言简意赅,感人肺腑。庞自赞颂罗英在学生时代就立志"宁做刀下鬼,不做亡国奴"的爱国思想,赞美罗英不论在什么条件下都不畏艰难困苦的革命意志;尤其深情地回忆了在十年"文革"期间,当庞自被诬陷为"特务",关在离劳动部"五七"干校七八里地外的小村庄时,罗英不顾双腿疼痛,拄着拐杖,顶着各种冷嘲热讽去探视自己的情景,使儿孙们深受感动。

说起老两口互赠的礼品,若不是亲眼所见,真是难以置信——竟是两盒不起眼的白手帕。这种情况别说青年人听后不理解,就连我这个已近古稀之年的老人也纳闷。老两口感情那么好,手头也不缺钱,干吗要这么"寒酸"?当我问起他们时,罗英说:"白色象征着爱情的纯洁,手帕是生活中不可缺少之物,它象征着我们谁也离不开谁。"多么朴实无华而又意味深长的回答啊!由此使我想起一句至理名言:得金易,得知己难。真正的爱情不是用金钱可以买到的，也不是用金钱可以衡量的。

紧跟着是孙儿孙女为爷爷奶奶献红花。两位老人高兴得连声说："这比我们当年结婚还要红火热闹几十倍哩！"这话不假。1941年，日本帝国主义侵占了大半个中国。那时，国难当头，条件艰苦，在革命队伍中，无论是领导还是一般干部，结婚仪式都简单到不能再简单了。当时一不请客，二不送礼。新郎新娘既没有新衣可穿，也没有新被可盖，只要开个小会庆祝一番，把新娘新郎的两条被子搬到一间临时的住房里就算完事，可不像现在结婚那么劳神费劲。说到这里，大孙女开腔了："谁叫你们生活在那个年头。这不，现在不是为你们补办吗！"一句话逗得大家哈哈大笑。

儿女们给两位老人赠送的礼品是：每人一件夏天穿的短袖上衣，一人一条软缎被面，总共不到200元。当我问起这件事时，他家小女婿告诉我，不是他们舍不得花钱，而是两位老人不允许："原先我们兄弟姐妹都打算多拿点钱，买点像样的东西表表我们的孝心，让两位老人高兴高兴。但不知是谁说漏了嘴，两位老人发现了我们的秘密，狠狠地把我们'批'了一顿。所以我们只好收敛，每家花了不到40元。"

最有意思的是大家唱卡拉OK。一家男女老少18口人，一口气合唱了5支歌。大家唱完后鼓掌欢迎两位老人合唱两支歌。老两口好像事先有所准备，不推辞不忸怩，掌声刚落就站起来报了歌名：第一支歌是《延安颂》，第二支歌是《毕业歌》。这两支歌，一支抒情，一支慷慨激昂。两位老人嗓音虽不能与年轻时相比，但仍节奏准确不走调，乐得儿女们赞不绝口："没想到两位老人的音乐细胞还蛮不错，到现在还显示出年轻时的那股灵气哩！"又是一阵交织在一起的掌声和欢笑声。庆典进行到这里，"小天使"们吵吵着肚子饿了。午餐端来，没有鸡鸭鱼肉、鱿鱼海参，而是两个大蛋糕、自制八宝糯米饭、鲜桃、冷饮，大家吃得真开心。

一个别开生面的金婚家庆就这么结束了，它给一家老小带来的不仅仅是当时的欢乐，还有留在心底永久的回忆。

皓首丹心[①]

1983 年底，庞自同志离开他熟悉和眷恋的劳动业务工作，成了离退休干部的一员。这位曾担任过国家劳动总局副局长、劳动人事部党组成员、劳动科学研究所所长等职务，并由于他的辛勤工作而被评为劳动部和国家机关优秀党员的老同志，此时并未感到轻松，他觉得还有许多事情等着自己去做。

---

① 本文载 1991 年 11 月 28 日《中国劳动报》"劳动战线人物剪影"专栏。作者是《中国劳动报》记者皮德海、陆文。

斗转星移，8个春秋倏然而过，庞老家中的书柜愈加丰盈起来，那些在扉页上印着他担任主编、副主编或编委、顾问的书籍——《当代中国的职工工资福利和社会保险》《中国社会主义劳动工资问题》《劳动行政管理知识大全》……镌刻着他在人生之旅中留下的又一行闪光足迹。

"已白穷经首，仍丹许国心。"这是一位老战友送给庞老的一副对联，庞老将它作为座右铭。为"穷"社会主义劳动经济学这部"经"，年逾古稀的庞老不辞辛劳，不懈地进行探索，为国家和事业奉献着他的丹心和赤诚。他出任两届中国劳动学会副会长，为推动劳动科学理论和劳动政策研究做了大量的组织工作。

每每漫步于住宅附近的林荫道上，清晨的鸟语、傍晚的斜阳，总能勾起庞老对往昔的回忆：30年代的南方地下工作，40年代的援越抗法斗争，50年代新中国劳动工作的初创……他为自己把岁月和年华奉献给革命事业感到欣慰。

今年——庞老第六个本命年的一天，劳动出版社的编辑又叩开了他的家门，《劳动经济管理百科全书》编写组请他担任主编，庞老慨然应允。老骥伏枥，壮心不已，这原是他的本色。

两代人共话家庭美德[①]

人物简介：

庞自：原国家劳动总局副局长。鹤发童颜，思维清晰，好与青年人交谈。

罗英：原国家劳动总局离休干部。庞自之妻，晚年双腿残疾，但乐观开朗。

吴湛萍：北京大学哲学系学生。秀而敏，快人快语。

孟华：北京大学哲学系学生。好学深思重理性，说话富于逻辑。

（一）倡导家庭美德，建立幸福家庭

吴湛萍：今天非常高兴见到庞自爷爷和罗英奶奶。听说您二位在劳动部评选"恩爱夫妻"活动中，被评为模范夫妻，祝贺你们啊！每当我看到公园里白发苍苍的老人推着坐在轮椅上的老伴儿在夕阳下散步时，我心里就非常感动。而您，庞自爷爷就是这样每天照料双腿无法站立的罗英奶奶的。"执子之手，与子偕老"，这是比一般年轻人追求的爱情更为宝贵的真情呀。

[①] 本文载《中国妇女》1996年第12期。

但是，人是现实和理想、兽性和灵性交织的动物，生活中充满了碰撞与无奈，怎样才能拥有一个恩爱如初的美满婚姻呢？

庞自：建立美满婚姻关系的最重要因素是什么？就我个人经验看，首先要有共同的思想基础。我和老伴儿是中学同学，当时就一起参加抗日救亡运动，后来又一同入党从事革命活动。有了共同的信仰，才能彼此欣赏，建立爱情。后来在"文革"中受冲击，也是凭着共同的思想基础，彼此信任。结婚至今已有55周年，我们还是一如既往。

但是，仅有爱情也是不够的，维系美满婚姻，还要建立婚姻家庭的道德，作为一种思想意识和日常行为规范。

孟华：家庭是社会的细胞，是人们休息、娱乐、日常起居的场所，家庭生活质量的高低会对一个人产生巨大的影响。家庭不等同于事业，但幸福的家庭往往为事业成功提供极其强大的动力。家庭的基础是婚姻，只有将婚姻建立在道德的基础之上，这样的爱情才是神圣的，这样的婚姻才是严肃的，才能给稳定的家庭生活提供保障。家庭的稳定与幸福并非由单一因素决定，但至少有一个因素不能少，那就是道德。如果没有家庭伦理道德作为精神支柱和维系和谐、平等的家庭关系的手段，那么这个家庭便会面临诸多情感上的问题，更谈不上幸福了。

庞自：经济发展，社会进步，必然引起婚姻家庭的变化。变化，就它进步的方面说，主要是婚姻更自主，更少受到诸如家庭、门第等的干预；家庭中夫妻之间、亲子之间的关系，也向民主化方向迈进了一步。近年来，一些地方忽视思想教育，一批人受到西方价值观和婚姻观的影响，致使家庭道德失范，出现婚外恋、纳妾等现象。

吴湛萍：我想，无论社会的价值观、道德观演变到何种程度，拥有一个幸福美满的家庭仍然是绝大多数人内心的渴望。在竞争日趋激烈、生存压力与日俱增的社会里，谁不需要一个坚实的依靠？在人际关系利益化、感情日益沙漠化的今日，谁不想拥有一片感情绿洲？中国有句古话："家和万事兴"，道出了家对个人和社会发展的重要性。因此建立能维护幸福家庭的新伦理道德是非常重要的。

（二）传统家庭伦理与"孝"的观念

罗英：传统家庭伦理道德中的糟粕应该摒弃。比如，在婚姻问题上讲"媒妁之言""父母之命"，完全剥夺了青年男女追求幸福的自由；再就是以"三纲五常"为核心的封建宗法等级制度，要求顺从，儿子必须无条件顺从老子；三是妇女地位极其低下，"三从四德""妇容妇工"，在家庭中毫无地位。现在社会生活中个别的婚姻买卖现象及婚姻暴力，乃封建余孽。

孟华：家庭伦理道德作为传统道德的重要组成部分，

还是有许多值得我们继承和发扬的地方：第一，传统家庭伦理重视人伦关系的和谐和"爱人"，提倡"忠恕之道"。人际交往中尊重对方的独立性，"己所不欲，勿施于人"。第二，敬老爱幼，老人在社会生活中享有很高的地位。这种关系不局限于血亲之间，包含有一定程度的"博爱"思想，即孟子所说的"老吾老以及人之老，幼吾幼以及人之幼"。"孝"更是传统家庭伦理道德的核心。第三，重视道德教育和道德修养。《中庸》曰"修身、齐家、治国、平天下"，家庭对下一代的培养和教育起着至关重要的作用。

庞自："孝"是我国传统道德的一个重要内容，但我们今天提倡"孝"，应是对父母及其他长者的尊敬和必要的赡养，而不是顺从。是"孝敬"，而不是"孝顺"。

吴湛萍：社会发展使核心的小家庭取代传统的大家庭，家庭重心下移，孩子成了"小皇帝"，许多家庭往往顾了"下"便顾不了"上"。老人问题在社会生活中会愈来愈突出。现代生活将使家庭的部分职能社会化，如托儿所、敬老院、家庭服务公司等，部分老人将在敬老院生活。"孝"更多体现在对老人的尊重、精神关怀和经济上赡养扶助，而不会过分拘泥形式。

孟华：敬老是中国的传统美德，赡养父母又是法定的义务。老年人问题往往具有家庭与社会双重性，所以孝敬老人不仅仅是家庭伦理，也是社会公德方面的事情，对树立良好社会风气有重要的作用。

（三）对"婚外性关系"等现象的看法

孟华：离婚率上升是喜是忧？离婚如今不再是"见不得人"的事。据统计资料显示，离婚的数量是逐年上升的，在大中城市这个问题尤其突出。婚姻自由包括离婚的自由，俗话说"强扭的瓜不甜"，离婚也是解决婚姻危机的一种手段。人们从"谈离婚色变"到以坦然的心态接受，应该说是观念上的进步。离婚率的上升是一个原先压抑的社会在走向开放的过程中必然伴随的现象，另一方面也反映了人们有了更大的自由空间选择满意的婚姻。我国的离婚率总体上还只能算是"低水平"，但不能不看到，离婚导致一个家庭的解体，会带来诸如财产、子女等一大堆问题，如果处理不慎，会给双方和子女造成极大的伤害，故离婚应是慎重考虑后不得已的抉择。感情不能像逛商店那样，随意挑挑拣拣。只重一时激情，却不负责任，那不是真正的爱情，是自私的情欲的结果。如果为达离婚目的，不惜制造"爱情已经破裂"的借口，不但违背公德，也为婚姻法所不容。

庞自：现在有一种现象叫作见异思迁，这种人只图自己找个更称心的伴侣（其实也不一定），毫不考虑离婚对对方及子女的影响，只讲自己有离婚的权利，不讲自己对家庭的责任，分明是违反家庭伦理道德的。

我不赞成婚外性行为。不管有什么原因，婚外恋总是安在夫妻关系中的一个楔子，是破坏家庭的一个重要因素，是违反一夫一妻制的。就是在西方，政界人物发生这类事，也会作为丑闻而被曝光。

罗英：同居如果是指婚外恋我不赞成，如果是指"试婚"，我也不赞成。试婚，形似对结婚持慎重态度，实际是逃避结婚要承担的责任。试婚的后果，很可能使女方在未正式结婚前怀孕。怀了孕随之结婚，问题还不大，否则，世上又将多一个没有父亲的孩子。

庞自：目前的电视剧，多有"三角""四角"恋爱故事，其中不少又是婚外恋之类，似乎非如此不能引人入胜。但是，这又能引发人们什么样的情感呢，少拍这类片吧！

吴湛萍：社会转型中人们对待爱情和婚姻的态度呈现出多元化的趋向，但仍需要道德规范去约束和引导。夫妻关系中的道德规范，具体说来，我认为应有以下内容：一是夫妻地位的平等和相互的信任、支持，这是良好的婚姻家庭生活的基础；二是夫妻双方共同积极地承担婚姻的社会责任和道德责任；三是夫妻双方切实承担起婚姻的义务；四是珍惜夫妻感情，不断给婚后生活注入新的活力。

（四）倡导家庭美德，在社会主义精神文明中发挥重要作用

孟华：家庭伦理道德是整个道德体系中重要的组成部分。家庭道德的整体水平如何，会对个人品德结构的形成产生巨大的影响，会对社会公德产生极大的制约作用，还会对职业道德水平发生直接的影响。

吴湛萍：社会主义精神文明建设的一个重要内容是加强思想道德建设，在全社会树立起良好的道德风尚，加强家庭美德建设。和谐的、文明的家庭氛围，有助于培养个人高尚的道德情操和良好的公民意识，对下一代的健康成长尤其重要。无数个文明道德家庭的出现，将从整体上提高全民族的思想素质和道想修养，这也正是精神文明建设所追求的目标。

孟华：家庭观念的变迁，往往反映了一个时代的道德状况和精神风貌。世纪之交的中国正处在转型期，人们的价值观念、生活方式受来自多个方面的影响，尤其是在商品大潮的冲击之下社会生活中出现了许多道德沦丧的丑恶现象，这些现象也直接或间接地反映到人们的婚恋观上来。社会的开放，一方面打破了原有的陈规陋习，另一方面也提醒人们警惕道德上的退步现象。如何构建20世纪90年代乃至21世纪的家庭伦理，需要每个人的思索和努力。

（林亚男策划并录音整理）

卷舒风云色　吐纳珠玉声[①]

——访革命伴侣庞自、罗英

走进庞自先生家的客厅，我就被墙上那幅油画吸引住了：庞自先生和老伴罗英在画上相依而笑，透着老年夫妻少见的温情和甜美。见我紧盯着油画看，罗英老人笑眯眯地告诉我，那是1991年他们金婚纪念时，外孙媳妇为他们画的。

"我们是'五同'夫妻。同乡、同龄、同班、同年参加革命、同年入党，都是1938年参加地下党的。"老太太笑着说，"我在北海中学念初中时就看中他了"。

庞老在旁打趣她："早恋早婚，多子多女犯了错误，她倒给你宣传！"

我趁机笑问老太太："您当年看上他什么了？"

"我爱他什么？他读书多，人忠厚，长得也帅！"老太太快人快语，毫无躲闪地答道。

抗战爆发时，这对青年恋人一腔热血地投身救亡运动，先后成为中共地下党员。此后，两人聚少离多，为新中国的诞生进行了十几年艰苦卓绝的斗争，爱情之树也和岁月

[①] 本文载2000年2月18日《北海日报》。作者许可是《北海日报》记者。

一起变得枝繁叶茂。"文革"时期，庞自被诬陷为"特务"关进了"牛棚"，罗英召集子女开家庭会，郑重告诉孩子们："你们的爸爸不会有事，他是革命者。"每天下班，她都悄悄守在办公室窗户一角，等候"牛队"出来吃饭，"为的是能看他一眼"。庞自下放河南农村后，两人相隔10里地。一到星期天，腿脚不方便的罗英就拄起拐杖，即使是大雪天，一步三滑也要踏雪而去。在别人监督下和丈夫说说家务、孩子，临别时再摸摸丈夫的手，拍拍他的肩，把无限温情传递给困难中的爱人。

1991年，二老金婚前夕，庞自写了一首五言长诗《赠老伴阿罗》，深情记述妻子的贤淑恩爱："谁言干革命，唯有铁石心！"罗英往答赠庞自七言句中，亦将半世风雨"与君分手心相连，朝花夕月常思念"的情感咏得荡气回肠。读着这对白发老人醇美如酒的"情诗"，我深为自己被岁月和尘嚣打磨得麻木的情智惭愧不已。

如今，离休后的庞自，仍和老伴住在建于20世纪50年代的旧宿舍楼里。我去的那天，窗外飘着小雪，屋子因为太老旧，暖气都烧不热，脚下是冰凉的水泥地。两位老人穿得厚厚的，老太太腿上盖着毛毯，身边放着拐杖。庞老告诉我，解放战争初期，他和罗英曾随部队在越南丛林与胡志明的部队并肩战斗，老伴的腿在丛林里落下了病根。没想到一位局级领导竟住得这样简陋！我问老人为什么不要好房子,庞老说:"我们如果去要,别人就住不好了。"罗英笑呵呵接过话来:"知足常乐,住在这里很坦然。"

"那也该给地面加工,铺点什么才好。"我看着灰暗的水泥地说。二老一起笑了:"加工干什么?都这么老了。"

这毫无矫饰的质朴又一次令我怦然心动:身为高干,却恪守民心;年至耄耋,仍恩爱胜过少年。如今几个人能拥有如此恬淡至美的人生?

罗英老人告诉我,她生病时,丈夫总日夜守候在身边,悉心照料。"至今他仍坚持早起亲自倒痰盂,吃饭总要等着一起吃。"从1983年开始,庞自每天推着轮椅陪罗英到地坛学走路。"一直坚持了三年,那时他当着全国劳动学会副会长,晚上还要写稿。劳动部哪个不说他好!"老太太脸上映着幸福的神采。

1990年,已经离休多年的庞自被评为劳动部和国家机关优秀共产党员,一位记者曾以崇敬的笔调为这个老党员写了题为《皓首丹心》的报道。离休后的庞老并没有停止工作,这些年,他主编或参与编写了《中国经济原理问题》《劳动经济管理百科全书》《中国社会主义劳动工资问题》等著作,其中他任编委的《中国经济原理问题》一书的主编为朱镕基。

谈话中,我们的话题自然地转到下岗问题上来。庞老说,下岗对一个人来说是无可奈何的事,对国家来讲是很伤脑筋的事,"但经济结构性调整这个阶段是无法绕过的,不改革国家没有出路"。

老人关切地问起北海下岗的人多不多,又谈起北海经济发展问题。"1993年回北海时,看着到处非常红火,红火到买钢材的汽车排那么长的队,就感到不正常了,当时心里确实有些担心!"他说,1999年8月回北海看到市面很冷清,这固然受到东南亚金融风暴的影响,"但北海自身的问题,也值得反思"。老人认为:北海虽有港口和旅游,可如果没有自己的拳头产品,城市也难发展。扶持地方名优级产品应成为市政府工作的一个重点。

鹤发童颜的庞自老人坐在老式粗木书柜前,轻言慢语地说着。书柜里一溜儿立着5个俄罗斯套娃,套娃头戴红方巾,鲜亮亮地冲人笑着,恰似老人的5个儿女。那是儿子特意从俄罗斯带给父母的。书柜对面的墙上,挂着楼上一位书法名家赠送的墨宝:"卷舒风云色,吐纳珠玉声"。这是对二老最由衷的赞美。

追思老伴罗英

2005年8月23日,同我互敬互爱、相濡以沫60余载的老伴罗英病逝,享年86岁。人生自古谁无死,这是自然规律。但1991年我和罗英结婚50周年时,我们两人共同撰写对联，子女们为我们举办隆重金婚家宴的情景仍历历在目。

忆当年，风华正茂，比翼齐飞闹革命，艰辛备尝，力求民族解放；

看今朝，年逾古稀，并肩同座庆金婚，壮志犹存，喜迎中华振兴。

在喜庆金婚时，为了纪念我们共同生活、战斗的难忘岁月，我和罗英还互相赠诗，写了祝词，以明心志。我不会写诗，自吟自诵得480字，算是五言诗，聊表对老伴儿的敬爱之情。

赠老伴阿罗

少小赴越国，深知亡国恨。长大归来时，山河几沉沦！
同窗整六载，贤惠有所闻。为议救国事，你我常通信。
信中表心迹，愿共赴国难。研读进步书，大唱抗日歌。
时事讨论会，慷慨你陈词：宁做刀下鬼，不做亡国人。
同志加知心，爱慕倍相亲。山盟海誓后，央媒来订婚。
同学齐祝贺，四老俱欢颜。得了马列经，你把党来寻。
二十刚出头，肩负党重任。灵山县支书，美名传纷纷。
廿二作新妇，与我共比翼。相知又相爱，此时爱弥深。
日暮黄昏近，陋室相依偎。兴至来一曲，我伴你唱随。
谁言干革命，唯有铁石心！婚后五十载，艰辛你备尝。
生儿又育女，本非容易事。革命担更重，尤须勠力挑。

九秩忆往——庞自回忆录

忆昔抗战时，困难殊倍增。我憾欠照顾，累你多劳辛。
家事你全管，解我后顾忧。为民多效力，有你大功劳。
十年动乱时，干校困顿日。蹰蹰来探我，情深义更真。
刚过六十岁，离休你带头。身体虽不好，持家仍如旧。
开门七件事，事事必躬亲。一家十数口，人人记在心。
如今我离休，持家当助手。出门推你走，游园乐健身。
老来两相依，延年又益寿。过去半世纪，出了三代人。
儿女已接班，孙辈紧随后。后浪推前浪，个个胜我曹。
你我晚景好，赶上好时辰。一曰国运昌，生活不犯愁。
二曰儿孙贤，勤业又敬老。你虽身体弱，还望有善后。
首要有信心，注重养生道。心胸要宽广，饮食须调匀。
锻炼宜有度，劳逸结合好。关心国家事，晚节要保持。
金婚诚可贵，百年亦可期。愿与你共勉，相携享晚年。

庞自于1991年7月金婚前夕

罗英写的是工工整整的七言诗，共44行616字。

赠老伴阿庞

六个羊年逾古稀，彩云追月半世纪。
儿孙满堂来庆贺，金婚盛典有所思。
同窗研读满六载，慕君有志又有才。
初中毕业表爱心，从此两心便接近。

借书夹字来相会，提前到校表心迹。
同学得知喜议论，众口同贺结凤鸾。
君早研读马列书，指点我走革命路。
十八刚过君入党，首批党员君在册。
学校支委君担当，弱冠之年挑重任。
抗日救国大旗举，团结同学带头人。
八月中秋月正明，干妈为我作媒证。
山盟海誓情意真，交换戒指定终身。
同学知己来祝贺，催问爱史未及谈。
忽闻来了叶天一，纷纷下楼逐此人。
三八年冬我入党，向党宣誓表忠心。
未料君作党代表，同志原来是爱人。
为了翻身求解放，互相勉励意志坚。
君赴前线打游击，我在后方灵山城。
与君分手心相连，朝花夕月常思念。
千言万语待君说，盼与相逢见一面。
四一年夏赋同居，新婚依依情意绵。
夕阳斜雨唱一曲，君弹我唱如蜜甜。
半年蜜月生活好，忽闻通知要分手。
分手相逢又别离，婚后八年寻常事。
忠于人民忠于党，艰难困苦君抵挡。
几十年来如一日，光明磊落坦荡荡。

九秩忆往——庞自回忆录

工作认真又谨慎，待人谦逊且热忱。
从不计较名和利，克己奉公义最真。
蹉跎岁月路崎岖，十年浩劫似陆沉。
君困牛棚我心焦，冒雨踩雪来慰君。
真金不怕火来炼，乌云过后又晴天。
雨后天晴气更爽，工作倍增又加劲。
生儿育女五六个，艰难岁月我度过。
愿君为民多效力，家务之事由我顾。
斗转星移岁月逝，于今你我逾古稀。
历来互敬又互爱，老来恩爱更可喜。
我因体弱疾患多，得君尽力扶持我。
病榻面前君相伴，慰藉语言暖心窝。
地坛锻炼活动时，支部生活会议日。
推来送往形影随，老来相依见真情。
我今金婚儿女庆，我劝儿女亦自庆。
互敬互爱共进步，不是金婚胜金婚。
夕阳金晖无限好，红叶霜重色愈浓。
两情相依与君伴，携手欢笑到白头。

罗英于 1991 年 8 月 1 日

诗录于此，用以表达我对老伴永远的思念吧！

后　　记

我父亲庞自撰写的自传《九秩忆往》书稿，在他曾任职的国家人力资源和社会保障部劳动经济科学研究所的热情帮助下，于2011年印制成书（非正式出版物）。父亲则于2014年1月去世。2020年7月，经我代表全家授权，父亲庞自的这部遗作纳入高良坚主持的广东海洋大学人文社会科学研究"建党100周年献礼红色著作专项"重点项目"广东南路红色文化教育资源开发研究（C20111）"成果的出版计划。近一年来，本书由我再次整理、修改，并补充了南路革命的多篇史料，高良坚负责校勘，作为中山大学出版社策划、出版的"中共南路革命史料整理暨研究"系列丛书的其中一部，即将问世。在此，向为本书出版付出辛勤劳动的高良坚老师与中山大学出版社曾育林老师致以诚挚的敬意和感谢。

庞自之子　庞松

2021年6月15日　于北京